Aspectos Relevantes da Cobrança de ICMS sobre as Tarifas de Energia Elétrica

Aspectos Relevantes da Cobrança de ICMS sobre as Tarifas de Energia Elétrica

2020

Beijanicy Ferreira da Cunha Abadia Valim

ALMEDINA

ASPECTOS RELEVANTES DA COBRANÇA DE ICMS SOBRE AS TARIFAS DE ENERGIA ELÉTRICA

AUTOR: Beijanicy Ferreira da Cunha Abadia Valim
DIAGRAMAÇÃO: Almedina
DESIGN DE CAPA: Roberta Bassanetto
ISBN: 978-858-49-3630-4

Dados Internacionais de Catalogação na Publicação (CIP)
(Câmara Brasileira do Livro, SP, Brasil)

Valim, Beijanicy Ferreira da Cunha Abadia
Aspectos relevantes da cobrança de ICMS sobre as tarifas de energia elétrica / Beijanicy Ferreira da Cunha Abadia Valim. – São Paulo : Almedina, 2020.
Bibliografia.
ISBN 978-85-8493-630-4
1. Imposto sobre Circulação de Mercadorias e Serviços 2. Energia elétrica 3. Energia elétrica – Transmissão – Tarifas I. Título.

20-33629
CDU-34:336.23

Índices para catálogo sistemático:

1. Imposto sobre Circulação de Mercadorias e Serviços : Direito tributário 34:336.23

Cibele Maria Dias – Bibliotecária - CRB-8/9427

Este livro segue as regras do novo Acordo Ortográfico da Língua Portuguesa (1990).

Abril, 2020

EDITORA: Almedina Brasil
Rua José Maria Lisboa, 860, Conj.131 e 132, Jardim Paulista | 01423-001 São Paulo | Brasil
editora@almedina.com.br
www.almedina.com.br

LISTA DE SIGLAS

ABRADEE	Associação Brasileira de Distribuidores de Energia Elétrica
ACL	Ambiente de Contratação Livre
ACR	Ambiente de Contratação Regulada
ADCT	Atos das Disposições Constitucionais Transitórias
ANEEL	Agência Nacional de Energia Elétrica
CC	Código Civil
CCEE	Câmara de Comercialização de Energia Elétrica
CF	Constituição Federal
CIP	Custeio do Serviço de Iluminação Pública
COFINS	Contribuição para o Financiamento da Seguridade Social
CONFAZ	Conselho Nacional de Política Fazendária
CP	Código Penal
CTN	Código Tributário Nacional
CUSD	Contrato de Uso do Sistema de Distribuição
CUST	Contrato de Uso do Sistema de Transmissão
EDcl	Embargos de Declaração
EREsp	Embargos de Divergência no Recurso Especial
EPE	Empresa de Pesquisa Energética
ICM	Imposto sobre Operações relativas à Circulação de Mercadoria
ICMS	Imposto sobre Operações relativas à Circulação de Mercadorias e Sobre a Prestação de Serviços de Transporte Interestadual e Intermunicipal e de Comunicações
IVC	Imposto sobre Vendas e Consignações
IVM	Imposto sobre Vendas Mercantis
KW	Quilowatts

kWh	Quilowatt-hora
LC	Lei Complementar
MAE	Mercado Atacadista de Energia Elétrica
MME	Ministério da Minas e Energia
NCPC	Novo Código de Processo Civil
NEPLEG	Núcleo de Estudos e Pesquisas da Consultoria Legislativa
ONS	Organização Nacional do Sistema Elétrico
PDE	Plano Decenal de Energia
PIB	Produto Interno Bruto
PIR	Planejamento Integrado de Recursos
PIS	Programa de Integração Social
PLD	Preço de Liquidação das Diferenças
QEE	Qualidade de Energia Elétrica
RE	Recurso Extraordinário
REsp	Recurso Especial
SEB	Sistema Elétrico Brasileiro
SIN	Sistema Interligado Nacional
STF	Supremo Tribunal Federal
STJ	Superior Tribunal de Justiça
TJ	Tribunal de Justiça
TUSD	Tarifa de Uso do Sistema de Distribuição
TUST	Tarifa de Uso do Sistema de Transmissão

SUMÁRIO

1
Introdução

O ICMS, previsto no artigo 155, inciso II, da Constituição Federal de 1988, descrito como Imposto sobre operações relativas à Circulação de Mercadorias e Sobre a Prestação de Serviços de Transporte Interestadual e Intermunicipal e de Comunicações possui inegável importância como instrumento de arrecadação para o Poder Público, haja vista ser o tributo mais complexo de nosso sistema tributário, que é a principal fonte de receita dos Estados e do Distrito Federal.

Nesse sentido, o setor de energia elétrica ao longo de seu desenvolvimento tem sofrido intensas transformações estruturais, visando criar um mercado concorrencial, no qual a energia elétrica passou a ser como uma mercadoria de grande importância para a economia, desenvolvimento social, e principalmente ao Estado, uma vez que é este uma das suas principais fontes arrecadatórias para seu custeio das despesas públicas.

Em suma, é imprescindível um estudo aprofundado da relação da energia elétrica e a incidência de ICMS, principalmente sobre as tarifas de TUSD e TUST, pois se trata de tema de suma importância, haja vista que qualquer decisão trará grande impacto social, como se verá ao longo desta obra.

Para que se alcancem os objetivos propostos nesta análise, faz-se necessário mostrar previamente a importância dos conceitos e evolução histórica do setor energético e do ICMS, além de seus princípios econômicos na construção da legislação voltada para o ordenamento das atividades produtivas do País, cingindo-se apenas à acepção técnica do termo.

A metodologia de pesquisa utilizada será a análise da bibliografia, com a coleta de estudos de doutrinadores renomados, incorporando-se também a pesquisa jurisprudencial dos tribunais superiores, com a análise de dados, principalmente a análise crítica das recentes decisões confrontantes do STJ, análise dos julgados do STF, as propostas de Emenda à Constituição Federal, resoluções, motivos da diferenciação de alíquotas de ICMS por Estado e por classe de consumo. Assim, a legislação, doutrina e jurisprudência sobre o tema analisado serão o alicerce para o aprofundamento do entendimento que se direciona na construção da norma jurídica na busca da perfeita aplicação da incidência do ICMS sobre a energia elétrica, motivo inclusive do acompanhamento aprofundado das decisões do STJ no recurso representativo de controvérsia, o qual orientará as instâncias ordinárias, com vistas a se evitar decisões conflitantes.

O estudo será dividido em cinco Capítulos, sendo esta introdução o primeiro. No Capítulo 2, iniciando o estudo do tema, serão analisados os fundamentos teóricos e as características do ICMS, desde sua evolução histórica, a previsão do imposto durante a evolução das Constituições Federais, com enfoque principal na CF/88. Também se verificará qual é o impacto que os princípios da seletividade e da não cumulatividade geram no ICMS, o âmbito de incidência deste importante imposto e o conceito de mercadoria em relação à energia elétrica para fins de tributação por ICMS no Brasil e os impostos similares no direito comparado.

Em seguida, no Capítulo 3 serão analisados os aspectos mais relevantes do ICMS sobre a energia elétrica, verificando a evolução, desenvolvimento e também os momentos de crise sofridos pelo setor energético no Brasil. Também se abordará como se deram os estímulos à transformação do setor energético para a livre concorrência através da geração, transmissão e distribuição de energia elétrica, além de abordagem da composição e competência para a formalização do preço da energia elétrica e seus consumidores. Quais os tipos de demanda e espécies e composição de tarifas de energia elétrica, sua base de cálculo, a diferenciação de alíquotas entre os Estados e o ICMS sobre a energia elétrica. Ainda neste Capítulo se verificará o principal enfoque do trabalho, analisando acerca das tarifas de Distribuição (TUSD) e Transmissão (TUST) de energia elétrica, sua competência, recuperação do ICMS e controvérsias do tema. Assim, se buscará entender sobre o mercado brasileiro de energia elétrica para, enfim, podermos vislumbrar, ainda que de modo incipiente, todas as complexidades atinentes que são necessárias para a compreensão da incidência do ICMS sobre as tarifas de energia elétrica, com enfoque principal na TUSD e TUST.

No Capítulo 4 será efetivada uma análise crítica sobre a inclusão da TUSD e TUST na base de cálculo do ICMS e as controvérsias do tema, analisando particularmente cada um dos Recursos Especiais representativos de controvérsia que se encontram pendentes de julgamento na 1ª Seção do STJ, a saber: o EREsp 1.163.020/RS, que teve julgamento favorável pela cobrança de ICMS sobre a TUSD. Em conjunto serão analisados o REsp 1.692.023/MT e o REsp 1.699.851/TO, pois ambos tiveram decisões idênticas pela não cobrança de ICMS sobre as tarifas de TUSD e TUST. Também as tarifas serão analisadas na perspectiva doutrinária, jurisprudencial, além dos aspectos mais relevantes sobre a diferença de entendimento das turmas da 1ª Seção do STJ. Por fim, se verificará se a amplitude numérica no ajuizamento de processos pode ter gerado insegurança jurídica aos contribuintes, tendo como objetivo a investigação da constitucionalidade na cobrança do ICMS sobre a TUSD e TUST de energia elétrica. No Capítulo 5 será apresentada a conclusão do entendimento.

A relevância do tema proposto para a ciência jurídica deriva da escassez de estudos atualizados acerca desta importante questão, assim não se propõe a esgotar o tema, e muito menos em analisá-lo sobre todos os enfoques, já que são inúmeras as vertentes a serem apontadas sobre a recente controvérsia da decisão dos Recursos Especiais afetados no STJ sob o rito dos repetitivos que trata da incidência do ICMS sobre as tarifas de TUSD e TUST de energia elétrica.

2
Fundamentos Teóricos e Características do ICMS

O Imposto sobre operações relativas à Circulação de Mercadorias e Sobre a Prestação de Serviços de Transporte Interestadual e Intermunicipal e de Comunicações (ICMS), previsto no artigo 155, inciso II, da Constituição Federal de 1988, possui inegável importância como instrumento de arrecadação para o Poder Público, haja vista ser o tributo que é a principal fonte de receita dos Estados e do Distrito Federal.[1]

Para se dimensionar a importância do ICMS na arrendação brasileira, tem-se como dado estatístico do Conselho Nacional de Política Fazendária (CONFAZ), que no Brasil, em janeiro de 2018, a arrecadação tributária foi de R$ 4.869.304.104,00, sendo que o total arrecadado a título de ICMS importou em R$ 3.054.647.241,00, sendo que o valor de R$ 461.316.135,00, foi decorrente de ICMS sobre a energia elétrica[2], o que representa um percentual de 15,1% sobre a arrecadação do ICMS, denotando a elevada importância desta base de incidência.

Já no Distrito Federal, temos como exemplo, o relatório elaborado em 20/02/2018 pela Assessoria de Estudos Econômico-Fiscais/GAB/SEF, onde o valor da arrecadação de origem tributária do Distrito Federal totalizou o montante de R$ 1.285,5 milhões em valores correntes, que em confronto com janeiro de 2017, sofreu um acréscimo nominal de 13,5%,

[1] Carraza, Roque Antônio. ICMS. 17ª ed. São Paulo: Malheiros, 2015. p. 27-43.

[2] BRASIL. Confaz. Conselho Nacional de Política Fazendária. Disponível em: <https://www.confaz. fazenda.gov.br/legislacao/boletim-do-icms/RJ/201801>. Acesso em: 12 jul. 2018.

correspondente a um crescimento real de 11,4%, tendo como índice de correção monetária o INPC/IBGE. No mesmo período, no DF, a receita do ICMS registrou ingressos de R$ 702,1 milhões em valores correntes, sendo a energia elétrica a quinta atividade com maior arrecadação, com o valor de R$ 56.726,00, o que corresponde a 8,2% da arrecadação no período.[3]

Como se verifica, pelos valores comprovados nos dados estatísticos acima, o ICMS é a principal fonte de financiamento dos Estados brasileiros, sendo um imposto de alta arrecadação, cujas alíquotas e demais aspectos da legislação pertinente ao imposto são definidos em nível dos Estados, e não da União, criando uma série de aspectos peculiares ao ICMS. Vale ressaltar, inclusive, que nos últimos dez anos, a arrecadação total do ICMS foi de aproximadamente 7% do produto interno bruto (PIB) brasileiro. Entretanto, em que pese a alta arrecadação deste imposto, convém verificar se a ineficiência da legislação excessivamente complexa do ICMS tem servido de barreira à entrada de novas empresas, fortalecendo monopólios e dificultando a entrada de novas tecnologias.[4]

Importante ressaltar ainda, que o ICMS é o imposto que está inviabilizando a Reforma Constitucional Tributária, pois a União empenha-se em trazer para suas hostes esse imposto e pretende ficar com a parte mais substancial do tributo, querendo receber a competência do constituinte derivado para instituir, cobrar e fiscalizar, o que está sendo chamado de "ICMS Federal", em detrimento das Unidades Federadas, e por extensão, dos municípios nela localizados.[5]

Portanto, o presente estudo é de grande relevância ao ordenamento jurídico brasileiro, tendo em vista o importante valor arrecadatório deste imposto, o qual abordará como foco, principalmente, a perspectiva evolutiva do mercado de energia elétrica no Brasil e os aspectos relevantes

[3] Arrecadação de origem tributária do DF. Janeiro de 2018. p. 3. Disponível em: <http://static.fazenda.df.gov.br//arquivos/pdf/Relatorio_de_Arrecadacao_Janeiro_2018.pdf>. Acesso em 13 mar. 2018.

[4] Ellery Junior, Roberto. Nascimento Júnior, Antônio. ICMS: entraves jurídicos e econômicos e propostas de melhoria. Tributação no Brasil: estudos, ideias e propostas. Organizador: Adolfo Sachsida. Capítulo 1. Análise do ICMS e a questão federativa – Brasília: Ipea, 2017. p. 11-27.

[5] Carraza, Roque Antônio. ICMS. 17ª ed. São Paulo: Malheiros, 2015. p. 44.

sobre a cobrança de ICMS sobre a Tarifa de Uso do Sistema de Transmissão (TUST) e a Tarifa do Uso do Sistema de Distribuição (TUSD) de energia elétrica.

2.1 A Evolução Histórica do ICMS

Para o correto entendimento sobre o assunto, convém elucidar, que a definição de tributo é prevista no artigo 3º da Lei nº 5.172/66 (CTN), sendo definido como toda prestação pecuniária compulsória, em moeda ou cujo valor nela se possa exprimir, que não constitua sanção de ato ilícito, instituída em lei e cobrada mediante atividade administrativa plenamente vinculada.[6]

Destaca-se que o CTN adotou a teoria tripartite[7], que prevê que os tributos brasileiros são divididos em três espécies, a saber, impostos, taxas e a contribuição de melhoria, das quais, se aprofundará nesta análise apenas quanto ao ICMS, relatando a evolução deste importante imposto, e posteriormente, se demonstrará como ocorreram as mudanças na legislação, principalmente como ocorreram as alterações nas Constituições brasileiras.

Assim, no mundo, ao longo do desenvolvimento histórico, a maioria dos impostos incidia sobre o patrimônio. Porém, com o advento da Primeira Guerra Mundial, iniciou-se uma revolução na estrutura dos tributos, passando-se a criar os primeiros tributos incidentes sobre o consumo. No Brasil, o tributo sobre o consumo surgiu em 1923 através da Lei Federal nº 4.625 de 31/12/1922 que atribuiu a competência da União para a instituição e cobrança do "Imposto sobre Vendas Mercantis" (IVM). Somente com o advento da Carta Magna de 1934 é que o imposto sobre o consumo passou para a competência dos Estados-Membros, alargando-se a hipótese de incidência às operações mercantis, surgindo assim o "Imposto sobre Vendas e Consignações" (IVC).[8]

Como se verifica, a partir da Constituição Federal de 1934, o imposto teve ampliada a sua abrangência com a incidência sobre as consignações,

[6] Carvalho, Paulo de Barros. Curso de direito tributário. 28ª ed. São Paulo: Saraiva, 2017. p. 55.

[7] Rocha, João Marcelo. Direito tributário. 11ª ed. Rio de Janeiro: Forense, 2018. p. 15.

[8] Jorge, Plínio Augusto Lemos. Não-Cumulatividades no ICMS. 2009. 135f. Dissertação de Mestrado em Direito. Universidade Católica de São Paulo. São Paulo – SP. 2009. p. 64-65.

e sua competência, que antes pertencia a União, passou a ser atribuída aos Estados-membros, com objetivo de diminuir as desigualdades regionais, podendo os Estados dispor sobre sua incidência e arrecadação, visando o benefício da população local. O IVC começou a vigorar em 1936, mas teve um efeito negativo sobre a economia, pois criava um efeito em cascata, incidindo o tributo em cada etapa, produção, circulação e comercialização, encarecendo o produto final, o que desestimulava a abertura de novas empresas e consequentemente a geração de empregos. Somente com a Lei 4.502/64 foi instituído o princípio da não cumulatividade, impedindo o efeito cascata.[9]

Com a evolução do citado tributo, em substituição ao IVC que já configurava uma guerra fiscal entre os Estados, na reforma tributária promovida pela Emenda Constitucional nº 18/1965 nasceu o imposto sobre a Circulação de Mercadoria (ICM), na tentativa de implementar no Brasil um sistema moderno de tributação sobre o valor adicionado, numa tentativa de se copiar o modelo do IVA francês, o qual não incluía os serviços em sua base, visando a promoção do equilíbrio federativo com a repartição dos tributos entre os entes federativos com adoção do regime de transferência aos Estados menos desenvolvidos. Entretanto, a adoção do ICM não aplacou os conflitos federativos.[10]

Em relação ao IVA, denominado Imposto sobre o Valor Agregado, cumpre salientar que a experiência francesa foi difundida em toda a Europa, e em praticamente todos os países do globo, em cerca de 120 nações, apesar deste imposto possuir uma apuração complexa e alíquota mais levada, com base de cálculo sobre o preço total da operação de venda da mercadoria ou do serviço, utilizando-se o método da subtração, abatendo-se do tributo devido aquele recolhido na etapa anterior, utilizando-se a não

[9] Martins, Lilian de Almeida Veloso Nunes. As regras atuais do comércio eletrônico e a tributação na origem: uma ameaça ao Pacto Federativo? 2015. 127f. Dissertação de Mestrado em Direito. Universidade Católica de Brasília. Brasília – DF. 2015. p. 18.

[10] Lukic, Melina de Souza Rocha Lukic. ICMS: entraves jurídicos e econômicos e propostas de melhoria. Tributação no Brasil: estudos, ideias e propostas. Organizador: Adolfo Sachsida. Capítulo 2. Brasília: Ipea, 2017. p. 32-36.

cumulatividade.[11] Assim, em todo o mundo, ocorreu uma transformação de um antigo imposto sobre vendas brutas para um imposto sobre vendas líquidas, onde a tributação acontecia em cada etapa da produção, agravando apenas aquela etapa, experiência francesa que foi popularizada e consagrada pelos países do Mercado Comum Europeu.[12]

Nesse período, verifica-se que no Brasil somente passou-se a regular o sistema tributário com a Reforma Constitucional Tributária de 1965 realizada pela Emenda nº 18. Ademais, foi nesse período que em 17 de março de 1964 foi instituída a Lei Geral de Orçamentos Públicos, Lei nº 4.320/1964.[13]

Vale ressaltar, que também neste período, surgiu o Código Tributário Nacional (CTN), Lei nº 5.712/1966, de 25 de outubro de 1966, o qual foi recepcionado pela Constituição de 1967, onde o Brasil reformou sua Constituição incluindo através da Emenda nº 18 o princípio da não cumulatividade da tributação sobre o consumo, substituindo o ICV pelo ICM, baseado no relatório Neumark publicado na Europa em 1963.[14]

Em conformidade com a CF/67, o Ato Complementar nº 40/1968 determinou alíquotas uniformes para todas as mercadorias nas operações internas, interestaduais e nas exportações. Posteriormente, seguindo a evolução histórica no Brasil, foi editada a Lei Complementar nº 24/1975 que previu a necessidade de convênio com decisão unânime entre os Estados para a concessão de benefícios fiscais, sendo que ainda vigora no país a Resolução nº 7/1980, onde foi implementado um sistema de diferenciação de alíquotas interestaduais em função da origem e destino das mercadorias. Assim, somente com o advento da CF/88 é que surgiu o ICMS, onde a base do imposto foi aumentada, para incorporar os combustíveis, a energia elétrica, os serviços de comunicações e os minerais,

[11] MOREIRA, André Mendes. Não cumulatividade tributária na Constituição e nas Leis (IPI, ICMS, PIS/COFINS, Impostos e Contribuições Residuais). 2009. 496f. Tese de Doutorado em Direito, Universidade de São Paulo. São Paulo – SP. 2009. p. 67-68.

[12] JORGE, Plínio Augusto Lemos. Não-Cumulatividades no ICMS. 2009. 135f. Dissertação de Mestrado em Direito. Universidade Católica de São Paulo. São Paulo – SP. 2009. p. 67.

[13] CORREIA NETO, Celso de Barros. O avesso do tributo: incentivos e renúncias fiscais do direito brasileiro. 2ª ed. São Paulo: Almedina, 2016. p. 62-63.

[14] MARTINS, Lilian de Almeida Veloso Nunes. As regras atuais do comércio eletrônico e a tributação na origem: uma ameaça ao Pacto Federativo? 2015. 127f. Dissertação de Mestrado em Direito. Universidade Católica de Brasília. Brasília – DF. 2015. p. 18-19.

estabelecendo-se a autonomia dos Estados para definirem a alíquota interna.[15]

Assim, dentre todos os impostos, o ICMS é o mais importante, economicamente, pois envolve maiores quantias de dinheiro, suscitando assim mais controvérsias. Este imposto descende diretamente do "Imposto sobre operações relativas à Circulação de Mercadorias" (ICM) da Constituição de 1967/1969, que por sua vez descendia do "Imposto Sobre Vendas e Consignações" (IVC) da Constituição de 1946. Entretanto, a CF/88 alargou o seu campo de incidência, tornando-o mais complexo, pois permitiu o alcance deste tributo também as prestações onerosas de serviço de transporte interestadual, municipal e de comunicação (ICMS).[16]

Inclusive, o artigo 155, II da CF/88 atribuiu aos Estados e ao Distrito Federal a competência do ICMS, o qual se divide em (i) imposto sobre operações mercantis, que é o objeto do presente trabalho; (ii) imposto sobre serviços de transporte interestadual e intermunicipal e (iii) imposto sobre serviços de comunicação[17], (iv) importação de bens e mercadorias do exterior, prevista no art. 155, IX, da CF, e sua regulamentação está prevista na Lei Complementar 87/1996, chamada habitualmente de Lei Kandir.[18]

A Lei Complementar nº 87/96[19], de iniciativa do Deputado Antônio Kandir, é que substituiu o Decreto-Lei nº 406/1968 que tratava, até então, das principais regras do ICMS. O artigo 2º, §1º desta Lei enumera

[15] Lukic, Melina de Souza Rocha Lukic. ICMS: entraves jurídicos e econômicos e propostas de melhoria. Tributação no Brasil: estudos, ideias e propostas. Organizador: Adolfo Sachsida. Capítulo 2. Brasília: Ipea, 2017. p. 32-36.

[16] Carraza, Roque Antônio. ICMS. 17ª ed. São Paulo: Malheiros, 2015. p. 28-44.

[17] Miguel, Carolina Romanini. Regimes especiais de ICMS: natureza jurídica e limites. 2012. 289 f. Tese de Doutorado em Direito, Universidade de São Paulo. São Paulo – SP. 2012. p. 101.

[18] Oliveira, Thaís Soares; Bastos, Ricardo Victor Ferreira. O imposto sobre operações relativas à circulação de mercadorias e sobre prestações de serviços de transporte interestadual, intermunicipal e de comunicação (ICMS) de acordo com a Constituição Federal. In: Valadão, Marcos Aurélio Pereira; Bastos, Ricardo Victor Ferreira (Coord). Repercussão Geral: Análise de Casos de ICMS. São Paulo: Intelecto Editora, 2018. p. 50.

[19] Mazza, Willame Parente. A imunidade tributária do ICMS nas entidades de educação e de assistência social do terceiro setor. 2011. 136f. Dissertação de Mestrado em Direito. Universidade Católica de Brasília. Brasília – DF. 2011. p. 76-78.

os fatos em que o legislador estadual pode atuar tipificando as hipóteses de incidência, o Art. 3º traz ainda as situações de não incidência, e nos arts. 13 a 18 estão previstos ainda detalhadamente as regras relativas à base de cálculo do ICMS, a qual compreende o próprio montante do tributo, cálculo por dentro, diferentemente do que ocorre na União Europeia com o imposto sobre o valor agregado IVA, que é calculado por fora.

Destaca-se, que o Art. 155, §2º, XII, "b" da Constituição Federal estabelece que Lei Complementar Federal irá dispor sobre o regime de substituição tributária, o que no caso do ICMS foi feito nos artigos 6 a 12 da LC 87/96 "Lei Kandir"[20], onde os legisladores estaduais devem respeitar os limites impostos por esta lei complementar, não podendo inovar nos pontos já regulamentados, inclusive para instituir o regime de substituição tributária, os Estados e Distrito Federal nas operações internas deverão editar uma lei, mas sempre respeitando as diretrizes da LC 87/96.

Assim, foi reconhecida como válida a corrente tricotômica do direito tributário brasileiro, que prevê que cabe a lei complementar exercer três funções, quais sejam, dispor sobre conflitos de competência entre as pessoas políticas, regular as limitações constitucionais ao poder de tributar, e estabelecer normas gerais em matéria tributária, conforme entendimento abaixo colacionado:

> A tríplice função da Lei Complementar tem sido desempenhada pelo Código Tributário Nacional, aprovado pela Lei nº 5.172/66. Embora se trate de lei ordinária, em face do princípio da recepção constitucional, fundamentado no artigo 34, § 5º, dos atos das Disposições Constitucionais Transitórias, o Código Tributário Nacional foi mantido pela Constituição Federal de 1988, em tudo o que não seja com ela incompatível, em atendimento ao primado da economia legislativa e por estar em consonância com as exigências do artigo 146 da Constituição, sendo recepcionado materialmente por esta como lei complementar.[21]

[20] VASCONSELLOS, Mônica Pereira Coelho de. ICMS: distorções e medidas de reforma. 2013. 164f. Dissertação de Mestrado em Direito. Universidade de São Paulo. São Paulo – SP. 2013. p. 75-78.

[21] MIGUEL, Carolina Romanini. Regimes especiais de ICMS: natureza jurídica e limites. 2012. 289 f. Tese de Doutorado em Direito, Universidade de São Paulo. São Paulo – SP. 2012. p. 48.

Vale ressaltar, que a Constituição Federal determinou que a Lei Complementar definisse o ICMS e seu sistema de compensação, motivo pelo qual a Lei Complementar 87/96 repetiu o mandamento constitucional da não-cumulatividade sobre o ICMS. Entretanto, em seu art. 20 e art. 33, restringiu os efeitos da não-cumulatividade, contrariando o comando constitucional e toda a dogmática jurídica, definindo as hipóteses de utilização de crédito infirmando a compensação do imposto, outorgando competência ao legislador infraconstitucional estadual para operar no campo que a Constituição reservou-lhe, limitando e condicionado o uso do crédito.[22]

Nesse sentido, necessário se faz também adentrar na evolução histórica das Constituições brasileiras, pois verifica-se, que, apesar de existir inúmeras propostas de reforma tributária para que se efetivassem mudanças durante a evolução histórica, quase todas tendo como ponto central a mudança das regras no regime do ICMS, desde sua implementação em 1960, mas, contudo, pouco se avançou no sentido de resolver os principais problemas enfrentados pelos Estados e contribuintes, havendo apenas mudanças pontuais no sistema original ao longo do tempo, as quais, pelo contrário, contribuíram ainda mais para distorcer e piorar a qualidade da tributação sobre o consumo no Brasil.[23]

O Sistema Constitucional Brasileiro vem guardando desde 1891 algumas linhas básicas, invariavelmente reiteradas ao longo dos pronunciamentos constituintes, uma vez que desde a independência do Brasil arraigou-se no país o ideal de constitucionalismo, onde até mesmo a própria Carta Constitucional outorgada de 1824 possuiu um pensamento político maduro frente à época de seu pronunciamento. Entretanto, o espírito constitucional se fez realmente sentir em 1891, onde tal citado espírito constitucional tem sua atenção voltada à supremacia da Constituição Federal, principalmente no que tange à criação de institutos que

[22] Jorge, Plínio Augusto Lemos. Não-Cumulatividades no ICMS. 2009. 135f. Dissertação de Mestrado em Direito. Universidade Católica de São Paulo. São Paulo – SP. 2009. p. 78-84

[23] Lukic, Melina de Souza Rocha Lukic. ICMS: entraves jurídicos e econômicos e propostas de melhoria. Tributação no Brasil: estudos, ideias e propostas. Organizador: Adolfo Sachsida. Capítulo 2. Brasília: Ipea, 2017. p. 31-32.

permitem ao Estado entrar na propriedade do cidadão e dela retirar uma parcela para sua mantença.[24]

Assim, na Constituição promulgada em 24 de fevereiro de 1891 foi atribuída ampla autonomia aos Estados e aos municípios, havendo a menção da necessidade de cada Estado prover as suas necessidades próprias, existindo uma espécie de cooperação, podendo a União prestar socorro em caso de solicitação decorrente de situação de calamidade pública, mas com a Revolução de 1930 a estrutura do País foi novamente centralizada, mas com a Constituição Federal brasileira do ano de 1934 foi estabelecida uma nova divisão de competências com ampliação de poderes da União, com poderes remanescentes aos Estados.[25]

Na redação original da Constituição de 1934, o IVC asseguraria a isonomia da tributação entre as vendas para consumo interno, destinadas para outra Unidade da Federação e de produtos importados de outro Estado, uma vez que seria um imposto uniforme, sem distinção de procedência, destino ou espécie dos produtos. Entretanto, a Constituição de 1946 fez com que a tributação por determinado Estado pudesse variar, uma vez que acabou com a exigência de uniformidade por espécie de produto, onde os Estados poderiam aplicar alíquotas diferentes dependendo do produto, visando proteger ou incentivar a produção local.[26]

Entre os anos de 1934 e 1950, direcionando-se mais profundamente à abordagem do que concerne ao cerne do presente trabalho, o qual trata da incidência de ICMS sobre as tarifas de energia elétrica, iniciou-se a adoção de uma política de industrialização do mercado interno, passando a ver a questão do sistema elétrico brasileiro como um problema nacional, publicando-se inclusive o Decreto nº 24.643 de 10 de julho de 1934, chamado de Código de Águas, aliando-se à Constituição Federal de 1934, no sentido de que a energia elétrica era um assunto de competência da

[24] Jorge, Plínio Augusto Lemos. Não-Cumulatividades no ICMS. 2009. 135f. Dissertação de Mestrado em Direito. Universidade Católica de São Paulo. São Paulo – SP. 2009. p 15.

[25] Santos, Michelle Manaia. Regulação descentralizada: um estudo à luz dos setores de energia e gás natural. 2014. 128f. Dissertação de Mestrado em Direito. Universidade de São Paulo. São Paulo – SP. p. 54.

[26] Lukic, Melina de Souza Rocha Lukic. ICMS: entraves jurídicos e econômicos e propostas de melhoria. Tributação no Brasil: estudos, ideias e propostas. Organizador: Adolfo Sachsida. Capítulo 2. Brasília: Ipea, 2017. p. 32-33.

União, fato que será aprofundado no capítulo próprio que trata do desenvolvimento do setor energético no Brasil.[27]

Importa descrever também, na evolução constitucional brasileira, acerca das diferenças impostas na CF/46, as quais proporcionaram ao IVC ter incidência cumulativa e ser cobrado nas operações interestaduais, *in verbis*:

> A Constituição de 1946, entretanto, ao acabar com a exigência de uniformidade por espécies de produto, fez com que a tributação por determinado estado pudesse variar de acordo com a espécie do produto. Assim, ainda que o mesmo produto tivesse que ser tributado igualmente – independentemente da origem ou destino –, os estados poderiam com essa mudança aplicar alíquotas diferenciadas a depender do produto, com a finalidade de proteger ou incentivar a produção local.[28]

A Constituição de 1967, por sua vez, quando cuidava do ICM, vinculava o aproveitamento dos créditos à mesma mercadoria, a qual, posteriormente, com a Emenda Constitucional em 1969, passou a dispor sobre o antigo ICM, mas estabelecendo que o imposto fosse não cumulativo, especificando que se abatia, em cada operação, o imposto cobrado nas anteriores, nos termos da lei, uma vez que existia o sistema do crédito físico, podendo a legislação infraconstitucional diminuir as possibilidade de creditamento, somente sendo possível aproveitar o crédito das entradas que realmente foram utilizadas e necessárias para a comercialização posterior.[29]

Assim, somente com a devida, e esperada, promulgação da Constituição Federal brasileira do ano de 1988, o imposto passou a ser denomi-

[27] Santos, Michelle Manaia. Regulação descentralizada: um estudo à luz dos setores de energia e gás natural. 2014. 128f. Dissertação de Mestrado em Direito. Universidade de São Paulo. São Paulo -SP. p. 68.

[28] Lukic, Melina de Souza Rocha Lukic. ICMS: entraves jurídicos e econômicos e propostas de melhoria. Tributação no Brasil: estudos, ideias e propostas. Organizador: Adolfo Sachsida. Capítulo 2. Brasília: Ipea, 2017. p. 32-33.

[29] Oliveira, André Felix Ricotta de. Regra-matriz do direito ao crédito do ICMS. 2010. 236f. Dissertação de Mestrado em Direito. Universidade Católica de São Paulo – SP. p. 124-138.

nado ICMS com a finalidade de promover a descentralização do Estado, albergando, além das operações mercantis, os serviços de transporte interestadual e intermunicipal e comunicação.[30]

Vale destacar ainda, que a Constituição Federal de 1988 iniciou uma verdadeira reestruturação do setor elétrico no Brasil porque passou a prever no seu artigo 175 que para as concessões ou permissões dos serviços públicos seria exigido o regime de licitações, conforme descrito:

> CF, Art. 175. Incumbe ao Poder Público, na forma da lei, diretamente ou sob regime de concessão ou permissão, sempre através de licitação, a prestação de serviços públicos. [31]

Acerca da atual constitucionalização do Direito Tributário Brasileiro, o qual tem seus fundamentos enraizados na Constituição de 1988, entende a doutrina:

> Os países europeus de tradição jurídica romano-germânica, a que pertencemos pela filiação lusa, trazem em suas Constituições alguns princípios tributários, sempre poucos. ... O Brasil, ao contrário, inundou a Constituição com princípios e regras atinentes ao Direito tributário. Somos, indubitavelmente, o país cuja Constituição é a mais extensa e minuciosa em tema de tributação.[32]

Assim, como se verifica através do estudo da evolução da legislação, o Direito Tributário Brasileiro tem seu fundamento na própria Constituição Federal por meio das limitações ao poder de tributar, das regras de competência e dos princípios gerais do direito, possuindo um orde-

[30] Martins, Lilian de Almeida Veloso Nunes. As regras atuais do comércio eletrônico e a tributação na origem: uma ameaça ao Pacto Federativo? 2015. 127f. Dissertação de Mestrado em Direito. Universidade Católica de Brasília. Brasília – DF. 2015. p. 19.

[31] BRASIL. Constituição (1988). Constituição da República Federativa do Brasil. Diário Oficial da República Federativa do Brasil. Brasília – DF. 05.10.1988. Disponível em: <http://www.planalto.gov.br/ccivil_03/Constituicao/ConstituicaoCompilado.htm>. Acesso em: 20 ago. 2018.

[32] Coêlho, Sacha Calmon Navarro. Curso de direito tributário brasileiro. 15ª ed. rev. e atual. Rio de Janeiro: Forense. 2016. p.43.

namento constitucional direcionado especificamente para um âmbito material.[33]

Acerca das limitações ao poder de tributar e consciência fiscal, vale destacar o entendimento do doutrinador Hugo de Brito Machado:

> É inegável a utilidade das limitações constitucionais ao poder de tributar como elemento na construção de um Estado de Direito, e especialmente na tentativa de fazer da relação tributária uma relação efetivamente jurídica. Entretanto, não se pode desconhecer que a utilidade ou, mais exatamente, a efetividade dessas limitações constitucionais depende da consciência fiscal, que infelizmente ainda é praticamente inexistente.[34]

Nesse diapasão, alguns entraves em relação à CF/88 necessitam ser analisados, uma vez que, além de ser extensa a Constituição Federal brasileira atual, convém observar ainda que a fórmula expressa na Constituição que aglutinou os diferentes impostos sob o mesmo rótulo (ICMS) tem causado grandes confusões, além de não ser a técnica científica mais adequada para a perfeita constitucionalização do Direito Tributário Brasileiro sobre o tributo que incide sobre as operações relativas à circulação de mercadorias, conforme se verificará ao longo do texto.[35]

2.2 O ICMS na Constituição Federal de 1988

A Constituição Federal de 1988 deriva do processo de transição para a democracia e descentralização, uma vez que a mesma teve suas bases alicerçadas na forte influência dos governos estaduais e municipais, os quais exteriorizaram seus interesses em torno do pacto federativo para redefinição da distribuição de receitas tributárias na Assembleia Nacional Constituinte, atitude inovadora decorrente do fortalecimento destes governantes durante o processo de redemocratização do Brasil, ocorrido desde o início da década de 1980, principalmente após as eleições estaduais em 1982, com a posterior descentralização político-financeira, uma vez que anteriormente houve um período de grande centralização de

[33] ÁVILA, Humberto. Sistema constitucional tributário. São Paulo: Saraiva, 2008. p. 1007.

[34] MACHADO, Hugo de Brito. Curso de direito constitucional tributário. 2ª ed. São Paulo: Malheiros, 2015. p. 109.

[35] CARRAZA, Roque Antônio. ICMS. 17ª ed. São Paulo: Malheiros, 2015. p. 43-62.

recursos nas mãos do Governo Federal durante o regime militar iniciado em 1964.[36]

Acerca das mudanças ocorridas após a Constituição Federal de 1988, importante salientar que:

> Os Estados, após a Constituição de 1988, ganharam ampla autonomia para decidirem o que melhor poderia ser feito para as unidades federativas. Após o período ditatorial, quando houve uma centralização na tributação nacional, o Brasil experimenta um regime democrático, que prima pela descentralização das políticas públicas e, por conseguinte, das políticas tributárias. Essa autonomia trouxe aos governadores amplas vantagens de, sozinhos, brigarem por recursos de investimentos, sendo que, na ânsia de quererem tirar seus Estados do subdesenvolvimento, acabam fazendo qualquer negócio para atrair investimentos.[37]

Assim, pode se dizer, que a CF/88 é o instrumento jurídico de organização do Estado, com constante evolução do Constitucionalismo, em busca de aperfeiçoamento como limitação do poder estatal.[38] Inclusive, visando a uniformização do ICMS, em situações específicas, algumas limitações foram outorgadas para regulação por Lei Complementar e Resoluções do Senado Federal.[39]

Nesse sentido, em relação ao ICMS, a nossa Carta Magna não obriga somente aos súditos, mas obriga também ao Estado, não sendo apenas fonte de direito, mas, simultaneamente produto de direito, uma vez que o constituinte originário não deixou margens aos legisladores infraconstitucionais quando tratou dos tributos, pois a CF/88 fixou todas as hipóteses de incidência que constituem os fundamentos dos tributos. Assim,

[36] Brandão Júnior, Salvador Cândido. Federalismo e ICMS: Estados-Membros em "Guerra Fiscal". 2013. 193f. Dissertação de Mestrado em Direito. Universidade de São Paulo. São Paulo – SP. p. 45-46.

[37] Martins, Lilian de Almeida Veloso Nunes. As regras atuais do comércio eletrônico e a tributação na origem: uma ameaça ao Pacto Federativo? 2015. 127f. Dissertação de Mestrado em Direito. Universidade Católica de Brasília. Brasília – DF. 2015. p. 100.

[38] Carraza, Roque Antônio. ICMS. 17ª ed. São Paulo: Malheiros, 2015. p. 47-49.

[39] Brandão Júnior, Salvador Cândido. Federalismo e ICMS: Estados-Membros em "Guerra Fiscal". 2013. 193f. Dissertação de Mestrado em Direito. Universidade de São Paulo. São Paulo – SP. p. 6.

a Carta Magna delega poderes aos entes federativos, mas também impõe limites para o exercício da sua administração e para a criação de tributos que lhes garantem a sobrevivência, sendo que dentro dos limites está a competência para a criação dos tributos que é uma das características do Estado Federativo.[40]

Pode se dizer, portanto, que dentro do sistema nacional tributário, que é um sistema constitucional, existe o ICMS, que é outro subsistema que está previsto e bem disciplinado no artigo 155 da CF/88.[41]

Sobre a importância da Constituição Federal de 1988, convém destacar o entendimento colacionado:

> A CF/1988 foi uma janela de oportunidade política para a modificação do sistema do ICM vigente desde a década de 1960. A proposta mais discutida no âmbito da Constituinte foi a apresentada pela Comissão da Reforma Tributária e Descentralização Administrativo-Financeira (Cretad), instituída pelo governo federal no âmbito da então Secretaria do Planejamento (Seplan) e divulgada em uma série de textos pelo Ipea. Tal projeto propunha reunir os principais impostos indiretos (Imposto sobre Produtos Industrializados – IPI, ICM e Imposto sobre Serviços de Qualquer Natureza – ISS) em apenas um imposto sobre o valor agregado e alcançaria não somente os bens e serviços, mas também minérios, combustíveis, energia elétrica, telecomunicações e serviços de transporte; bases que até então eram tributadas pelos impostos únicos da União.[42]

Assim, importa salientar, que as principais características do ICMS, observados na CF/88, é que este é um imposto de competência dos Estados-membros e do Distrito Federal, porém deve ser incluída ainda a competência da União, pela previsão dos arts. 147 e 154, II da CF/88,

[40] Jorge, Plínio Augusto Lemos. Não-Cumulatividades no ICMS. 2009. 135f. Dissertação de Mestrado em Direito. Universidade Católica de São Paulo. São Paulo – SP. 2009. p. 16-17.
[41] Oliveira, André Felix Ricotta de. Regra-matriz do direito ao crédito do ICMS. 2010. 236f. Dissertação de Mestrado em Direito. Universidade Católica de São Paulo – SP. p. 51.
[42] Lukic, Melina de Souza Rocha Lukic. ICMS: entraves jurídicos e econômicos e propostas de melhoria. Tributação no Brasil: estudos, ideias e propostas. Organizador: Adolfo Sachsida. Capítulo 2. Brasília: Ipea, 2017. p. 34.

os quais preveem que estes podem, mediante lei ordinária, e observadas as diretrizes constitucionais, instituí-lo ou sobre ele dispor. Este imposto vem genericamente previsto no artigo 155, II da Constituição Federal de 1988, *in verbis*:

> Art. 155. Compete aos Estados e ao Distrito Federal instituir impostos sobre:
>
> ...
>
> II – operações relativas à **circulação de mercadorias** e sobre prestações de serviços de transporte interestadual e intermunicipal e de comunicação, ainda que as operações e as prestações se iniciem no exterior. (Redação dada pela Emenda Constitucional nº 3, de 1993).[43] (Grifo nosso).

Nesse sentido, a competência tributária, que é uma das parcelas entre as prerrogativas legiferantes de que são portadoras as pessoas políticas, possibilitando-as a legislar para a produção de normas jurídicas, poderá também ser exercida a título extraordinário pela União em duas situações, a prevista no artigo 147 da CF, que atribui competência para instituir ICMS em Território Federal, e também a do artigo 154, II da CF, que ocorrerá somente em casos de iminência ou de guerra externa.[44] Excepcionalmente, portanto, a União também tem competência para instituir o ICMS, na iminência ou no caso de guerra externa.[45]

No mesmo sentido, Rosemary Carvalho Sales entende que a competência legislativa é concorrente:

> Em se tratando de direito tributário, *a competência legislativa é concorrente*, cabendo à União legislar sobre as normas gerais e aos Estados e Distrito Federal complementarem a legislação federal (competência suplementar), tendo em vista as peculiaridades regionais. Na ausência de normas gerais, os Estados e Distrito Federal exercerão a competência plena, porém, na super-

[43] Carraza, Roque Antônio. ICMS. 17ª ed. São Paulo: Malheiros, 2015. p. 42.

[44] Carvalho, Paulo de Barros. Curso de direito tributário. 28ª ed. São Paulo: Saraiva, 2017. p. 232-243.

[45] Vasconsellos, Mônica Pereira Coelho de. ICMS: distorções e medidas de reforma. 2013. 164f. Dissertação de Mestrado em Direito. Universidade de São Paulo. São Paulo - SP. 2013. p. 58.

veniência de lei federal sobre as normas gerais, suspende-se a eficácia da lei estadual.[46] (Grifo nosso).

Ressalta-se, que é papel da lei complementar a definição das hipóteses tributárias, base de cálculo e solução de conflitos de competência, conforme previsão do art. 146, I, III e 154 da CF.[47]

Ademais, importante relembrar que o ICMS, por envolver maiores quantias de dinheiro, também suscita maiores controvérsias,[48] onde a União pretende receber inclusive a competência irrestrita em relação ao ICMS, o que tem inviabilizado a tão necessária Reforma do Sistema Tributário Nacional.

Cumpre observar o entendimento sobre o ICMS:

O federalismo brasileiro estimula a "guerra fiscal", tendo como principal pivô do embate o ICMS, imposto que pode ter seu valor e condições atribuídos pelos diversos Estados que compõe a União de forma independente.[49]

A edição da Emenda Constitucional nº 42 acrescentou o art. 146-A na CF, confirmando a função primordial da lei complementar de estabelecer normas gerais em matéria de legislação tributária, instituindo que cabe também a lei complementar estabelecer critérios especiais de tributação objetivando a prevenção de desequilíbrios da concorrência, sem prejuízo da competência da União estabelecer, por lei, normas de objetivo semelhante, limitando o exercício do poder de tributar das pessoas políticas.[50]

Como se verifica, em matéria tributária, o constituinte se preocupou em traçar balizas detalhadas de tributação e conceder competência legislativa para todos os entes políticos visando fornecer meios de garantia

[46] SALES, Rosemary Carvalho. ICMS & Benefício Fiscal: Efeitos do Controle de Constitucionalidade em Matéria de Guerra Fiscal. Curitiba: Editorial Juruá, 2018. p. 17.

[47] SCHOUERI, Luís Eduardo. Direito tributário. 5ª ed. São Paulo: Saraiva, 2015. p. 275-276.

[48] CARRAZA, Roque Antônio. ICMS. 17ª ed. São Paulo: Malheiros, 2015. p. 44.

[49] MARTINS, Lilian de Almeida Veloso Nunes. As regras atuais do comércio eletrônico e a tributação na origem: uma ameaça ao Pacto Federativo? 2015. 127f. Dissertação de Mestrado em Direito. Universidade Católica de Brasília. Brasília – DF. 2015. p. 68.

[50] MIGUEL, Carolina Romanini. Regimes especiais de ICMS: natureza jurídica e limites. 2012. 289 f. Tese de Doutorado em Direito, Universidade de São Paulo. São Paulo – SP. 2012. p. 48-51.

para autonomia financeira, ou seja, a CF se preocupou em limitar a competência tributária estadual para impostos sobre o consumo prevendo que poderiam gerar conflitos de interesse, onde a não cumulatividade foi justamente a sistemática que acirrou o embate de conflitos fiscais entre os Estados-membros, uma vez que o ICMS é um imposto sobre o consumo com grande impacto no mercado, gerando a Guerra Fiscal.[51]

O texto constitucional prevê também a regulação jurídica de atividades diversas, como a exploração direta de bens e atividades econômicas, havendo divisão de competências entre as pessoas políticas, onde a competência tributária é o poder de legislar instituindo tributos, buscando assim o Estado à obtenção de riquezas através do sistema monetário com vistas a financiar o gasto público por meio da impressão da moeda e da tributação.[52]

Como se comprova, o cuidado do Legislador Constituinte em detalhar na CF a forma de incidência do ICMS, garantindo ainda que suas principais características sejam estabelecidas por lei complementar federal, revela a importância do ICMS em caráter nacional, visando a garantia da uniformidade da sua incidência no território nacional. Inclusive o art. 155 da CF/88 dispõe sobre a competência, hipóteses de incidência, principais características e princípios aplicáveis à incidência do ICMS.[53]

Assim, destacam-se, ainda, outras características do ICMS: a) fiscal: sendo um tributo estadual com função arrecadatória; b) seletivo: alíquota depende da essencialidade do produto, pois quanto mais essencial menor a alíquota (artigo 155, §2º, III da CF); c) real: incidem em razão da coisa objeto da tributação e não levam em consideração aspectos pessoais ou subjetivos em sua incidência; d) não vinculado: o fato gerador independe do imposto ou de qualquer atividade estatal específica rela-

[51] Brandão Júnior, Salvador Cândido. Federalismo e ICMS: Estados-Membros em "Guerra Fiscal". 2013. 193f. Dissertação de Mestrado em Direito. Universidade de São Paulo. São Paulo – SP. p. 14-15.

[52] Castilho, Fábio Roberto Corrêa. Federalismo fiscal e repartição do ICMS: o critério do valor adicionado. 2013. 220 f. Tese de Doutorado em Direito, Universidade de São Paulo. São Paulo – SP. p. 22.

[53] Vasconsellos, Mônica Pereira Coelho de. ICMS: distorções e medidas de reforma. 2013. 164f. Dissertação de Mestrado em Direito. Universidade de São Paulo. São Paulo – SP. 2013. p. 59.

tiva ao contribuinte; e) não cumulativo: compensa-se o que for devido em cada operação relativa à circulação de mercadorias ou prestação de serviços com o montante cobrado nas anteriores pelo mesmo ou outro Estado ou pelo Distrito Federal (artigo 155, §2º, I da CF e artigo 19 da lei Complementar nº 87/96); f) indireto: permite o fenômeno da repercussão econômica do tributo, existindo o contribuinte de direito (eleito pela lei como pagador do tributo) e o contribuinte de fato (quem realmente suporta o ônus do imposto); g) plurifásico: incide em todas as etapas da cadeia de circulação, podendo excepcionalmente ser monofásico quando incidirá uma única vez (como, por exemplo, a previsão do artigo 155, §2º, XII, "h" da CF/88); h) lançamento: ocorre por homologação (artigo 150 do CTN), mas pode ser lançado de ofício (artigo 149, II e ss do CTN); i) legislação aplicável: é o tributo mais contemplado com regras constitucionais visando garantir uma maior uniformização entre as legislações dos Estados delegando a regulação à lei complementar (artigo 155, §2º, XII da CF).[54]

Nesse sentido, o artigo 155 da CF descreve as principais características do ICMS e dispõe sobre os princípios aplicáveis à incidência, prevendo também que somente por lei complementar será determinada a forma da incidência, o regime de substituição tributária, o sistema de compensação de créditos e regulará também a forma como os Estados e o Distrito Federal concederão ou revogarão isenções, incentivos e benefícios fiscais. Já a Emenda Constitucional nº 33/2001 estabeleceu competência para os Estados instituírem ICMS sobre a importação de mercadorias, por pessoa física ou jurídica, ainda que não contribuinte do imposto.[55]

Entretanto, em que pese a disciplina que trata do Sistema Tributário Nacional, prevista nos artigos 145 ao 156, onde se consagram as principais diretrizes da matéria para impedir abusos acometidos pelo Estado contra o cidadão, observa-se dentro no estudo da relação entre o tributo e a CF/88, que estes abusos podem ser cometidos, tanto por ação, como por

[54] MAZZA, Willame Parente. A imunidade tributária do ICMS nas entidades de educação e de assistência social do terceiro setor. 2011. 136f. Dissertação de Mestrado em Direito. Universidade Católica de Brasília. Brasília – DF. 2011. p. 73-75.

[55] VASCONSELLOS, Mônica Pereira Coelho de. ICMS: distorções e medidas de reforma. 2013. 164f. Dissertação de Mestrado em Direito. Universidade de São Paulo. São Paulo – SP. 2013. p. 59-61.

omissão, tendo assim os princípios constitucionais como limitadores ao poder de tributar sobre a atuação do Estado.[56]

A Constituição Federal Brasileira visando gerar maior segurança jurídica aos contribuintes e evitar possíveis entendimentos contraditórios do aplicador, adotou, o princípio da tipicidade cerrada, chamado também de princípio da tipicidade fechada, que traça com extremo rigor, os fatos da vida que poderão ser objeto de tributação, rejeitando a discricionariedade e a aceitação de conceitos abertos ou indeterminados.[57]

Sacha Calmon Navarro Coelho discorre acerca dos princípios justributários:

> A prática dos grandes princípios justributários, entre eles o da capacidade contributiva, o da não-confiscatoriedade dos tributos, o da extrafiscalidade para adequar a propriedade a sua função, irá depender da maturidade e da capacidade do Poder Judiciário, enquanto guardião da lei constitucional. A leitura política da Constituição e sua aplicação a vida lhe exigirá cultura, sensibilidade e determinação. As pautas e padrões que estipular balizarão a eficácia e os limites dos grandes princípios civilizatórios abroqueadores no estatuto Constitucional.[58]

Nesse sentido, ao conferir a competência tributária, a CF prescreve outros importantes princípios e diretrizes que a limitam, devendo ser observado certos requisitos e critérios fundamentais à preservação do Estado Social e Democrático de Direito, tais como os princípios da segurança jurídica, igualdade e capacidade contributiva, federativo, legalidade, irretroatividade, anterioridade e vedação ao confisco, e a inobservância dessas diretrizes e princípios invalida o exercício da competência tributária.[59]

[56] Oliveira, Leonardo Gondinho de. M-Commerce B2C: como tributar a circulação de mercadorias? 2015. 144f. Dissertação de Mestrado em Direito. Universidade Católica de Brasília. Brasília – DF. p. 57.

[57] Bottallo, Eduardo Domingos. Curso de Processo Administrativo Tributário. São Paulo: Malheiros, 2006. p. 25.

[58] 1990 e 1991 apud CAIS, Cleide Previtalli. O Processo Tributário. 6ª ed. rev. atual e ampl. São Paulo: Editora Revista dos Tribunais, 2009. p. 119.

[59] Miguel, Carolina Romanini. Regimes especiais de ICMS: natureza jurídica e limites. 2012. 289 f. Tese de Doutorado em Direito, Universidade de São Paulo. São Paulo – SP. 2012. p. 42.

Vale destacar, que a maioria dos princípios gerais tributários decorrem de preceitos estampados na Constituição Federal, baseados no Estado Democrático de Direito, principalmente no CF 5º da CF, visando a segurança jurídica e a justiça. O princípio da legalidade previsto no artigo 150, I, e art. 153, § 1º da CF estabelece que a instituição e majoração dos tributos somente poderão ocorrer através de lei, podendo alterar as alíquotas como instrumento de controle da economia. O princípio da irretroatividade descrito no artigo 150, III, "a" da CF prevê que a lei vigente da época do acontecimento do fato (fato gerador) é que deve servir de regramento, onde a lei tributaria nova poderá atingir apenas fatos que ainda estão por vir, não podendo prejudicar direitos adquiridos e atos jurídicos perfeitos. Já o princípio da anterioridade (art. 150, III, "b", "c" e § 1º da CF) protege o contribuinte de uma eventual surpresa, não podendo exigir tributos no mesmo exercício financeiro que tenha sido publicada a lei que o instituiu ou aumentou.[60]

Pela sistemática do ICMS, que é um imposto estadual, exige-se uma legislação uniformizadora nacional, com vistas a não cumulatividade, que é também um princípio importante e norteador ao ICMS, além da incidência em operações interestaduais, alíquotas e concessão de isenções, incentivos e benefícios fiscais, assegurando maior unidade para o imposto com vistas a unidade da Federação.[61]

Como se verifica, a Constituição Federal brasileira não cria tributos, mas apenas concede poderes para que os entes políticos procedam a sua instituição, observando-se o exercício de sua competência tributária e obedecendo aos princípios e normas constitucionais, uma vez que o texto constitucional possui todos os elementos necessários para a sua instituição[62]. Assim, as normas constitucionais de maior relevância

[60] Rocha, João Marcelo. Direito tributário. 11ª ed. Rio de Janeiro: Forense, 2018. p. 115-133.

[61] Brandão Júnior, Salvador Cândido. Federalismo e ICMS: Estados-Membros em "Guerra Fiscal". 2013. 193f. Dissertação de Mestrado em Direito. Universidade de São Paulo. São Paulo – SP. p. 64.

[62] Tsukamoto, Gabrielli Oliveira. A ilegalidade das alterações introduzidas pelos Decretos Estaduais nº 55.421/10 e 55.867/10 na Regra Matriz do ICMS – Energia Elétrica. São Paulo: IBET. 42 f. 2013. p. 12. Disponível em: <http://www.ibet.com.br/wp-content/uploads/2017/07/Gabrielli-Oliveira-Tsukamoto.pdf>. Acesso em: 12 fev. 2018.

são os princípios, os quais norteiam e dão diretrizes do ordenamento jurídico.[63]

No Brasil, o poder tributário é dividido entre a União, Estados, o Distrito Federal e Municípios, delimitado pelos princípios, os quais são conhecidos como limitações constitucionais ao poder de tributar.[64]

Em matéria tributária, além das normas constitucionais que são consideradas princípios, as quais são verdadeiras vigas mestras do edifício jurídico, foram prescritas exaustivamente pelo legislador constituinte pátrio, as áreas em que as pessoas políticas podem exercer a tributação, forjando um sistema rígido de distribuição de competências tributárias, somente podendo atuar dentro dos estritos termos da competência tributária outorgada pela CF/88, pois recebeu desta não o poder tributário, mas, sim, uma parcela deste poder, limitada pela norma que disciplina o seu exercício.[65]

Nesse sentido, a CF/88 no artigo 150, I, concede aos entes políticos competência tributária, que é a aptidão para instituir tributos através de lei, estabelecendo elementos suficientes para traçar os arquétipos dos tributos que os entes políticos têm competência para instituir, estabelecendo quais os impostos são de competência dos Estados, DF e Municípios, ficando a União com a competência residual, ou seja, o exercício da competência é uma faculdade. Entretanto, o ICMS é uma exceção, em razão de seu caráter de universalidade, estando os Estados e Distrito Federal obrigados a instituir o imposto, devido ao seu caráter nacional em relação ao tributo, o que faz com que o ICMS seja totalmente diferente dos outros tributos.[66]

Dentre os princípios tributários relativos ao ICMS previstos na CF/88, vale destacar os princípios da seletividade e da não-cumulatividade, os quais também possuem grande importância em relação ao ICMS e serão tratados detalhadamente nesta pesquisa em capítulo próprio, merecendo

63 Oliveira, André Felix Ricotta de. Regra-matriz do direito ao crédito do ICMS. 2010. 236f. Dissertação de Mestrado em Direito. Universidade Católica de São Paulo – SP. p. 88.

64 Machado, Hugo de Brito. Curso de direito constitucional tributário. 2ª ed. São Paulo: Malheiros, 2015. p. 30.

65 Carraza, Roque Antônio. ICMS. 17ª ed. São Paulo: Malheiros, 2015. p. 33.

66 Oliveira, André Felix Ricotta de. Regra-matriz do direito ao crédito do ICMS. 2010. 236f. Dissertação de Mestrado em Direito. Universidade Católica de São Paulo – SP. p. 220.

neste momento apenas breves considerações introdutórias para o pleno entendimento do assunto.

Quanto ao ICMS, a seletividade é um princípio orientador previsto no artigo 155, § 2º, III da CF[67], permitindo que sejam estabelecidas as alíquotas diferenciadas para certos produtos ou serviços em razão de sua essencialidade, onerando-se com alíquotas maiores produtos menos essenciais e supérfluos.

Assim, em relação ao ICMS, tem-se, que o princípio da seletividade em função da essencialidade exige que o ônus econômico recaia sobre mercadorias e serviços na razão inversa de sua necessidade, devendo ter como parâmetro o consumo popular, onde são essenciais os gêneros de primeira necessidade e as prestações de serviço de massa, os quais são utilizados pelo maior número de habitantes do País, tendo em vista que a seletividade do ICMS é facultativa, em que pese parte da doutrina entender que seria obrigatória.[68]

A seletividade significa sistema de alíquotas diferenciadas por espécie de mercadoria, visando a adequação do produto a vida do maior número de habitantes do País, onde as mercadorias que são essenciais a existência civilizada devem ser tratadas com alíquotas mais suaves, e em contra partida, as maiores alíquotas devem ser reservadas aos produtos supérfluos, destinados para as classes de maior poder aquisitivo.[69]

Vale destacar, que em relação ao cerne do presente estudo que visa demonstrar a incidência do ICMS sobre a energia elétrica, tem-se que todas as empresas adquirentes ou consumidoras de energia elétrica, as quais são oneradas pelo imposto, passaram a ter o direito de escriturar os respectivos valores como créditos, para fins de aplicação do princípio da não cumulatividade.[70]

[67] MAZZA, Willame Parente. A imunidade tributária do ICMS nas entidades de educação e de assistência social do terceiro setor. 2011. 136f. Dissertação de Mestrado em Direito. Universidade Católica de Brasília. Brasília – DF. 2011. p. 86.

[68] CARRAZA, Roque Antônio. ICMS. 17ª ed. São Paulo: Malheiros, 2015. p. 538-539.

[69] BALEEIRO, Aliomar. Direito tributário brasileiro. 10ª ed. Rio de Janeiro: Forense, 1984. p. 206.

[70] MELO, José Eduardo Soares de. ICMS: Teoria e prática. 14ª ed. rev. e atual. Porto Alegre: Livraria do Advogado Editora, 2018. p. 281.

Nesse sentido, o princípio da não-cumulatividade tem como objetivo aliviar a carga tributária e propiciar condições de desenvolvimento econômico, distribuindo-se o encargo financeiro do imposto ao longo do ciclo de movimentação da mercadoria em direção ao consumo, onde o crédito do imposto nasce das operações relativas à aquisição de bens necessários ao empresário (exemplo: mercadorias, insumos, energia elétrica) e o débito nasce da realização de negócio jurídico tendo por objeto as mercadorias transacionadas pelo contribuinte.[71]

Nesse diapasão, a seletividade e a não cumulatividade de alíquotas do ICMS em razão da essencialidade do produto, mercadoria ou serviço são preocupações constitucionais com o contribuinte de fato ou consumidor final com vistas a sua não oneração excessiva, demonstrando que mesmo nas situações em que não seja possível considerar as condições pessoais dos contribuintes é necessário se prestigiar a noção de capacidade contributiva. A não cumulatividade visa impedir que o imposto se torne um gravame cada vez mais oneroso nas várias operações de circulação da mercadoria, e a seletividade, em função da essencialidade da mercadoria, utiliza-se das técnicas da diferenciação ou da progressividade de alíquotas, onde a Constituição Federal define que quanto mais essencial a mercadoria menor deve ser alíquota, e consequentemente o imposto.[72]

Assim, pode se concluir, que a base de cálculo do ICMS compreende o próprio montante do tributo (artigo 13,§ 1º, I da Lei Complementar nº 87/96), também nas importações (artigo 155, § 2º, XII, "i" da CF), com regras detalhadas nos artigos 13 a 18 da Lei Complementar 87/96, passando a ser maior do que a nominal porque o tributo incide sobre seu próprio valor, calculado por dentro, diferentemente do cálculo por fora que ocorre nos Países da União Europeia como no imposto sobre o valor agregado (IVA), sendo que as regras das alíquotas do ICMS estão estabelecidas no artigo 155, § 2º, IV a VIII da CF.[73]

[71] Mazza, Willame Parente. A imunidade tributária do ICMS nas entidades de educação e de assistência social do terceiro setor. 2011. 136f. Dissertação de Mestrado em Direito. Universidade Católica de Brasília. Brasília – DF. 2011. p. 83-84.

[72] Costa, Regina Helena. Imunidades tributárias: teoria e análise da jurisprudência do STF. São Paulo: Malheiros, 2006. p. 149.

[73] Mazza, Willame Parente. A imunidade tributária do ICMS nas entidades de educação

Vale salientar, que o chamado "cálculo por dentro", também previsto na CF/88, é uma das características mais peculiares do sistema do ICMS no País, haja vista que no cálculo do valor devido é incluída também a sua própria base, conforme entendimento colacionado:

> Tal previsão foi incluída na Constituição pela EC nº 33/2001 e encontra-se na alínea "i" no inciso XII do §2º do art. 155, nos seguintes termos: XII – cabe à lei complementar fixar a base de cálculo, de modo que o montante do imposto a integre, também na importação do exterior de bem, mercadoria ou serviço. O §1º, I, art. 13 da LC nº 87, de 13 de setembro de 1996, estabelece que integra a base de cálculo o montante do próprio imposto, constituindo o respectivo destaque mera indicação para fins de controle. Tal sistemática teve sua origem por meio do §7º, art. 2º do Decreto-lei nº 406, de 31 de dezembro de 1968.[74]

Nesse sentido, o Supremo Tribunal Federal – STF ao julgar o Recurso Extraordinário RE nº 209393 – SP, entendeu que é adequada à sistemática da inclusão do montante do tributo em sua própria base de cálculo, chamado cálculo por dentro, porque ela não ofende os preceitos constitucionais, e nem mesmo o princípio da não cumulatividade, conforme ementa colacionada:

> EMENTA: ICMS. – O Plenário desta Corte, ao julgar o RE 212.209, *decidiu pela constitucionalidade de a base de cálculo do ICMS corresponder ao valor da operação ou prestação somado ao próprio tributo*, mantendo o acórdão recorrido que afastara as alegações de ofensa aos artigos 5º, XXII, 145, § 1º, 150, IV, e 155, todos da Carta Magna. Dessa orientação não divergiu o acórdão recorrido. Recurso extraordinário não conhecido. (RE 209393. SP. STF. Relator: Min. MOREIRA ALVES. Primeira Turma. Publicação: 09-06-2000).[75] (Grifo nosso).

e de assistência social do terceiro setor. 2011. 136f. Dissertação de Mestrado em Direito. Universidade Católica de Brasília. Brasília – DF. 2011. p. 77-80.

[74] LUKIC, Melina de Souza Rocha Lukic. ICMS: entraves jurídicos e econômicos e propostas de melhoria. Tributação no Brasil: estudos, ideias e propostas. Organizador: Adolfo Sachsida. Capítulo 2 – Brasília: Ipea, 2017. p. 51.

[75] BRASIL. Supremo Tribunal Federal. Recurso Extraordinário nº 209393/SP. Relator: Ministro Moreira Alves. Primeira Turma. Publicação: 09-06-2000. Inteiro teor. Disponível

Desta forma, simplesmente, o ICMS será não cumulativo porque em cada operação ou prestação asseguram-se ao contribuinte, peremptoriamente, em forma de norma cogente, uma dedução correspondente aos montantes cobrados nas etapas, operações ou prestações, anteriores, sendo o método da compensação uma diretriz constitucional pela qual surge um ICMS não cumulativo, assegurado pela própria Carta Suprema, conforme previsão do seu artigo 155, § 2º, I e II.[76]

A título de exemplo, observe-se que no Estado de São Paulo quando se utiliza a fórmula de cálculo do ICMS, chamada "por dentro", a alíquota incidente sobre a prestação de serviço de comunicação que é e 25%, sendo que o ICMS quando é calculado nesta fórmula torna a alíquota efetiva deste imposto no importe de 33,33%.[77]

A Constituição Federal de 1988, portanto, caracteriza-se por conferir, conforme a matéria, poder legislativo aos entes políticos estabelecendo o conteúdo das normas editáveis pelos entes competentes, fazendo com que o sistema constitucional brasileiro seja simultaneamente dinâmico e estático, conforme se verifica no sistema tributário nacional previsto na CF/88, pois estabelece princípios que norteiam a tributação, as competências tributárias dos entes políticos para instituir tributos, os quais já estabelecem os arquétipos tributários, diretrizes constitucionais e demais previsões legais que devem ser obedecidas ao se instituir e legislar sobre a exação, não havendo qualquer liberdade.[78]

Assim, as limitações constitucionais ao poder de tributar não estão expressas apenas nas normas que tratam das competências tributárias, mas estão em todo o título VI da CF e nos princípios constitucionais, dentre os principais, merecem destaque por sua relevância em matéria de

em: <http://redir.stf.jus.br/paginadorpub/paginador.jsp?docTP=AC&docID=242257>. Acesso em: 30 set. 2018.

76 Carraza, Roque Antônio. ICMS. 17ª ed. São Paulo: Malheiros, 2015. p. 421.

77 Miguel, Carolina Romanini. Regimes especiais de ICMS: natureza jurídica e limites. 2012. 289 f. Tese de Doutorado em Direito, Universidade de São Paulo. São Paulo – SP. 2012. p. 147.

78 Martins, Lilian de Almeida Veloso Nunes. As regras atuais do comércio eletrônico e a tributação na origem: uma ameaça ao Pacto Federativo? 2015. 127f. Dissertação de Mestrado em Direito. Universidade Católica de Brasília. Brasília – DF. 2015. p. 35.

limites ao poder de tributar, os princípios da estrita legalidade, irretroatividade e o da anterioridade, já tratados acima.[79]

Entretanto, em relação aos princípios da seletividade e da não cumulatividade, norteadores da CF/88, e que afetam diretamente o cerne do presente trabalho que trata do ICMS sobre as tarifas de energia elétrica, estes merecem considerações pormenorizadas em capítulo próprio, tendo em vista a essencialidade do fornecimento de energia elétrica atualmente.

2.3 Princípios da Seletividade e da Não Cumulatividade no Âmbito do ICMS

O Sistema Jurídico Tributário Brasileiro tem toda a sua estrutura, princípios, competências e arquétipos tributários previstos na Constituição Federal, denominando-se Sistema Constitucional Tributário.[80]

José Souto Maior Borges, acerca da importância dos princípios descreve que:

> Ora, a violação de um princípio constitucional importa ruptura da própria Constituição, representando por isso mesmo uma inconstitucionalidade de consequências muito mais graves que a violação de uma simples norma, mesmo constitucional. [...] É o princípio que iluminará a inteligência da simples norma; que esclarecerá o conteúdo e os limites da eficácia de normas constitucionais esparsas, as quais têm que harmonizar-se com ele.[81]

O exercício do poder tributário no Brasil está jungido por uma série de máximas constitucionais especialmente dirigidas a este setor, dentre as principais, tem-se os princípios, na maioria explícitos, os quais a legislação infraconstitucional deve acatar em toda a latitude.[82]

[79] Jorge, Plínio Augusto Lemos. Não-Cumulatividades no ICMS. 2009. 135f. Dissertação de Mestrado em Direito. Universidade Católica de São Paulo. São Paulo – SP. 2009. p. 18-19.
[80] Oliveira, André Felix Ricotta de. Regra-matriz do direito ao crédito do ICMS. 2010. 236f. Dissertação de Mestrado em Direito. Universidade Católica de São Paulo – SP. p. 220.
[81] 1975 apud Machado, Hugo de Brito. Curso de direito constitucional tributário. 2ª ed. São Paulo: Malheiros, 2015, p. 195-196
[82] Carvalho, Paulo de Barros. Curso de direito tributário. 28ª ed. São Paulo: Saraiva, 2017. p. 180.

Acerca dos princípios, importa destacar algumas definições para seu pleno entendimento:

> Os princípios aparecem ora como valores ora como limites objetivos, mas sempre como linhas diretivas que iluminam a compreensão de setores normativos, imputando-lhes caráter de unidade relativa e servindo de fator de agregação num dado feixe de normas. Atraem em torno de si regras jurídicas influenciadas pela sua presença. Nesta seara, os princípios podem estar explícitos de forma clara e determinada, ou implícitos que precisam de esforço de delito indutivo para percebê-los. Não há supremacia entre os princípios implícitos e explícitos. A supremacia entre os princípios existe, em razão do conteúdo intrínseco que representam para a ideologia do intérprete.[83]

Assim, em relação à capacidade de auto-organização dos Estados, os limites são os princípios constitucionais, implícitos ou explícitos, além da competência de cada ente previsto na CF/88.[84]

Os princípios visam proteger eventuais abusos contra as duas funções do imposto, que são respectivamente, função fiscal, que é aquela em que o imposto se presta como instrumento para arrecadar os recursos financeiros de que o Estado necessita, e função extrafiscal, a qual o imposto se presta como instrumento de intervenção nas atividades do cidadão, especialmente na atividade econômica, visando estimular as consideradas desejáveis, e em contrapartida, desestimular aquelas consideradas inconvenientes à sociedade.[85]

Dentre os princípios de maior expressividade para o sistema tributário brasileiro, os quais são normas jurídicas impregnadas com forte valor, e que seu componente axiológico exerce significativa influência sobre as demais normas do sistema, sendo verdadeiros vetores de compreensão

[83] OLIVEIRA, André Felix Ricotta de. Regra-matriz do direito ao crédito do ICMS. 2010. 236f. Dissertação de Mestrado em Direito. Universidade Católica de São Paulo – SP. p. 15-16.

[84] BRANDÃO JÚNIOR, Salvador Cândido. Federalismo e ICMS: Estados-Membros em "Guerra Fiscal". 2013. 193f. Dissertação de Mestrado em Direito. Universidade de São Paulo. São Paulo – SP. p. 44.

[85] MACHADO, Hugo de Brito. Curso de direito constitucional tributário. 2ª ed. São Paulo: Malheiros, 2015. p. 64.

do ordenamento jurídico[86], importante destacar os expressamente consagrados na Constituição Federal de 1988 em relação ao ICMS, tais como, os princípios da seletividade e da não cumulatividade.

O princípio da seletividade, em relação ao ICMS, está expressamente consagrado no artigo 155, § 2º, III da CF/88[87], porquanto constitui princípio constitucional, conforme colacionado: "III – *poderá ser seletivo*, em função da essencialidade das mercadorias e dos serviços." (Grifo nosso).

Destaca-se, que a CF/88 ao tratar do tema seletividade previu que o ICMS "poderá" ser seletivo, diferentemente da previsão constitucional, como, por exemplo, do IPI, que destacou que este "será" seletivo. Tal diferença legislativa prevista na Carta Magna não foi um mero equívoco, muito pelo contrário, significa que o IPI é obrigatoriamente seletivo, sob pena de inconstitucionalidade em caso de desobediência, enquanto que a seletividade em relação ao ICMS é uma mera faculdade, o que demonstra o caráter fiscal do ICMS, resultando em maior flexibilidade para a fixação das alíquotas deste imposto.[88]

Assim, o princípio da seletividade é o meio pelo qual se realiza a isonomia possível nos impostos, adequando a tributação à capacidade econômica do contribuinte ou atingindo finalidades extrafiscais, suavizando o impacto tributário das classes mais protegidas e onerando os bens consumidos em padrões sociais mais altos, onde se deveria excluir a incidência do ICMS relativo aos itens de primeira necessidade, tais como: alimentos de cesta básica, produtos de higiene, material escolar e fornecimento de energia elétrica, o que nem sempre é observado. Inclusive o STF assentou repercussão geral sobre a controvérsia relativa à constitucionalidade de norma estadual que previu a alíquota de 25% ao ICMS de energia elétrica onde o patamar era superior ao estabelecido para as operações em geral.[89]

[86] Oliveira, André Felix Ricotta de. Regra-matriz do direito ao crédito do ICMS. 2010. 236f. Dissertação de Mestrado em Direito. Universidade Católica de São Paulo – SP. p. 89.

[87] BRASIL. Constituição (1988). Constituição da República Federativa do Brasil. Diário Oficial da República Federativa do Brasil. Brasília – DF. 05.10.1988. Disponível em: <http://www.planalto.gov.br/ccivil_03/Constituicao/ConstituicaoCompilado.htm>. Acesso em: 20 ago. 2018.

[88] Rocha, João Marcelo. Direito tributário. 11ª ed. Rio de Janeiro: Forense, 2018. p. 153.

[89] Melo, José Eduardo Soares de. ICMS: Teoria e prática. 14ª ed. rev. e atual. Porto Alegre: Livraria do Advogado Editora, 2018. p. 306-308.

Sobre o princípio da seletividade no âmbito do ICMS destaca-se o entendimento doutrinário, *in verbis*:

> Começamos por afirmar que, em rigor, não há tributo que seja exclusivamente fiscal ou extrafiscal, vale dizer, que tenha apenas escopos arrecadatórios ou regulatórios, respectivamente. Pelo contrário, todos os tributos, de um modo ou de outro, mesmo os que mais carreiam recursos aos cofres públicos, tem em mira estimular comportamentos dos virtuais contribuintes. Apenas, em alguns tributos, este escopo se manifesta de modo mais evidente, sendo, por isso, considerados extrafiscais. O ICMS, embora seja o mais rendoso dos impostos, também deve perseguir tais objetivos extrafiscais. [...] O atual ICMS, pelo contrário, deve ser um instrumento de extrafiscalidade, porquanto, a teor do art. 155, § 2º, III da CF, "*poderá ser seletivo, em função da essencialidade das mercadorias e dos serviços*".[90] (Grifo nosso).

Para José Luiz Ribeiro Brazuna[91], o princípio da seletividade é objeto de parâmetro de neutralidade, pois objetiva preservar a neutralidade econômica sobre a renda das classes mais baixas, as quais possuem menor flexibilidade para os fenômenos de flutuação e crises de mercado.

A finalidade do princípio da seletividade era a de suavizar a injustiça do imposto em seu impacto tributário a ser suportado pelas classes mais baixas, onerando os bens consumidos em classes sociais mais altas.[92]

Vale destacar que, em função da essencialidade das mercadorias e dos serviços, O ICMS sobre a energia elétrica poderá ser seletivo tributando-se com alíquotas diferentes mercadorias diferentes, conforme colacionado:

> O Estado de São Paulo, por exemplo, onera o consumo de energia elétrica com alíquotas variáveis de acordo com o tipo de consumidor (residencial, agricultor etc. – seletivamente), e também de acordo com a quantidade de

[90] CARRAZA, Roque Antônio. ICMS. 17ª ed. São Paulo: Malheiros, 2015. p. 536.

[91] 2009 apud VASCONSELLOS, 2013. p. 53.

[92] MELO, José Eduardo Soares de. ICMS: Teoria e prática. 14ª ed. rev. e atual. Porto Alegre: Livraria do Advogado Editora, 2018. p. 306.

energia elétrica consumida (12% até 200 kWh; 25% para consumo superior a 200 kWh – progressivamente).[93]

Portanto, a essencialidade ganha nova perspectiva enquanto critério para a fixação dos tributos, *in verbis:*

> O produto essencial é aquele de que mesmo as pessoas de menor renda não podem prescindir. Causa estranheza, daí, que se tribute a energia elétrica de modo mais elevado que outros itens, tendo em vista que seu consumo é imprescindível.[94]

Nesse sentido, o princípio da seletividade autoriza o Poder Judiciário a decidir, em cada caso concreto, se uma mercadoria é essencial, e caso seja concluído pela essencialidade da mercadoria, poderá ser determinada que a operação jurídica com ela praticada seja menos onerada, por meio do ICMS, quando comparada com outra mais supérflua. Podendo ainda, o Poder Judiciário, aferir se o princípio foi respeitado na tributação por meio do ICMS, permitindo a adequação do tributo aos critérios da justiça fiscal.[95]

Assim, somente pode, e deve ser adotado, o critério de diferencial de alíquotas dos produtos e serviços, observando-se a essencialidade das mercadorias e serviços e respeitando-se o princípio da seletividade, estabelecendo uma tributação inversamente proporcional à essencialidade do produto e do serviço, ou seja, quanto mais essencial o produto ou o serviço, menor deverá ser a alíquota em relação aos demais, e de maneira inversa, quanto mais supérfluo o produto, maior deverá ser sua alíquota.[96]

Nesse sentido, portanto, conforme previsão constitucional, a seletividade para o ICMS é facultativa, conforme entendimento a seguir:

[93] Valor Tributário. Imposto sobre circulação de mercadorias e serviço. Disponível em: <https://www.valortributario.com.br/tributos/icms/>. Acesso em: 12 jul. 2018.

[94] Schoueri, Luís Eduardo. Direito tributário. 5ª ed. São Paulo: Saraiva, 2015. p. 415.

[95] Carraza, Roque Antônio. ICMS. 17ª ed. São Paulo: Malheiros, 2015. p. 542-543.

[96] Martins, Lilian de Almeida Veloso Nunes. As regras atuais do comércio eletrônico e a tributação na origem: uma ameaça ao Pacto Federativo? 2015. 127f. Dissertação de Mestrado em Direito. Universidade Católica de Brasília. Brasília – DF. 2015. p. 82.

> A Constituição Federal estabelece a aplicação facultativa para o ICMS (artigo 155, § 2º, III), em função da essencialidade do produto. Não há, entretanto, um conceito determinado de seletividade/essencialidade na Carga Magna. Restou demonstrado, assim, que o conceito de essencialidade pode variar de acordo com diversos elementos referentes à comunidade e ao tempo em que esta sociedade se localiza, para fins extrafiscais e da intervenção econômica, não podendo ser compreendido apenas em função das características específicas dos produtos.
> Afirmamos que o conceito de "essencial" pode ser reformulado para se adequar as finalidade extrafiscais e de intervenção no domínio econômico, funções estas expressamente previstas para o IPI e para o ICMS, permitindo-se a interpretação do referido termo de forma não limitada à relação de essencialidade com a necessidade, finalidade e utilidade do produto.[97]

Destaca-se, que além da seletividade, existem outros princípios basilares, os quais, em conjunto aos princípios norteadores do ICMS, mantem congruência ao mesmo, a saber: os princípios da igualdade e da capacidade contributiva, que permeiam a observância de instituição de impostos que sejam uniformes e que respeitem a capacidade econômica de todos os que estejam na mesma situação jurídica; o princípio da proibição do efeito confiscatório previsto no artigo 150, V da CF; e principalmente o princípio da não cumulatividade, uma vez que o objetivo último da produção e circulação de mercadoria e prestação de serviço é o consumidor final.[98]

Vale salientar, que alguns doutrinadores, destacando-se José Souto Maior Borges, entendem que a não cumulatividade não se trata de princípio, mas sim uma metodologia de cobrança/incidência, uma simples regra enunciadora de técnica arrecadatória, aplicando a não cumulatividade como regra de abatimento propriamente dita, não sendo, portanto, princípio, conforme colacionado:

[97] Vasconsellos, Mônica Pereira Coelho de. ICMS: distorções e medidas de reforma. 2013. 164f. Dissertação de Mestrado em Direito. Universidade de São Paulo. São Paulo – SP. 2013. p. 146.

[98] Melo, José Eduardo Soares de. ICMS: Teoria e prática. 14ª ed. rev. e atual. Porto Alegre: Livraria do Advogado Editora, 2018. p. 249-250.

> Não obstante, impende notar que parte considerável da doutrina sustenta ser a não-cumulatividade uma simples regra enunciadora de técnica arrecadatória, que passaria ao largo de ser um princípio. Os adeptos dessa linha de pensamento buscam estremar os valores perseguidos com a aplicação da não-cumulatividade (neutralidade, desenvolvimento, et caterva) da regra de abatimento propriamente dita. Para essa corrente, podem existir princípios constitucionais que se realizam por intermédio da não-cumulatividade, o que não significa que ela seja um princípio.
> S. M. BORGES é uma das principais vozes que ecoam em favor da tese, sustentando que a não cumulatividade não permeia as demais normas constitucionais que lhe são afeitas, do que exsurge seu caráter de simples regra técnica.[99]

Entretanto, há consenso entre todos os envolvidos[100], incluindo a comunidade jurídica e a sociedade, de que a não cumulatividade influencia a sistemática do ICMS, limitando os entes competentes em seu poder de tributar, garantindo uma desoneração do ICMS, independentemente de ser tratada como regra ou princípio, sendo inclusive reconhecida como princípio pelo posicionamento do Supremo Tribunal Federal, conforme colacionado:

> EMENTA: RECURSO EXTRAORDINÁRIO COM AGRAVO. TRIBUTÁRIO. IMPOSTO SOBRE CIRCULAÇÃO DE MERCADORIAS E SERVIÇOS - ICMS. AQUISIÇÃO DE MERCADORIA COM DIFERIMENTO. DIREITO A CREDITAMENTO DO TRIBUTO. VEDAÇÃO. HIPÓTESE DE SUBSTITUIÇÃO TRIBUTÁRIA PARA TRÁS. *ALEGADA VIOLAÇÃO AO PRINCÍPIO DA NÃO-CUMULATIVIDADE.* ADI 4.171. REPERCUSSÃO GERAL RECONHECIDA. (RE 781926 RG, STF. Relator: Min. LUIZ FUX,

[99] Moreira, André Mendes. Não cumulatividade tributária na Constituição e nas Leis (IPI, ICMS, PIS/COFINS, Impostos e Contribuições Residuais). 2009. 496f. Tese de Doutorado em Direito, Universidade de São Paulo. São Paulo – SP. p. 231-232.

[100] Oliveira, André Felix Ricotta de. Regra-matriz do direito ao crédito do ICMS. 2010. 236f. Dissertação de Mestrado em Direito. Universidade Católica de São Paulo – SP. p. 94-96.

Caliendo, Paulo, 2009 apud Vasconcellos, 2013. p. 94-96.

julgado em 21/11/2013, PROCESSO ELETRÔNICO DJe-044. Publicação: 06-03-2014).[101] (Grifo nosso).

Assim, importante salientar, que a não cumulatividade é um limite objetivo impondo que o valor do tributo devido em cada operação será compensado com a quantia incidente nas operações anteriores, em observância aos valores da justiça da tributação, respeito à capacidade contributiva e uniformidade na distribuição da carga tributária, uma vez que a CF/88 prevê, especificamente para o ICMS, que a isenção ou não incidência não implicará crédito ao montante devido nas operações seguintes e acarretará a anulação do crédito relativo às prestações anteriores, salvo determinação legal em contrário.[102]

Destaca-se, que foi apenas com o advento da Emenda Constitucional nº 42 de 19/12/2003 que se atribuiu o status constitucional ao princípio da não-cumulatividade, porém tal instrumento não foi explícito quanto à obrigatoriedade.[103]

A não-cumulatividade, que também tem grande importância ao ICMS, está prevista no artigo 19 da Lei Complementar nº 87/96 e no artigo 155, § 2º, I da CF, que dispõe que:

> I – *será não-cumulativo*, compensando-se o que for devido em cada operação relativa à circulação de mercadorias ou prestação de serviços com o montante cobrado nas anteriores pelo mesmo ou outro Estado ou pelo Distrito Federal.[104] (Grifo nosso).

[101] BRASIL. Supremo Tribunal Federal. Repercussão Geral no Recurso Extraordinário nº 781926/GO. Relator: Ministro Luiz Fux. Publicação: 06.03.2014. Disponível em: <http://stf.jus.br/portal/jurisprudencia/listarJurisprudencia.asp?s1=%28PRINCIPIO+NAO+CUMULATIVIDADE+ICMS%29&base=baseRepercussao&url=http://tinyurl.com/y9x5asrc>. Acesso em: 30 set. 2018.

[102] Carvalho, Paulo de Barros. Curso de direito tributário. 28ª ed. São Paulo: Saraiva, 2017. p. 190.

[103] Jorge, Plínio Augusto Lemos. Não-Cumulatividades no ICMS. 2009. 135f. Dissertação de Mestrado em Direito. Universidade Católica de São Paulo. São Paulo – SP. 2009. p. 106.

[104] BRASIL. Código Tributário Nacional e Constituição Federal. 44ª ed. São Paulo: Saraiva, 2015. p. 75-248

Ademais, a não cumulatividade é um princípio que, ao estabelecer que o imposto não incide em cascata e garante ao contribuinte o direito de compensar o imposto incidente nas operações anteriores com o devido na posterior, estabelece também em consequência limites ao poder de tributar do fisco, tendo, portanto, um forte valor axiológico como mandamento nuclear do subsistema do ICMS, estabelecendo que a incidência plurifásica do imposto não tributa duas vezes o mesmo valor, garantindo uma desoneração do imposto, não aumentando o custo da cadeia produtiva e o preço final ao consumidor.[105]

Destaca-se, que o objetivo de evitar a cumulatividade e as determinações das regras para o aproveitamento de crédito do ICMS são baseadas na busca pela solução mais adequada ao princípio da neutralidade fiscal.[106]

Vale ressaltar ainda, que a não cumulatividade, onde se deduz do valor do imposto devido, o valor daquele que incidiu nas operações anteriores, é também utilizado como um dos critérios doutrinários de classificação dos impostos, a qual diz respeito especialmente aos impostos que incidem sobre a atividade de circulação da riqueza, atividade na qual ocorrem operações como as vendas de mercadoria e compras, tal qual o ICMS, que é o tributo mais complexo de nosso sistema tributário.[107]

Quanto ao crédito e débito do ICMS e sua relação com o princípio da não-cumulatividade no âmbito da Constituição Federal de 1988, importante ressaltar o entendimento colacionado:

> A sistemática da não cumulatividade estabelece o direito subjetivo do contribuinte oponível contra o Estado de abater do imposto devido o montante do ICMS que incidiu na aquisição de mercadorias e serviços tributáveis pelo imposto, instituído a relação crédito e débito. [...]
> Com efeito, crédito do ICMS decorrem da incidência do imposto sobre operações anteriores. São créditos que gozam da prerrogativa constitucional de

[105] Oliveira, André Felix Ricotta de. Regra-matriz do direito ao crédito do ICMS. 2010. 236f. Dissertação de Mestrado em Direito. Universidade Católica de São Paulo – SP. p. 94-96.

[106] Caliendo, Paulo, 2009 apud Vasconcellos, 2013. p. 53.

[107] Machado, Hugo de Brito. Curso de direito constitucional tributário. 2ª ed. São Paulo: Malheiros, 2015. p. 72-73.

constituírem moeda de pagamento do imposto devido na operação subsequente e os fatos jurídicos que lhes dão legitimidade são as operações de circulação de mercadorias ou prestação de serviços tributáveis pelo ICMS anteriores, noticiadas pelos enunciados na condição de antecedente de norma individual e concreta, posto que previstos em norma geral e abstrata. No entanto, o direito ao crédito somente é verificado no momento da apuração do ICMS ou no dito creditamento e conforme as condições previstas na Constituição de 1988.[108]

Nesse sentido, a principal característica do ICMS é a não-cumulatividade, uma vez que se trata de imposto sobre o consumo portador de forte expressão econômica, em razão também da determinação constitucional.[109]

Salienta-se, que a não cumulatividade é traço fundamental do ICMS, sendo que esta sistemática é que acirrou, ainda mais, o embate entre os Estados, uma vez que o art. 155, § 2º, VII e VIII da CF/88 prevê que haverá uma repartição da incidência do imposto entre os Estados da Federação quando as operações mercantis e prestações de serviços entre contribuintes do imposto ultrapassarem os limites territoriais dos Estados.[110]

Ressalta-se ainda que, a Lei Kandir nº 87/96 também procurou satisfazer o princípio da não cumulatividade, autorizando o creditamento de ICMS decorrente de aquisições de bens de uso e consumo, energia elétrica no processo de industrialização e serviços de comunicação na execução de serviços da mesma natureza. Entretanto, as diversas modificações efetivadas por Leis Complementares passaram a impor um limite temporal para a adjudicação dos créditos de ICMS, postergando, o direito somente para as mercadorias/produtos/serviços entrados ou utilizados pelo estabelecimento a partir de 1º de janeiro de 2020, não havendo, por-

[108] Oliveira, André Felix Ricotta de. Regra-matriz do direito ao crédito do ICMS. 2010. 236f. Dissertação de Mestrado em Direito. Universidade Católica de São Paulo – SP. p. 101-103.

[109] Jorge, Plínio Augusto Lemos. Não-Cumulatividades no ICMS. 2009. 135f. Dissertação de Mestrado em Direito. Universidade Católica de São Paulo. São Paulo – SP. 2009. p. 53.

[110] Brandão Júnior, Salvador Cândido. Federalismo e ICMS: Estados-Membros em "Guerra Fiscal". 2013. 193f. Dissertação de Mestrado em Direito. Universidade de São Paulo. São Paulo – SP. p. 14.

tanto, qualquer ofensa a não-cumulatividade, conforme recente decisão monocrática do STF colacionada:

> Decisão: Trata-se de agravo interposto em face de decisão que inadmitiu recurso extraordinário cujo objeto é acórdão do Tribunal de Justiça do Estado de São Paulo assim ementado (eDOC 34, p. 20): APELAÇÃO. MANDADO DE SEGURANÇA. *ICMS. DIREITO À COMPENSAÇÃO DE CRÉDITOS.* Impetração visando a declaração do direito à compensação de créditos de ICMS decorrentes de (i) aquisições de bens de uso e consumo, (ii) *energia elétrica no processo de industrialização* e (iii) serviços de comunicação na execução de serviços da mesma natureza, nos termos da LC nº 87/96. Alegação de inconstitucionalidade de ofensa aos princípios da não-cumulatividade e anterioridade nonagesimal com a edição da Lei Complementar nº 122/06. Extinção do feito, sem julgamento do mérito, por falta de interesse de agir. Incorrência. (...). *Art. 20 da LC nº 87/96 autorizando o creditamento do tributo anteriormente pago nos casos descritos. Diversas modificações pelas LCs nºs. 92/97. 99/99, 102/2000, 114/2002, 122/2006 e 138/2010, que alteraram sucessivamente a redação dos incisos e alíneas do artigo 33 da citada LC nº 87/96, impondo limite temporal para a adjudicação dos créditos de ICMS, postergando, na última alteração determinada pela LC nº 138/2010*, o direito em tela somente para as mercadorias/produtos/serviços entrados ou utilizados pelo estabelecimento "a partir de 1º de janeiro de 2020". Ausência de definição de novas hipóteses de incidência tributária ou majoração. *Inocorrência de afronta aos princípios de não-cumulatividade e anterioridade nonagesimal. Política de incentivo adotada pelo Governo Estadual. (...). II – A jurisprudência desta Corte é pacífica no sentido de que não enseja ofensa ao princípio da não cumulatividade a situação de inexistência de direito a crédito de ICMS pago em razão de operações de consumo de energia elétrica, de utilização de serviços de comunicação ou de aquisição de bens destinados ao ativo fixo e de materiais de uso e consumo.* (...). Ante o exposto, determino a remessa dos autos ao Tribunal de origem para adequação ao disposto no art. 1.036 do Código de Processo Civil, nos termos do art. 328 do RISTF. Publique-se. Brasília, 25 de junho de 2018. Ministro Edson Fachin Relator Documento assinado digitalmente (ARE 1137061/SP. STF. Relator: Min. EDSON FACHIN. Publicação: 27/06/2018).[111] (Grifo nosso).

[111] BRASIL. Supremo Tribunal Federal. Recurso Extraordinário com Agravo nº 1137061/SP. Relator: Ministro Edson Fachin. Publicação: 27.06.2018. Disponível em: <http://portal.stf.jus.br/processos/downloadPeca.asp?id=314693876&ext=.pdf>. Acesso em: 01 out. 2018.

Entretanto, convém destacar: "como procuramos elucidar ao longo de todo este capítulo, o princípio da não cumulatividade do ICMS independe da edição de qualquer lei complementar para irradiar todos os seus efeitos".[112]

Inclusive, importante ressaltar, que desde 2010, o tema 346 debatido no Recurso Extraordinário nº 601.697/RS, foi incluído no sistema eletrônico da repercussão geral, no qual se discute a constitucionalidade da Lei Complementar nº 122/06 dispor sobre o direito à compensação de créditos do ICMS, *in verbis*:

> IMPOSTO SOBRE CIRCULAÇÃO DE MERCADORIAS E SERVIÇOS – DIREITO DE CRÉDITO – PRINCÍPIO DA ANTERIORIDADE – LEI COMPLEMENTAR Nº 122/2006. Possui repercussão geral a controvérsia sobre caber ou não a lei complementar – no caso, a nº 122/06 – dispor sobre o direito à compensação de créditos do Imposto sobre Circulação de Mercadorias e Serviços. (RE 601967 RG. STF. Relator: Min. MARCO AURÉLIO. Publicação: 02-03-2011).[113] (Grifo nosso).

Entre as modificações mais recentes relativas ao ICMS, destaca-se a Resolução nº 13 do Senado Federal, de 26 de abril de 2012, a qual foi editada para acabar com a chamada "guerra dos portos", guerra fiscal específica onde os Estados concediam benefícios fiscais nas operações de importação ou com produtos importados. A Resolução unificou a alíquota do ICMS em 4% incidente nas operações interestaduais com produtos importados ou com produtos que foram submetidos a processo de industrialização, que resultassem em mercadorias ou bens com conteúdo de importação que fosse superior a 40%. Também outra recente alteração relativa ao ICMS, que trouxe modificações importantes foi a Emenda Constitucional nº 87/2015, conversão da chamada "PEC do Comércio Eletrônico", que modificou o art. 155, § 2º, inciso VII da CF/1988, passando a aplicar sobre as vendas para consumidor final localizado em

[112] CARRAZA, Roque Antônio. ICMS. 17ª ed. São Paulo: Malheiros, 2015. P. 506.

[113] BRASIL. Supremo Tribunal Federal. Repercussão Geral em Recurso Extraordinário nº 601967. em Relator: Ministro Marco Aurélio. Publicação: 02.03.2011. Disponível em:<http://stf.jus.br/portal/jurisprudenciaRepercussao/verPronunciamento.asp?pronunciamento=3484048>. Acesso em: 02 out. 2018.

outro Estado, que seja contribuinte ou não do imposto, além da alíquota interestadual, o diferencial de alíquota devido ao Estado do destinatário. A citada emenda ainda traz regras de transição aplicáveis até 2019, ano a partir do qual 100% do imposto ficará com o Estado de destino da mercadoria.[114]

Destaca-se, ainda, que o princípio constitucional tributário da não cumulatividade é auto aplicável, mas que precisa frequentemente de auxilio jurisprudencial e doutrinário para dar-lhe a concretude que a capacite a ser aplicada no contexto social, princípio este que atinge de maneira direta os preços dos produtos colocados no mercado para o consumo, mesmo que sejam supérfluos, ou gêneros de primeira necessidade, com a finalidade precípua de obstar a elevação artificial dos preços dos bens e serviços, compensando impostos pagos em etapas anteriores, com os impostos a serem pagos em etapas futuras.[115]

Ocorre, que a não cumulatividade é uma característica inadequada aos impostos de ampla incidência, como no caso do ICMS, devido ao seu difícil controle e administração onerosa, tanto para o Fisco como para o contribuinte, principalmente no Brasil, o qual possui grande extensão territorial e enormes diferenças econômicas e culturais, o que pode ensejar práticas fraudulentas incontroláveis, obrigando a Administração a adotar práticas, por vezes, exageradamente rigorosas e injustas aos contribuintes, que tem provocado exagerado número de litígios, sobrecarregando o Poder Judiciário.[116]

Importante ressaltar, que o princípio da não cumulatividade positivada na CF/88 pode ser considerado como um vetor do ICMS, o que faz com que seja deveras importante também o estudo de sua regra-matriz do direito ao crédito do ICMS para organizar o texto bruto constitucional, visando uma melhor compreensão do assunto sobre a as diversas pro-

[114] LUKIC, Melina de Souza Rocha Lukic. ICMS: entraves jurídicos e econômicos e propostas de melhoria. Tributação no Brasil: estudos, ideias e propostas. Organizador: Adolfo Sachsida. Capítulo 2 – Brasília: Ipea, 2017. p. 38-39.

[115] JORGE, Plínio Augusto Lemos. Não-Cumulatividades no ICMS. 2009. 135f. Dissertação de Mestrado em Direito. Universidade Católica de São Paulo. São Paulo – SP. 2009. p. 126.

[116] MACHADO, Hugo de Brito. Curso de direito constitucional tributário. 2ª ed. São Paulo: Malheiros, 2015. p. 73.

blemáticas sobre a incidência do ICMS sobre as tarifas de energia elétrica no Brasil.[117]

2.4 Norma Jurídica e Regra-Matriz de Incidência Tributária no ICMS

A regra matriz de incidência tributária segue a estrutura geral da norma jurídica tributária associando a um ato ou fato lícito de possível ocorrência (hipótese tributária). É uma relação jurídica que obriga determinado sujeito passivo a recolher uma quantia certa aos cofres públicos (consequente), onde o fato social se torna fato jurídico tributário, nascendo uma relação jurídica tributária, devendo conter os elementos capazes de preencher os critérios material, espacial e temporal que são fixados pela hipótese de incidência tributária.[118]

Importante frisar, por oportuno, o entendimento do doutrinador Paulo de Barros Carvalho acerca das normas jurídicas, as quais visam normatizar as condutas humanas, conforme colacionado:

> As normas jurídicas seriam as significações construídas pelo intérprete a partir dos enunciados prescritivos devidamente estruturadas conforme a lógica dos juízos hipotéticos condicionais, que geralmente são compostos pela associação de duas ou mais proposições prescritivas.[119]

Assim, a hipótese anuncia os critérios material, temporal e espacial na estrutura abstrata da regra matriz de incidência para permitir a identificação do fato nela descrito.[120] Portanto, a regra-matriz de incidência tem por objetivo estabelecer ou reduzir a estrutura formal da norma com

[117] Oliveira, André Felix Ricotta de. Regra-matriz do direito ao crédito do ICMS. 2010. 236f. Dissertação de Mestrado em Direito. Universidade Católica de São Paulo – SP. p. 4-8.

[118] Gilioli, Juliana. A presunção na regra-matriz de incidência tributária. 2013. 51f. Porto Alegre: PPGDir/UFRGS, v. 8, n. 1, Universidade Católica de Rio Grande do Sul – RS. p. 33-34. Disponível em: <http://seer.ufrgs.br/index.php/ppgdir/article/view/40442/27004>. Acesso em: 12 mar. 2018.

[119] Apud Oliveira, André Felix Ricotta de. Regra-matriz do direito ao crédito do ICMS. 2010. 236f. Dissertação de Mestrado em Direito. Universidade Católica de São Paulo – SP. p. 22-25.

[120] Hernandez, Fernanda Guimarães. Compensação financeira pela exploração de recursos minerais regra matriz de incidência. 2010. 346f. Tese de Doutorado em Direito. Universidade de São Paulo. São Paulo – SP. p. 92.

critérios capazes de identificar a ocorrência do evento para que possa ser concretizado e vertido em fato jurídico tributário.[121]

Quanto ao ICMS existem pelo menos cinco impostos diversos, os quais se distinguem um tributo do outro com base no binômio, hipótese de incidência e base de cálculo.[122]

No que se refere ao cerne deste trabalho que visa destacar o ICMS mercadoria, a base nuclear de seu fato gerador é a operação relativa à circulação de mercadoria, conforme prevê o artigo 155, II da CF, sendo que o artigo 2º e o § 1º da Lei Complementar 87/1996 enumera os fatos em que o legislador estadual tipificou as hipóteses de incidência.[123]

Nesse sentido, o ICMS incide sobre operações relativas à circulação de mercadorias que envolvam negócio jurídico mercantil, com a prática de ato jurídico que envolva a transmissão de um direito (posse ou propriedade), e não sobre quaisquer espécies de circulação ou sobre simples mercadorias.[124]

Destaca-se, que a regra matriz de incidência tributária é, por excelência, uma norma de conduta que visa disciplinar a relação do Estado com seus súditos, tendo em vista contribuições pecuniárias, que ao se concretizar os fatos descritos na hipótese, haverá como consequência uma obrigação patrimonial já prescrita, onde o sujeito passivo será obrigado a cumprir uma prestação pecuniária, tendo como critérios: 1) hipótese: a) material (realizar operações relativas a circulação de mercadorias), b) espacial (qualquer lugar do território do Estado que editou a lei), c) temporal (a saída da mercadoria do estabelecimento); 2) e a consequência: a) pessoal (sujeito ativo é o Estado e sujeito passivo é aquele que promoveu a realização do evento), b) quantitativo (base de cálculo é o valor da

121 Oliveira, André Felix Ricotta de. Regra-matriz do direito ao crédito do ICMS. 2010. 236f. Dissertação de Mestrado em Direito. Universidade Católica de São Paulo – SP. p. 219.

122 Carraza, Roque Antônio. ICMS. 17ª ed. São Paulo: Malheiros, 2015. p. 42-43.

123 Mazza, Willame Parente. A imunidade tributária do ICMS nas entidades de educação e de assistência social do terceiro setor. 2011. 136f. Dissertação de Mestrado em Direito. Universidade Católica de Brasília. Brasília – DF. 2011. p. 76-77.

124 Melo, José Eduardo Soares de. ICMS: Teoria e prática. 14ª ed. rev. e atual. Porto Alegre: Livraria do Advogado Editora, 2018. p. 13.

operação que ensejou a saída das mercadorias e a alíquota é percentual fixa de 17%).[125]

Entretanto, importante esclarecer que o ICMS não tributa as mercadorias, mas sim as operações, os negócios jurídicos que resultem em sua circulação, tendo como critério material a realização de operações comerciais que impliquem na circulação de mercadorias, onde somente com a conjugação da interpretação do conceito de circulação com os demais conceitos do fato gerador é que se permitirá identificar as operações sujeitas ao ICMS, pois qualquer pessoa (física ou jurídica) pode ser contribuinte do ICMS, desde que pratique operações mercantis com habitualidade.[126]

Nesse sentido, a venda mercantil é negócio jurídico significativo e usual, o qual gera a incidência do ICMS, conforme prevê o artigo 481 a 532 do Código Civil, a qual em geral, compreende a transferência do domínio de certa mercadoria mediante o pagamento do preço em dinheiro. Porém, a referida venda mercantil se diferencia das vendas efetivadas por particulares, que não sejam empresários, uma vez que estes últimos não se inserem no âmbito do ICMS.[127]

Sobre as normas legislativas atinentes ao ICMS, importa destacar o entendimento abaixo colacionado:

> Dentre as diversas faculdades legislativas que o contribuinte estabeleceu, encontra-se a de criar normas que disciplinem a matéria tributária, sendo que umas devem contemplar o fenômeno da incidência e outras determinar as providências que circundam o núcleo da regra-matriz que tornam possível a realização concreta dos direitos subjetivos de que é titular o sujeito ativo, bem como dos deveres cometidos aos sujeitos passivos.[128]

[125] CARVALHO, Paulo de Barros. Curso de direito tributário. 28ª ed. São Paulo: Saraiva, 2017. p. 355-359.

[126] VASCONSELLOS, Mônica Pereira Coelho de. ICMS: distorções e medidas de reforma. 2013. 164f. Dissertação de Mestrado em Direito. Universidade de São Paulo. São Paulo – SP. 2013. p. 60.

[127] MELO, José Eduardo Soares de. ICMS: Teoria e prática. 14ª ed. rev. e atual. Porto Alegre: Livraria do Advogado Editora, 2018. p. 30.

[128] JORGE, Plínio Augusto Lemos. Não-Cumulatividades no ICMS. 2009. 135f. Dissertação de Mestrado em Direito. Universidade Católica de São Paulo. São Paulo – SP. 2009. p. 21.

Assim, circulação pode ser conceituada como sendo uma série de operações que levam as mercadorias da fonte de produção até o consumo final, agregando-lhes valor em cada etapa deste percurso, mas somente com a conjugação do conceito de circulação, pela Constituição Federal, com os demais conceitos do fato gerador é que se permitirá identificar as operações sujeitas ao ICMS.[129]

A definição de contribuinte está prevista no Art. 4º da Lei Complementar nº 87/96:

> Qualquer pessoa, física ou jurídica, que realize, com habitualidade ou em volume que caracterize intuito comercial, operações de circulação de mercadoria ou prestação de serviços de transporte interestadual e intermunicipal e de comunicação, ainda que as operações e as prestações se iniciem no exterior.[130]

Nesse sentido, o art. 155, §2º, XII, "a" da CF determina que cabe à lei complementar a definição dos contribuintes do ICMS. Porém, poderá ser contribuinte, quem mesmo sem habitualidade ou intuito comercial importe mercadorias ou bens do exterior; ou quem adquira lubrificantes e combustíveis líquidos e gasoso derivados de petróleo e energia elétrica oriundos de outro Estado, quando não destinados à comercialização ou à industrialização; e o responsável tributário, previsto no artigo 121, parágrafo único da CF, que quanto ao ICMS faz a substituição tributária progressiva, onde se escolhe uma terceira pessoa para recolher o tributo antes da ocorrência do fato gerador (art. 150, §7º da CF).[131]

Tem-se, portanto, que o sujeito ativo é o titular do direito subjetivo de exigir a prestação jurídico-tributária. O sujeito passivo é a pessoa física ou jurídica de quem se exige o cumprimento da prestação pecuniária.

[129] Vasconsellos, Mônica Pereira Coelho de. ICMS: distorções e medidas de reforma. 2013. 164f. Dissertação de Mestrado em Direito. Universidade de São Paulo. São Paulo – SP. 2013. p. 60-61.

[130] BRASIL, Código Tributário Nacional e Constituição Federal. Obra coletiva – CTN. Lei nº 5.172, de 25.10.1966. 44ª ed. São Paulo: Saraiva, 2015. p. 243.

[131] Mazza, Willame Parente. A imunidade tributária do ICMS nas entidades de educação e de assistência social do terceiro setor. 2011. 136f. Dissertação de Mestrado em Direito. Universidade Católica de Brasília. Brasília – DF. 2011. p. 80.

E o contribuinte é quando o sujeito passivo efetiva o fato previsto hipoteticamente na norma de incidência. Caso este não efetive o fato, mas seja selecionado pela Lei para recolher o imposto, passará a ser o responsável tributário.[132]

Destaca-se, ainda, que o substituto tributário é a pessoa escolhida pelo legislador para figurar na relação jurídica tributária, sendo sua escolha justificada, pois está vinculado com o fato tributado, ainda que indiretamente, sendo que, no caso do ICMS na substituição tributária progressiva, também denominada "para frente", são presumidas as etapas de circulação de mercadoria que poderão ocorrer (critério temporal), cobrando-se do contribuinte o imposto correspondente desde o início da cadeia produtiva (critério pessoal), através de uma base de cálculo também presumida (critério quantitativo).[133]

Entretanto, cabe salientar, que a previsão do art. 34, § 9º, do ADCT, segundo a qual o imposto será calculado pelo preço praticado na operação final, não atribui as distribuidoras a sujeição passiva, salvo se elas próprias forem as consumidoras da energia disponibilizada.[134]

Nesse sentido, segundo Paulo de Barros Carvalho[135] existem dois tipos de relações jurídicas tributárias, a regra matriz, que possui substância patrimonial prevista no núcleo da norma que define o fenômeno da incidência, e as que lhes rodeiam, sendo os deveres instrumentais ou formais, instituídos como vínculos que fazem irromper meros deveres administrativos tornando possível a operatividade da instituição tributária.

Por esse motivo, alguns doutrinadores definem o ICMS como plurifásico, *in verbis*:

[132] MEIRA, Liziane Angelotti. Tributos sobre o comércio exterior. São Paulo: Saraiva, 2012. p. 364-365.

[133] GILIOLI, Juliana. A presunção na regra-matriz de incidência tributária. 2013. 51f. Porto Alegre: PPGDir/UFRGS, v. 8, n. 1, Universidade Católica de Rio Grande do Sul – RS. p. 46-47. Disponível em: <http://seer.ufrgs.br/index.php/ppgdir/article/view/40442/27004>. Acesso em: 12 mar. 2018.

[134] CARRAZA, Roque Antônio. ICMS. 17ª ed. São Paulo: Malheiros, 2015. p. 349.

[135] CARVALHO, Paulo de Barros. Curso de direito tributário. 28ª ed. São Paulo: Saraiva, 2017. p. 308-309.

> *O ICMS é, regra geral, um tributo plurifásico, pois incide em todas as etapas da cadeia de circulação.* Excepcionalmente, contudo, sua incidência será monofásica, na forma do Art. 155, XII, "h", da Constituição. Temos ainda o caso do ICMS – Combustível, também definido pelo Art. 155, §4º, IV, "c", como exceção à regra geral que *determina ser o ICMS um tributo plurifásico.* O dispositivo em tela trata de hipótese em que o ICMS incidirá uma única vez (sendo, portanto, monofásico), com previsão de alíquotas nacionalmente definidas por Convênios Estaduais (CONFAZ).[136] (Grifo nosso).

Assim, o ICMS basicamente é regido pela Lei Complementar nº 87/96 o qual descreve as normas gerais relativas ao imposto, a Lei Complementar nº 24/75 destaca as normas gerais relativas à concessão dos benefícios fiscais, as Resoluções do Senado Federal descrevem as alíquotas, a nº 22/89 fixa as alíquotas nas operações e prestações interestaduais, e a 13/12 fixa em 4% a alíquota interestadual do imposto nas operações interestaduais com produtos importados, existem ainda convênios, protocolos, ajustes e outros atos celebrados pelos Estados e Distrito Federal no âmbito do Conselho Nacional de Política Fazendária (CONFAZ).[137]

Após o conflito de ideias acerca do momento da ocorrência do fato gerador foi editada a Súmula 166 do STJ que acolheu a noção de circulação jurídica como integrante indissociável do fato gerador do ICMS, prevendo que não configura fato gerador do ICMS o deslocamento de mercadorias entre estabelecimentos do mesmo contribuinte.[138]

A regra matriz do ICMS sobre as operações mercantis encontra-se nas seguintes partes do Art. 155, II da CF[139]: "Compete aos Estados e ao Dis-

[136] Carneiro, Cláudio. Impostos federais, estaduais & municipais. Rio de Janeiro: Lumen Juris, 2010. p. 162.

[137] Miguel, Carolina Romanini. Regimes especiais de ICMS: natureza jurídica e limites. 2012. 302f. Tese de Doutorado em Direito. Universidade de São Paulo, São Paulo – SP. p. 2012. 107-112.

[138] Castilho, Fábio Roberto Corrêa. Federalismo fiscal e repartição do ICMS: critério do valor adicionado. 2013. 200f. Tese de Doutorado em Direito. Universidade de São Paulo. São Paulo – SP. p. 94

[139] BRASIL. Constituição (1988). Constituição da República Federativa do Brasil. Diário Oficial da República Federativa do Brasil. Brasília – DF. 05.10.1988. Disponível em: <http://www.planalto.gov.br/ccivil_03/Constituicao/ConstituicaoCompilado.htm>. Acesso em: 20 ago. 2018.

trito Federal instituir impostos sobre (...) operações relativas à circulação de mercadorias (...) ainda que as operações se iniciem no exterior"[140], ou seja, este tributo somente pode incidir sobre a realização de operações relativas à circulação jurídico-comerciais de mercadorias, devendo necessariamente existir interligados os conceitos de operações, circulação e mercadoria, na falta de um destes não haverá hipótese de incidência.

Assim, as controvérsias que ocorrem na legislação do ICMS surgem muitas vezes por desrespeito a regra-matriz de incidência tributária prevista na CF, que estabelece como critério material a realização de operações mercantis, e se fosse respeitada a unidade mínima irredutível deste comando, dentro do contexto do ICMS, estariam pacificadas as discussões e controvérsias em relação a este tão importe imposto.[141]

Nesse diapasão, a própria CF/88 é que estabeleceu em seu art. 155, § 3º, a incidência do ICMS sobre o fornecimento de energia elétrica, que embora não se encontre materializada, passou a ser considerada como mercadoria para fins de incidência tributária, a qual foi conceituada pelo doutrinador, como sendo um bem corpóreo (ou virtual) da atividade empresarial do produtor, industrial, e comerciante, tendo por objeto a sua distribuição para o consumo.[142]

Ademais, com legalidade defendida com base no artigo 155, XII, "c" da CF/88, as Leis Complementares que regulamentam a matéria estabeleceram uma série de restrições em relação ao ICMS sobre a energia elétrica, a saber, Lei Complementar 102/2000 e Lei Complementar 114/2002 que trata do consumo de energia elétrica por estabelecimentos referentes a custos indiretos; Lei Complementar 102/2000 trata também de bens para ativo imobilizado; e Lei Complementar 87/96 trata da nota fiscal com irregularidades formais, etc.[143]

[140] Carraza, Roque Antônio. ICMS. 17ª ed. São Paulo: Malheiros, 2015. p. 45.

[141] Oliveira, André Felix Ricotta de. Regra-matriz do direito ao crédito do ICMS. 2010. 236f. Dissertação de Mestrado em Direito. Universidade Católica de São Paulo. São Paulo – SP. p. 62.

[142] Melo, José Eduardo Soares de. ICMS: Teoria e prática. 14ª ed. rev. e atual. Porto Alegre: Livraria do Advogado Editora, 2018. p. 17 e 280.

[143] Vasconsellos, Mônica Pereira Coelho de. ICMS: distorções e medidas de reforma. 2013. 164f. Dissertação de Mestrado em Direito. Universidade de São Paulo. São Paulo – SP. 2013. p. 88.

A doutrina também possui o mesmo entendimento, conforme Roque Antônio Carrazza[144], que defende que: "nas etapas anteriores ao consumo de energia elétrica, deixa de ocorrer o fato gerador imponível do ICMS, não acarretando, portanto, qualquer dever de pagar o tributo".

Nesse sentido, buscando direcionar o estudo ao cerne do presente trabalho que trata da incidência do ICMS sobre as tarifas de TUSD e TUST de energia elétrica, mais precisamente sua regra matriz de incidência, segue abaixo a fundamentação do julgado do Recurso em Mandado de Segurança 19.010/GO decidido pelo STF, que foi impetrado pelo Município de São Simão de Goiás que possui em seu território uma usina geradora de energia elétrica e que se sentiu prejudicado, uma vez que as transferências de energia para outros estabelecimentos da Companhia de Energia de Minas Gerais não estavam sendo computadas para fins de cálculo de imposto e repartição do ICMS, porém, no caso em tela não houve venda na operação de transferência, não podendo ser incluída no campo de incidência do ICMS, onde o Ministro Luiz Fux relator do processo, em decisão unânime, em conjunto com os demais Ministros no julgamento, assim decidiu pelo indeferimento, com base na previsão da Súmula 166 do STJ que trata especificamente do ICMS de energia elétrica, conforme trechos colacionados:

> Com efeito, a jurisprudência cristalina no âmbito do STJ é no sentido de *"não constitui fato gerador de ICMS o simples deslocamento de mercadoria de um para outro estabelecimento do mesmo contribuinte" (Súmula 166).* [...]
> Deveras, é cediço na Corte que a configuração da hipótese de incidência do ICMS reclamada a ocorrência de ato de mercancia, vale dizer, a venda da mercadoria. [...]
> Não se trata de operação imune, *mas sim, de hipótese fática que refoge da Regra-matriz de incidência do ICMS sobre a energia elétrica.*[145] (Grifo nosso).

O artigo 12 da Lei Complementar nº 87/1996 fixa como momento da ocorrência do fato gerador as inúmeras situações do ICMS, as quais

[144] Carraza, Roque Antônio. ICMS. 17ª ed. São Paulo: Malheiros, 2015. p. 331.

[145] Castilho, Fábio Roberto Corrêa. Federalismo fiscal e repartição do ICMS: o critério do valor adicionado. 2013. 220 f. Tese de Doutorado em Direito, Universidade de São Paulo. São Paulo – SP. p. 95-97.

terão como enfoque no presente trabalho apenas as que são pertinentes à hipótese de incidência nas operações relacionadas à circulação de mercadorias.[146]

2.5 Conceito de Mercadoria para Fins de Tributação por ICMS: Energia Elétrica e o Status de Mercadoria em Relação ao ICMS no Brasil e os Impostos Similares no Direito Comparado

Roque Antônio Carrazza[147] entende que mercadoria é o bem móvel material (corpóreo) sujeito a mercancia (prática de operações mercantis), onde o comerciante, industrial ou produtor pratica um negócio jurídico destinado para venda ou revenda (destinação comercial), transferindo a titularidade do bem com fins lucrativos.

João Marcelo Rocha afirma que a energia elétrica é tratada tradicionalmente como mercadoria para efeitos tributários em virtude do arbitramento constitucional previsto no artigo 155, § 3º e artigo 34, § 9º do ADCT, sendo que as normas gerais do País em relação ao ICMS seguem também essa diretiva.[148]

Como se verifica, os conceitos de circulação, operação e mercadoria permanecem vinculados e necessitam ser amplamente compreendidos na sua concepção jurídica para efeito de caracterização de sua incidência. Assim, se faz necessário, portanto, descrever o conceito de mercadoria para melhor entendimento do tema em análise, onde a doutrina de José Eduardo Soares de Melo discorre especificamente sobre o conceito de mercadoria para fins de tributação por ICMS:

> *Mercadoria* é um bem corpóreo (ou virtual) da atividade empresarial do produtor, industrial, e comerciante, tendo por objeto a sua distribuição para o consumo, compreendendo-se no estoque da empresa, e distinguindo-se das coisas que tenham qualificação diversa, segundo a ciência contábil, conside-

[146] Oliveira, Thaís Soares; Bastos, Ricardo Victor Ferreira. O imposto sobre operações relativas à circulação de mercadorias e sobre prestações de serviços de transporte interestadual, intermunicipal e de comunicação (ICMS) de acordo com a Constituição Federal. In: Valadão, Marcos Aurélio Pereira; Bastos, Ricardo Victor Ferreira (Coord). Repercussão Geral: Análise de Casos de ICMS. São Paulo: Intelecto Editora, 2018. p. 50-52.

[147] Carraza, Roque Antônio. ICMS. 17ª ed. São Paulo: Malheiros, 2015. p. 50-54.

[148] Rocha, João Marcelo. Direito tributário. 11ª ed. Rio de Janeiro: Forense, 2018. p. 220.

rando, ainda, *o fornecimento de energia elétrica*, conforme previsto no art. 155, § 3º, CF.[149] (Grifo nosso).

Assim, mercadoria pode ser considerada como um bem corpóreo ou incorpóreo derivado da atividade comercial, como, por exemplo, a energia, tendo por objeto a sua distribuição para o consumo. No sentido utilizado para a tributação interna, especialmente na incidência do ICMS, a mercadoria consiste nas coisas que servem como objeto de operações comerciais, sendo um bem econômico que alguém com algum propósito deliberado de lucro produz para vender ou compra para revender.[150]

Sobre mercadoria e a ocorrência do fato gerador do ICMS, convém salientar também:

> Como lembram SACHA CALMON e MISAEL DERZI, o fato gerador do ICMS não é mera celebração do contrato de compra e venda de mercadoria, ainda que com pagamento de preço respectivo, eis que este não transfere a propriedade dos bens móveis, no Direito brasileiro. Exige-se para a configuração, a tradição, que é a entrega da mercadoria pelo vendedor e o seu recebimento pelo comprador. Se não há o recebimento, não há o fato gerador, nem o imposto exigível, quer do substituído (de resto, alienado pelo legislador de qualquer responsabilidade), quer do substituto, que não pode ser chamado a pagar tributo que não há.[151]

Entretanto, não se pode olvidar, que diante da bivalência da expressão fato gerador, utilizada pelo CTN e pela CF, deve se impor a distinção entre o fato potencialmente capaz de gerar uma obrigação e a efetiva ocorrência do fato, optando-se por designar, nas lições de Geraldo Ataliba, o fato gerador *in abstrato*, que é o antecedente da regra matriz da

[149] Melo, José Eduardo Soares de. ICMS: Teoria e prática. 14ª ed. rev. e atual. Porto Alegre: Livraria do Advogado Editora, 2018. p. 18-19.

[150] Meira, Liziane Angelotti. Tributos sobre o comércio exterior. São Paulo: Saraiva, 2012. p. 320-321.

[151] Santiago, Igor Mauler. A tributação das perdas técnicas e comerciais de energia elétrica. p. 4. Disponível em: <file:///D:/A-tributacao-das-perdas-tecnicas-e-comerciais-de-energia-eletrica.pdf>. Acesso em: 20 out. 2018.

incidência tributária, como sendo hipótese de incidência, e por sua vez, o fato gerador *in concreto*, como sendo fato oponível.[152]

Vale ressaltar, que o ICMS, para fins de tributação, somente incidirá sobre a realização de operações relativas à circulação jurídico-comercial de mercadoria, onde a lei, somente será declarada válida, se veicular sua hipótese de incidência através de uma operação jurídica de circulação de mercadoria, e não uma operação física, devendo os conceitos de circulação, mercadoria e operação estarem interligados e complementados, pressupondo uma transferência efetiva da titularidade da mercadoria.[153]

Nesse sentido, para melhor entendimento deste tributo, destacam-se as principais características basilares do ICMS:

> O ICMS é o tributo de maior arrecadação no país e o mais contemplado com regras constitucionais. É *plurifásico*, pois incide em todas a etapas da movimentação de uma determinada mercadoria ou serviço, até atingir o consumidor final; é *não cumulativo*, ou seja, é compensável a cada operação que envolva a circulação da mercadoria ou serviço; é *seletivo*, uma vez que é cobrado em função da essencialidade da mercadoria e serviço; é *real*, incidindo em razão da coisa, sem levar em conta aspectos pessoais; tem a finalidade *fiscal*, embora notas de extrafiscalidade também estejam presentes, principalmente quando da aplicação da sua característica de seletividade; e é um imposto *indireto*, cujo *lançamento* ocorre por homologação, embora haja hipótese de lançamento de ofício.[154] (Grifo nosso).

Por consequência de suas características, verifica-se que o ICMS não tributa as mercadorias em si mesmas, mas sim as suas operações, os quais são os negócios jurídicos que resultem em sua circulação, tendo como critério material a realização de operação comercial que implique na circulação de mercadorias.[155]

[152] Schoueri, Luís Eduardo. Direito tributário. 5ª ed. São Paulo: Saraiva, 2015. p. 506-511.
[153] Carraza, Roque Antônio. ICMS. 17ª ed. São Paulo: Malheiros, 2015. p. 45.
[154] Martins, Lilian de Almeida Veloso Nunes. As regras atuais do comércio eletrônico e a tributação na origem: uma ameaça ao Pacto Federativo? 2015. 127f. Dissertação de Mestrado em Direito. Universidade Católica de Brasília. Brasília – DF. 2015. p. 16.
[155] Vasconsellos, Mônica Pereira Coelho de. ICMS: distorções e medidas de reforma. 2013. 164f. Dissertação de Mestrado em Direito. Universidade de São Paulo. São Paulo – SP. 2013. p. 60.

Ademais, o artigo 155, § 3º, da Constituição Federal de 1988 deixa clara a incidência do ICMS sobre o fornecimento de energia elétrica, passando esta a ser considerada mercadoria para fins de incidência tributária, embora não se encontre materializada.[156]

Nesse sentido, prevê o artigo 21, XII, "b" da CF/88, *in verbis*:

> Art. 21. Compete à União:
>
> ...
>
> XII – explorar, diretamente ou mediante autorização, concessão ou permissão:
>
> ...
>
> b) *os serviços e instalações de energia elétrica* e o aproveitamento energético dos cursos de água, em articulação com os Estados onde se situam os potenciais hidroenergéticos;[157] (Grifo nosso).

Assim, a Constituição Federal de 1988, atribuiu à União Federal a exploração dos serviços e instalações de energia elétrica, tais como a geração e fornecimento, diretamente pela pessoa jurídica de direito público, ou de forma descentralizada, mediante concessão, permissão ou autorização, distribuindo entre as entidades estatais a competência para prestação dos serviços públicos. Após esta reestruturação no novo ambiente do setor elétrico no Brasil, as atividades de distribuição e transmissão de energia elétrica permaneceram sujeitas à regulamentação da União Federal, embora executadas por empresas privadas.[158]

Entretanto, é distinta a previsão dos artigos 155, § 2º, X, "b", e 3º da CF/88:

[156] MELO, José Eduardo Soares de. ICMS: Teoria e prática. 14ª ed. rev. e atual. Porto Alegre: Livraria do Advogado Editora, 2018. p. 280.

[157] BRASIL. Constituição (1988). Constituição da República Federativa do Brasil. Diário Oficial da República Federativa do Brasil. Brasília – DF. 05.10.1988. Disponível em: <http://www.planalto.gov.br/ccivil_03/Constituicao/ConstituicaoCompilado.htm>. Acesso em: 20 ago. 2018.

[158] CARDOSO, Bruno Oliveira. Contratos de demanda no fornecimento de energia elétrica: impossibilidade de incidência do imposto sobre circulação de mercadorias e serviços de telecomunicações e transporte interestadual e intermunicipal – ICMS. p. 2-4. Disponível em: <file:///D:/artigo_icms_contrato_demanda_energia_eletrica.pdf>. Acesso em: 16 out. 2018.

> Art. 155. Compete aos Estados e ao Distrito Federal instituir impostos sobre:
> § 2º O imposto previsto no inciso II atenderá ao seguinte:
> ...
> X – *não incidirá:*
> ...
> b) *sobre operações que destinem a outros Estados* petróleo, inclusive lubrificantes, combustíveis líquidos e gasosos dele derivados, e *energia elétrica*;
> ...
> § 3º *À exceção* dos impostos de que tratam o inciso II do caput deste artigo e o art. 153, I e II, *nenhum outro imposto poderá incidir sobre operações relativas a energia elétrica*, serviços de telecomunicações, derivados de petróleo, combustíveis e minerais do País.[159] (Grifo nosso).

Como se verifica, se o ICMS sobre a energia elétrica não incidirá sobre as operações que se destinem a outros Estados, havendo imunidade constitucional ao ICMS nas operações interestaduais de energia elétrica, independente de lei complementar para ser fruída, então, a *contrário sensu*, entende-se que este incidirá em outros tipos de operações relativas à energia elétrica. Ademais, o §3ºdo artigo 155 da CF acima, demonstra que sobre as operações de energia elétrica somente poderão incidir o ICMS, o imposto sobre a importação e o imposto sobre a exportação, ou seja, o ICMS também pode alcançar as operações relativas à energia elétrica, considerando-a assim constitucionalmente, como mercadoria.[160]

Idêntico raciocínio está previsto na doutrina, a qual afirma que mercadoria é o bem móvel sujeito a mercancia que foi introduzida no processo econômico circulatório.[161]

Sobre o tema, ainda importa destacar, que a Súmula 166 do STJ determina que não constitui fato gerador do ICMS o mero deslocamento de

[159] BRASIL. Constituição (1988). Constituição da República Federativa do Brasil. Diário Oficial da República Federativa do Brasil. Brasília – DF. 05.10.1988. Disponível em: <http://www.planalto.gov.br/ccivil_03/Constituicao/ConstituicaoCompilado.htm>. Acesso em: 20 ago. 2018.

[160] Carraza, Roque Antônio. ICMS. 17ª ed. São Paulo: Malheiros, 2015. p. 325-331.

[161] Borges, José Souto Maior. Questões Tributárias. São Paulo – SP: Resenha Tributária, 1975. p. 85.

mercadoria de um estabelecimento para o outro do mesmo contribuinte, ou seja, o critério material da hipótese normativa do imposto sobre operações mercantis é a realização de negócio jurídico onde se opere efetivamente a transferência de propriedade do bem móvel objeto de mercancia, em que ocorra a circulação com a transferência de titularidade da mercadoria entre comprador e vendedor, e não apenas seu deslocamento físico.[162]

Verifica-se, portanto, que o fato gerador do ICMS consiste na transferência de propriedade da mercadoria, ou seja, tradição, incidindo em operações realizadas por seus sujeitos ativos relativas à circulação de mercadorias e realização de serviços, que é onde nasce a materialização do arquétipo legal, devendo ainda ser observado o princípio da irretroatividade tributária.[163]

Destaca-se, ainda que a energia, apesar de não ser uma mercadoria comum, é comercializada como produto típico de mercado, as quais poderiam até mesmo ser consideradas como mercadorias de utilidade social, devendo por isso incorporar novos critérios de decisão e novos referenciais de planejamento.[164]

Inclusive, até mesmo o artigo 155, § 3º do Código Penal prevê que a energia é sim uma mercadoria, um produto passível de industrialização, sendo sujeito ao ICMS e a sua suscetibilidade ao crime de furto.[165]

Ademais, quem adquire a mercadoria no País somente terá o direito de creditar do imposto se realmente este foi efetivamente devido na fase

[162] Miguel, Carolina Romanini. Regimes especiais de ICMS: natureza jurídica e limites. 2012. 289 f. Tese de Doutorado em Direito, Universidade de São Paulo. São Paulo – SP. 2012. p. 119.

[163] Ataliba, Geraldo. Hipótese de incidência tributária. 6ª Ed. São Paulo: 2002. p. 66-68.

[164] Simioni, Carlos Alberto. O uso de energia renovável sustentável na matriz energética brasileira: obstáculos para o planejamento e ampliação de políticas sustentáveis. 2006. 300f. Doutorado em Meio Ambiente. Universidade Federal do Paraná. Curitiba – PR, 2006. p. 161.

[165] Santiago, Igor Mauler. A exigência de ICMS sobre as tarifas de uso dos sistemas de transmissão e de distribuição de energia elétrica (TUST e TUSD). Aspectos regulatórios, tributários e processuais. Disponível em: <file:///G:/2.%20A-exigencia-de-ICMS-sobre-as-tarifas-de-uso-dos-sistemas-de-transmissao-e-de-distribuicao-de-energia-eletrica-TUST-e-TUSD%20Igor%20M auler%20Santiago%20ciação%20no%20word.pdf>. Acesso em: 10 set. 2018. p. 3.

anterior, pois quando a mercadoria foi adquirida mediante alguma forma de desoneração, tais como, imunidade, isenção, não incidência, sendo que este sujeito não poderá apropriar-se no seu ativo deste valor do imposto a compensar ou recuperar, uma vez que não se admite o crédito presumido, exceto se existir concessão legal.[166]

Vale ressaltar, que podem ser consideradas inconstitucionais as restrições ao crédito no consumo de energia elétrica no Brasil, uma vez que a Constituição Federal somente veda o crédito em específicas situações, tais como: isenção ou não incidência. Cabendo à Lei Complementar a competência para disciplinar o regime de compensação do imposto (artigo 12, XII, "c" da CF), não podendo, jamais, implicar em restrição ou limitação ao direito ao abatimento do ICMS incidente nas operações e prestações anteriores.[167]

Os desafios para aumentar os investimentos para o crescimento do setor elétrico são temas permanentes dos estudos de Governança, o qual se constitui na análise de possibilidades de realização de acordos internacionais ou regionais visando à cooperação mútua com o fim de promover o desenvolvimento do setor elétrico, com fluxos de financiamentos oficiais administrados com o objetivo de promover o desenvolvimento econômico e o bem estar social, na busca de se inserir o País em um círculo virtuoso no qual os recursos aplicados na modernização do setor elétrico sejam revertidos na geração de empregos, aumento de renda e expansão do consumo, gerando desenvolvimento econômico em escala nacional.[168]

Nesse sentido, as transformações estruturais que ocorreram no setor de energia elétrica durante sua evolução evidenciam que as soluções adotadas por diversos Países no mundo, em que pese possuírem características distintas, se direcionam para uma unicidade comum, visando criar um mercado concorrencial, no qual a energia elétrica passou a ser como uma mercadoria que poderia ser substituída por outro fabricante, interpre-

[166] Rocha, João Marcelo. Direito tributário. 11ª ed. Rio de Janeiro: Forense, 2018. p. 209-210.

[167] Melo, José Eduardo Soares de. ICMS: Teoria e prática. 14ª ed. rev. e atual. Porto Alegre: Livraria do Advogado Editora, 2018. p. 303.

[168] Queiroz, Fernanda Hellena de Lima. O Intercâmbio de energia como Mecanismo de Inserção regional do Brasil no Cone do Sul. 2015. 98f. Dissertação (Mestrado em Direito) – Universidade Católica de Brasília – UCB, Brasília – DF. 2015. p. 21.

tada pelo mercado livre, inclusive, como uma *commodity*, passando a ser um recurso estratégico, ecológico, e inclusive, uma necessidade social.[169]

Destaca-se, que nos Países desenvolvidos, verifica-se uma relação bidirecional entre o consumo de energia e o Produto Interno Bruto – PIB, existindo relação direta entre o crescimento da renda e o crescimento do consumo de energia, sendo que o mesmo acontece se houver aumento do consumo, ocorrendo similarmente também o aumento do PIB. Já em Países em desenvolvimento, encontra-se uma relação unidirecional, que significa que o consumo de energia é fundamentalmente induzido pelo PIB. Assim, caso haja uma política de pequena redução do consumo de energia não haverá um impacto tão prejudicial ao PIB.[170]

Cumpre observar que na Europa, a energia é tratada como um produto qualquer e taxada aos consumidores, tanto pessoas físicas, como jurídicas, como qualquer outro bem ou serviço, onde os lucros de operações de compra e venda de energia elétrica são taxados em aproximadamente 27,5% no mercado de preço base *spot*, segundo dados do Relatório Anual de 2014 do *Nord Pool Spot*.[171]

No mesmo sentido, importante mencionar acerca da tributação sobre a circulação de mercadorias e serviços no direito comparado, conforme colacionado:

> Nos EUA, a tributação sobre a circulação de mercadorias e serviços agrega em um único tributo o ICMS e o ISS, trata-se do *Sales Tax*, cujo tributo é de competência dos Estados e administrações locais – de maneira similar ao que ocorre com o ICMS no Brasil, onde cada Estado tem autonomia para fixar suas taxas e regras. Já no modelo organizado pelo Bloco Econômico da União Europeia, incide sobre os produtos e serviços um único imposto como IVA

[169] Braga Filho, Mário de Oliveira. Inteligência competitiva: um estudo aplicado na área de P&D do setor de energia elétrica. 2008. 114f. Dissertação (Mestrado em Gestão do Conhecimento e da Tecnologia de Informação) – Universidade Católica de Brasília – UCB, Brasília – DF. 2008. p. 1438.

[170] Brandão, Lucas Guimarães Lins. Uma análise da dinâmica do setor elétrico brasileiro utilizando var em painel. 2017. 51f. Dissertação (Mestrado em Economia) – Universidade Católica de Brasília – UCB, Brasília – DF. 2017. p. 18.

[171] Queiroz, Fernanda Hellena de Lima. O Intercâmbio de energia como Mecanismo de Inserção regional do Brasil no Cone do Sul. 2015. 98f. Dissertação (Mestrado em Direito) – Universidade Católica de Brasília – UCB, Brasília – DF. 2015. p. 87.

(Imposto sobre Valor Agregado) – tributo que recai sobre a generalidade das operações econômicas, sejam elas: transmissões de bens e prestações de serviços, operações intracomunitárias efetuadas e importações de bens.[172]

Importa destacar, que a carga tributária sobre a eletricidade no Brasil é bastante superior à de outros Países, conforme descrição em ordem crescente dos Países analisados pela Energy Tax Fórum Brasil 2009 (Base 2007), quais sejam: Reino Unido: 4,5%; Portugal: 7,9%; Espanha: 9,9%; Bélgica: 15,7%; França: 17,4%; Noruega: 21,6%; Alemanha: 22,0%; Itália: 23,3%; e Brasil: 51,6%. Importa salientar também que entre 2002 a 2007 a tarifa média final de energia elétrica no setor industrial brasileiro teve um aumento de 166%.[173]

Desse modo, o tema é significativo, porque atinge toda a população do País, havendo um grande aumento no custo da energia elétrica em todos os Estados nos últimos dez anos. Conforme estudo do Instituto Brasileiro de Economia e Finanças (Ibecon)[174] entre 2004 e 2014 verificou-se que o preço da energia em São Paulo na CPFL Paulista chegou a subir até 167,7%, o equivalente a duas vezes e meia a variação da inflação no período. Como se verifica, em relação ao ICMS sobre a energia elétrica no Brasil, são inúmeras particularidades e especificidades atinentes ao tema em apreço, os quais merecem um estudo pormenorizado, passando-se, assim a descrever sobre seus aspectos mais relevantes.

[172] MARTINS, Lilian de Almeida Veloso Nunes. As regras atuais do comércio eletrônico e a tributação na origem: uma ameaça ao Pacto Federativo? 2015. 127f. Dissertação de Mestrado em Direito. Universidade Católica de Brasília. Brasília – DF. 2015. p. 46-47.

[173] PIZETA, Evandro Gonçalves. Análise da regulamentação do suprimento de energia elétrica aos polos industriais como fator de competitividade. 2009. 332f. Dissertação de Mestrado em Engenharia Elétrica. Universidade de São Paulo. São Paulo – SP. p. 62.

[174] MAGNABOSCO, André. Fonte: O Estado de São Paulo. Custo da Energia. Em dez anos, preço da energia sobe acima da inflação. Disponível em: <http://abrace.org.br/noticias-do-setor-interna/noticia-do-setor-351/#noticia-0acb2736d98f936d59fa2df08fafb422>. Acesso em: 30 out. 2016.

3
Aspectos Relevantes do ICMS sobre a Energia Elétrica

A eletricidade é vista por muitos Países como um serviço essencial, um suporte central que alicerçará o crescimento do futuro econômico de indivíduos, comércio e indústrias, pressionando uma determinação premente de como a necessidade crescente de energia elétrica será suprida de maneira sustentável, observando-se práticas cooperativas responsáveis em conjunto ao crescimento econômico.[175]

Importante salientar, que o ICMS incidente sobre as operações relativas à energia elétrica encontrava sua origem no antigo imposto único sobre operações relativas a combustíveis, lubrificantes e energia elétrica, conforme previsão do artigo 21, VIII da Carta de 1967/69, que era da competência da União. Nessa época, somente a União podia tributar a produção, importação, circulação, distribuição ou o consumo de energia elétrica, tendo como regra a escolha de somente uma de suas operações, o que lhe conferia o nome de imposto único. Somente com o advento da CF/88, o ICMS passou a ser de competência dos Estados e do Distrito Federal, os quais podem tributar por meio de ICMS qualquer uma, ou também todas, as operações do imposto, desde que obedecida a não cumulatividade.[176]

[175] PIRES, Lorena Fornari de Ary. Gestão Ambiental da Implantação de Sistemas de Transmissão de Energia Elétrica. Estudo de Caso: Interligação Norte/Sul I. 2005. 142 p. Dissertação (Mestrado em Ciência Ambiental) – Universidade Federal Fluminense – UFF, Niterói – RJ. 2005. p. 50-51.

[176] CARRAZA, Roque Antônio. ICMS. 17ª ed. São Paulo: Malheiros, 2015. p. 324-325.

Assim, com a promulgação da Constituição Federal de 1988, o ICMS incidente sobre a energia elétrica, passou a ser disposto no artigo 155, §§ 2º, X, "b", e §3º:

> Art. 155: [...]
> § 2º O imposto previsto no inciso II atenderá ao seguinte: [...]
> X – não incidirá: [...]
> b) sobre operações que destinem a outros Estados petróleo, inclusive lubrificantes, combustíveis líquidos e gasosos dele derivados, *e energia elétrica*; [...]
> § 3º À exceção dos impostos de que tratam o inciso II do caput deste artigo e o art. 153, I e II, *nenhum outro imposto poderá incidir sobre operações relativas a energia elétrica*, serviços de telecomunicações, derivados de petróleo, combustíveis e minerais do País.[177] (Grifo nosso).

Nesse sentido, o artigo 155, § 3º da CF/88 enfatiza que sobre as operações com energia elétrica somente poderão incidir o ICMS, o imposto sobre a importação e o imposto sobre a exportação, ou seja, para fins de tributação por ICMS a energia elétrica foi considerada pela CF/88 como uma mercadoria, um bem móvel, dotado de valor econômico.[178]

Como se verifica, com a CF/88, os antigos impostos federais que gravavam a energia elétrica foram extintos, e aos Estados foi atribuída a competência tributária para cobrar o ICMS. Devido à relevância elevada deste insumo para o desenvolvimento do País e para se evitar a instituição de outras exações sobre a energia elétrica a CF previu a imunidade do § 3º do Art. 155, o que originalmente vedava a instituição de qualquer outro tributo sobre a energia elétrica. Com a Emenda Constitucional nº 33/2001 a imunidade foi restringida, proibindo apenas a instituição de outros impostos além do ICMS, II e IE, uma vez que nunca foi possível a cobrança de IPI.[179]

[177] BRASIL. Constituição (1988). Constituição da República Federativa do Brasil. Diário Oficial da República Federativa do Brasil. Brasília – DF. 05.10.1988. Disponível em: <http://www.planalto.gov.br/ccivil_03/Constituicao/ConstituicaoCompilado.htm>. Acesso em: 20 ago. 2018.

[178] CARRAZA, Roque Antônio. ICMS. 17ª ed. São Paulo: Malheiros, 2015. p. 326.

[179] MOREIRA, André Mendes. Não cumulatividade tributária na Constituição e nas Leis (IPI, ICMS, PIS/COFINS, Impostos e Contribuições Residuais). 2009. 496f. Tese de

Sobre o assunto, importa colacionar o julgado do STF Tema 69, com repercussão geral reconhecida e com mérito julgado:

> Inviável a apuração do ICMS tomando-se cada mercadoria ou serviço e a correspondente cadeia, adota-se o sistema de apuração contábil. O montante de ICMS a recolher é apurado mês a mês, considerando-se o total de créditos decorrentes de aquisições e o total de débitos gerados nas saídas de mercadorias ou serviços: análise contábil ou escritural do ICMS. *A análise jurídica do princípio da não cumulatividade aplicado ao ICMS há de atentar ao disposto no art. 155, § 2º, I, da Constituição da República, cumprindo-se o princípio da não cumulatividade a cada operação.* O regime da não cumulatividade impõe concluir, conquanto se tenha a escrituração da parcela ainda a se compensar do ICMS, não se incluir todo ele na definição de faturamento aproveitado por este STF. *O ICMS não compõe a base de cálculo para incidência do PIS e da Cofins.* Se o art. 3º, § 2º, I, in fine, da Lei 9.718/1998 excluiu da base de cálculo daquelas contribuições sociais o ICMS transferido integralmente para os Estados, deve ser enfatizado que não há como se excluir a transferência parcial decorrente do regime de não cumulatividade em determinado momento da dinâmica das operações. Recurso provido para excluir o ICMS da base de cálculo da contribuição ao PIS e da Cofins. (RE 574.706 PR. STF. Relatora: Ministra Cármen Lúcia. Publicação: DJE de 02.10.2017. Tema 69).[180] (Grifo nosso).

Destaca-se ainda, que a União possui a titularidade para a exploração do aproveitamento energético e dos serviços de instalação de energia elétrica no País, conforme prevê a CF/88:

> Art. 20. São bens da União:
> [...]
> VIII – os potenciais de energia hidráulica;
>
> Art. 21. Compete à União:
> [...]

Doutorado em Direito, Universidade de São Paulo. São Paulo – SP. 2009. p. 272-273.

[180] BRASIL. Supremo Tribunal Federal. Repercussão Geral em Recurso Extraordinário nº 574706. Relatora: Ministra Cármen Lúcia. Publicação: 02.10.2017. Tema 69. Disponível em: <http://redir.stf.jus.br/paginadorpub/paginador.jsp?docTP=TP&docID=13709550>. Acesso em: 02 out. 2018.

> XII – explorar, diretamente ou mediante autorização, concessão ou permissão:
>
> [...]
>
> b) os serviços e instalações de energia elétrica e o aproveitamento energético dos cursos de água, em articulação com os Estados onde se situam os potenciais hidroenergéticos.[181]

Ocorre que, existem graves distorções acerca do crescimento do mercado de energia elétrica em comparação ao aumento da arrecadação no mesmo período, como por exemplo, entre 2002 a 2008, onde o mercado de energia elétrica aumentou 32%, enquanto a arrecadação, no mesmo período, aumentou cerca de 160%, ou seja, a elevação da arrecadação dos encargos do setor tem superado, e muito, o crescimento do mercado energético, o que demonstra a necessidade de verificação aprofundada da legislação sobre o tema, visando um melhor incentivo da geração e abastecimento elétrico para um desenvolvimento mais competitivo das indústrias nacionais.[182]

Como explicitado em linhas volvidas, a CF/88 ao dispor sobre a incidência do ICMS no fornecimento de energia elétrica trouxe modificação ao conceito de mercadoria, não havendo incidência de ICMS em operações não habituais de alienação de ativo fixo, quando consumida no processo de industrialização, etc.[183]

Assim, como no regime original de ICMS utiliza-se o crédito físico, onde apenas os produtos, tais como insumos e produtos intermediários, que se incorporam fisicamente a mercadoria vendida ensejam o direito ao crédito, é necessária a implementação urgente de uma solução viável politicamente dos Estados, em conjunto com a União, para que se busque o efetivo creditamento financeiro, adotando a tributação do con-

[181] BRASIL. Constituição (1988). Constituição da República Federativa do Brasil. Diário Oficial da República Federativa do Brasil. Brasília – DF. 05.10.1988. Disponível em: <http://www.planalto.gov.br/ccivil_03/Constituicao/ConstituicaoCompilado.htm>. Acesso em: 20 ago. 2018.

[182] PIZETA, Evandro Gonçalves. Análise da regulamentação do suprimento de energia elétrica aos polos industriais como fator de competitividade. 2009. 332f. Dissertação de Mestrado em Engenharia Elétrica. Universidade de São Paulo. São Paulo – SP. p. 51-53.

[183] MELO, José Eduardo Soares de. ICMS: Teoria e prática. 14ª ed. rev. e atual. Porto Alegre: Livraria do Advogado Editora, 2018. p. 32 e 285.

sumo pelo valor agregado, possibilitando também o creditamento de bens de capital e de uso e consumo, inclusive dos insumos e matérias primas, objetivando a existência de maior desoneração da cadeia produtiva, e para que o ICMS, se torne um imposto verdadeiramente não cumulativo, e não limitado, como atualmente previsto na CF/88, possibilitando créditos para acelerar o desenvolvimento econômico e social do País.[184]

Nesse sentido, deve ser observado o impacto e as particularidades da cobrança do ICMS pago pelas indústrias na aquisição de energia elétrica, o qual pode ser abatido do ICMS recolhido na venda de seus produtos finais, haja vista que a incidência do ICMS não é cumulativa, havendo, inclusive, a possibilidade de obtenção de crédito de ICMS devido, o que faz com que este tributo não seja contestado com intensidade pelos contribuintes, e o crédito de ICMS acaba não sendo devidamente aproveitado. Ocorre, que tal fato ocasiona distorções substanciais na cobrança dos tributos sobre a energia elétrica, nestes incluído o ICMS, pois ao incidir ao longo de cadeia de transformação de matéria e energia, estes impostos incidem também sobre as perdas de todo o processo de transformação.[185]

Verifica-se, que a Lei Complementar 87/96 autorizava expressamente o creditamento do ICMS da energia elétrica usada ou consumida no estabelecimento do contribuinte, conforme colacionado:

> Art. 33. Na aplicação do art. 20 observar-se-á o seguinte:
> I – somente darão direito de crédito as mercadorias destinadas ao uso ou consumo do estabelecimento, nele entradas a partir de 1º de janeiro de 1998;
> II – a energia elétrica usada ou consumida no estabelecimento dará direito de crédito a partir da data da entrada desta Lei Complementar em vigor. (...).[186]

[184] Lukic, Melina de Souza Rocha Lukic. ICMS: entraves jurídicos e econômicos e propostas de melhoria. Tributação no Brasil: estudos, ideias e propostas. Organizador: Adolfo Sachsida. Capítulo 2 – Brasília: Ipea, 2017. p. 52-53.

[185] Pizeta, Evandro Gonçalves. Análise da regulamentação do suprimento de energia elétrica aos polos industriais como fator de competitividade. 2009. 332f. Dissertação de Mestrado em Engenharia Elétrica. Universidade de São Paulo. São Paulo – SP. p. 54.

[186] BRASIL. Lei Complementar nº 87 de 1996. Disponível em: <https://www.planalto.gov.br/ccivil_03/Leis/LCP/Lcp87.htm>. Acesso em: 27 out. 2018.

Vale ressaltar, que o direito ao crédito do ICMS não se condiciona ao tipo ou espécie de contribuinte, muito menos estar restrito ou vinculado a um produto industrializado, pois é indiferente a natureza da atividade do contribuinte, questão que se pensava já estar superada pela previsão do art. 33, II da Lei Complementar 87/96, que tratou do direito ao crédito do ICMS relativo a energia elétrica usada ou consumida no estabelecimento, sem qualquer restrição. Entretanto, a Lei Complementar 102/2000 estabeleceu que somente teria direito ao crédito a entrada de energia elétrica no estabelecimento nos seguintes casos específicos: quando for objeto de operação de saída de energia elétrica; quando consumida no processo de industrialização; quando seu consumo resultar em operação de saída ou prestação para o exterior, na proporção destas sobre as saídas ou prestações totais; e nas demais hipóteses somente após 1º de janeiro de 2020.[187]

Ocorre, que novamente o artigo 33, II da Lei Complementar 87/96 foi alterado, mas pela Lei Complementar 138/2010. Entretanto, ainda manteve o limite até a previsão do ano de 2020 para a utilização de créditos de ICMS decorrentes da aquisição de energia elétrica a algumas poucas hipóteses, inclusive ao consumo no processo de industrialização. Ressalta-se, que esta inconstitucionalidade decorrente de Lei Complementar fere o princípio da não cumulatividade, cabendo ao Judiciário reestabelecer, o quanto antes, os termos e princípios garantidos pela Constituição, uma vez que a energia elétrica que integra o processo de industrialização gera o direito ao crédito do ICMS ao contribuinte.[188]

Na verdade, para que o ICMS se torne realmente um imposto não cumulativo, objetivando maior desoneração da cadeia produtiva, necessário se faz efetivamente implementar o creditamento financeiro e a possibilidade de creditamento de bens de capital e de uso e consumo, medidas que certamente impactarão fortemente à arrecadação dos Estados, medida para solução necessária que deverá ser implantada conjuntamente com a União Federal para que haja viabilidade política.[189]

[187] MELO, José Eduardo Soares de. ICMS: Teoria e prática. 14ª ed. rev. e atual. Porto Alegre: Livraria do Advogado Editora, 2018. p. 282.

[188] CARRAZA, Roque Antônio. ICMS. 17ª ed. São Paulo: Malheiros, 2015. p. 495-505.

[189] LUKIC, Melina de Souza Rocha Lukic. ICMS: entraves jurídicos e econômicos e propostas de melhoria. Tributação no Brasil: estudos, ideias e propostas. Organizador: Adolfo

Como se verifica, em relação ao tema, a legislação brasileira autoriza a tributação de ICMS somente sobre a energia elétrica efetivamente consumida, conforme prevê a Súmula 391 do Superior Tribunal de Justiça (STJ)[190]: "O ICMS incide sobre o valor da tarifa de energia elétrica correspondente à demanda de potência efetivamente utilizada".

No mesmo sentido é a Súmula 166 também do STJ[191] que reconhece que não constitui fato gerador do ICMS o simples deslocamento de mercadoria de um para outro estabelecimento do mesmo contribuinte.

Destaca-se ainda, que o art. 155, § 3º do Código Penal de 1940 prevê o crime de furto de energia elétrica, equiparando-a ao bem móvel.[192] No mesmo sentido, o Código Civil brasileiro em seu artigo 83, I, considera as energias que tenha valor econômico como sendo bens móveis.[193]

A energia elétrica, portanto, adquire *status* de mercadoria quando a mesma é colocada no ciclo econômico-produtivo, sendo que atualmente sua hipótese de incidência é consumir, por força de um negócio jurídico, energia elétrica, ou seja, o ICMS, em princípio, incide sobre bem destinado ao uso, consumo ou ativo fixo, onde se houver a operação, dela nasce para o contribuinte subsequente um crédito de ICMS que não pode ser afastado por Lei, exceto nos casos de isenção e não incidência, as quais não serão objeto deste trabalho.[194]

O entendimento doutrinário é no mesmo sentido, conforme destacado: "Entretanto, as empresas que utilizam combustíveis e energia nos seus processos industriais induvidosamente têm direito aos créditos desses inputs, (...)".[195]

Sachsida. Capítulo 2 – Brasília: Ipea, 2017. p. 53.

190 BRASIL. STJ. Súmula 391 STJ. Disponível em: <http://www.stj.jus.br/docs_internet/SumulasSTJ.pdf>. Acesso em: 10 ago. 2018.

191 BRASIL. STJ. Súmula 166 STJ. Disponível em: <http://www.stj.jus.br/docs_internet/SumulasSTJ.pdf>. Acesso em: 12 ago. 2018.

192 BRASIL. Código Penal Brasileiro. Decreto-Lei 2.848/40. Disponível em: <http://www.planalto.gov.br/ ccivil_03/decreto-lei/Del2848compilado.htm>. Acesso em: 12 ago. 2018.

193 BRASIL. Código Civil Brasileiro. Lei 10.406/2002. Disponível em: <http://www.planalto.gov.br/ccivil_03/LEIS/2002/L10406.htm>. Acesso em: 12 ago. 2018.

194 Carraza, Roque Antônio. ICMS. 17ª ed. São Paulo: Malheiros, 2015. p. 326-507.

195 Coêlho, Sacha Calmon Navarro. Curso de direito tributário brasileiro. 15ª ed. rev. e atual. Rio de Janeiro: Forense. 2016. p. 319.

Assim, a CF confere a Lei Complementar competência para disciplinar o regime de compensação do imposto, não cabendo à mesma estabelecer qualquer outra disposição que extrapole os limites constitucionais. Nesse sentido, se o preço pago pelos bens adquiridos pela empresa, incluindo neste a energia elétrica, constituem despesas, para o contribuinte, integrando o preço do produto final, o não creditamento do ICMS referente a tais aquisições, também será integrado ao custo do produto final, provocando a indesejada tributação em cascata, o que contraria a previsão constitucional consagrada pelo princípio da não cumulatividade.[196]

Nesse sentido, como se verifica pela ampla gama de legislações pertinentes ao tema sobre a energia elétrica, devido à complexidade e importância do assunto que impacta toda a sociedade, para que haja o devido entendimento acerca da tributação em relação ao ICMS sobre a energia elétrica e suas tarifas incidentes, necessário se faz analisar o desenvolvimento do Setor Energético no Brasil e suas principais características até chegar à realidade da normatização dos dias atuais.

3.1 Desenvolvimento e Crise do Setor Energético no Brasil

Os serviços de fornecimento de energia elétrica no Brasil tiveram seu início em 1879 quando D. Pedro II concedeu a Thomas Edison o direito de introduzir processos e aparelhos para a geração de eletricidade no País, sendo que entre 1879 até 1934 o setor elétrico esteve sob o domínio da iniciativa privada, predominantemente empresas estrangeiras, e também instalação de pequenas usinas de geração de energia elétrica destinadas ao atendimento da iluminação pública, das mineradoras, indústrias têxteis, serralherias e beneficiamento de produtos agrícolas, onde o Estado limitava-se a publicar poucas medidas isoladas visando à regulamentação do setor. Entretanto, o modelo privado não investia adequadamente no setor, e juntamente com crise decorrente do período da segunda guerra mundial, que trouxe racionamento de energia elétrica, decorrente do aumento da demanda que ultrapassou a oferta, forçando o governo fede-

[196] Miguel, Carolina Romanini. Regimes especiais de ICMS: natureza jurídica e limites. 2012. 289 f. Tese de Doutorado em Direito, Universidade de São Paulo. São Paulo – SP. 2012. p. 116.

ral e estadual a promoverem uma nova organização do sistema elétrico brasileiro, passando a ser estatal.[197]

No início o governo federal acreditava que bastaria atrair investimentos privados para o setor de energia elétrica, porém tal objetivo não foi alcançado, passando a União a necessitar de efetivação da aplicação de grande capital, tendo, inclusive, que criar empresas geradoras (1940), distribuidoras e a Eletrobrás (1960).[198]

Nesse sentido, a regulação do setor energético brasileiro iniciou-se no período entre 1934 e 1989, quando ainda era visto como um serviço de interesse local, onde eram instaladas pequenas usinas, com vistas a atender determinados núcleos urbanos, no local que estavam instaladas certas indústrias e pessoas da região, com potências para a exploração de energia, entendido na época como um problema de competência do próprio Município. Entre 1934 e 1950, iniciou-se a adoção de uma política de industrialização do mercado interno, passando a ver a questão do sistema elétrico brasileiro como um problema nacional. Nesta época, foi publicado o Decreto nº 24.643 de 10 de julho de 1934, chamado de Código de Águas, aliando-se à Constituição de 1934, no sentido de que a energia elétrica era um assunto de competência da União, a qual assumiu o setor de energia que demandava capital intensivo.[199]

Assim, a oferta de energia elétrica brasileira teve sua origem predominantemente na energia hidráulica, na qual o Brasil, após o choque do petróleo ocorrido em 1973, decorrente pela invasão de alguns Países árabes a Israel e o posterior fechamento do canal de Suez que elevou o custo do barril, iniciou-se uma política energética visando sua auto-suficiência com prioridade aos investimentos no setor hidrelétrico e petrolífero, a

[197] Papa, Marcos Antônio. Análise do método *Organizational Knoledge Assessment – OKA* para diagnóstico da situação da gestão do conhecimento em uma organização de geração e transmissão de energia elétrica – caso Eletronorte. 2008. 210f. Dissertação de Mestrado em Gestão do Conhecimento e da Tecnologia da Informação. Universidade Católica de Brasília – UCB. Brasília – DF. 2008. p. 95.

[198] Santos, Michelle Manaia. Regulação descentralizada: um estudo à luz dos setores de energia e gás natural. 2014. 128f. Dissertação de Mestrado em Direito. Universidade de São Paulo. São Paulo – SP. p. 67-68.

[199] Santos, Michelle Manaia. Regulação descentralizada: um estudo à luz dos setores de energia e gás natural. 2014. 128f. Dissertação de Mestrado em Direito. Universidade de São Paulo. São Paulo – SP. p. 67-68.

qual duplicou a capacidade de geração de energia elétrica, e quadruplicou a produção de petróleo entre 1975 e 1995, aumentando também a produção de gás natural neste mesmo período, com vistas a diminuir sua vulnerabilidade e economia, diminuindo suas importações de petróleo, conforme dados do Ministério de Minas e Energia em 2011.[200]

Nesse sentido, em que pese o esforço, o setor elétrico brasileiro entrou em declínio durante a década de oitenta devido ao endividamento externo do setor, a recessão e a estagnação da demanda, além do Governo utilizar as empresas para atingir metas econômicas e políticas, exaurindo-se o monopólio estatal, o qual decidiu pela reestruturação e a privatização das empresas, iniciado desde 1990, derivado de influências globais e fatores internos que modificaram o contexto do referido Setor Elétrico Brasileiro.[201]

Entretanto, o que se verifica é que no setor de energia o discurso sempre tem como justificador o conceito de necessidade crescente de mais energia, tanto de maneira implícita, como também explicitamente, ou seja, o fato de a energia elétrica ser entendida como mercadoria faz com que sua lógica de produção, oferta e demanda fique atrelada a uma racionalidade de produção sempre crescente, o que gera o entendimento de que, caso tal necessidade não seja atendida, haverá um colapso na economia e na sociedade, pois a sociedade moderna é dependente para quase tudo, do consumo de energia.[202]

Como se verifica, o setor energético brasileiro inicialmente teve a participação ativa do Estado, mas posteriormente houve a privatização do setor elétrico, onde até 1990 a maioria do setor elétrico era controlado pelo Estado, com a Eletrobrás gerenciando a transmissão e grande parte da geração. Assim, somente em 1995 é que iniciou-se a privatização do

[200] ANDRADE, Fabíola Milane Nobre. Uma análise preliminar do mercado de energia elétrica do sistema elétrico isolado de Manaus. 2012. 42f. Dissertação de Mestrado em Economia. Universidade Católica de Brasília – UCB. Brasília – DF. 2012. p. 13.

[201] PREFEITO, Luiz Fernando Biazetti. Aspectos legais da privatização do setor elétrico brasileiro. 2005. 146f. Dissertação de Mestrado em Engenharia. Universidade de São Paulo. São Paulo – SP. p. 1-5.

[202] SIMIONI, Carlos Alberto. O uso de energia renovável sustentável na matriz energética brasileira: obstáculos para o planejamento e ampliação de políticas sustentáveis. 2006. 300f. Doutorado em Meio Ambiente. Universidade Federal do Paraná. Curitiba – PR, 2006. p. 25.

setor e a criação de entidades reguladoras, tal como a ANEEL – Agência Nacional de Energia Elétrica, em 1996.[203]

Destaca-se, portanto, que o processo de reestruturação do Setor Elétrico se estendeu até 1995, possuindo uma estrutura centralizada, constituída por cinco empresas federais, uma holding e quatro subsidiárias regionais, e mais 60 empresas estaduais ou locais, onde havia a Eletrobrás, criada em 1962, com as funções de planejamento, operação e financeira. Já a concessão de geração e transmissão, estava assim dividida: Eletronorte, com as Regiões Norte e Centro Oeste; CHESF, na Região Nordeste; FURNAS, nas Regiões Sudeste e Centro Oeste; e as Centrais Elétricas do Sul do Brasil – ELETROSUL, na Região Sul. Os dois demais períodos podem ser divididos em, antes e depois da crise energética em 2001, quando foi necessário adotar medidas de contenção do consumo com vistas a reverter a falta de energia.[204]

Nesse sentido, foram necessárias também grandes mudanças desde 1990 no mercado de energia elétrica, quando o setor passou por um movimento de liberalização, depois de mais de 50 anos de controle estatal (federal e estadual) e vertical (atuavam em geração, transmissão e distribuição), como a criação da ANEEL (Lei nº 9.427/96), a Lei 10.847/2004, a Lei 10.848/2004 que substituiu os critérios usados para a concessão de novos empreendimentos de geração de energia elétrica baseado no menor preço para a venda da produção de futuras usinas, inaugurando no ramo da energia elétrica, mais dois novos meios de celebração de contrato de compra e venda, o ambiente de contratação regulada (ACR) que é restrito às companhias de geração e distribuição, e o ambiente de contratação livre (ACL) dirigido às geradoras, importadoras, comercializadoras, exportadoras e consumidores livres. Derivou-se assim a necessidade de outras instituições, o Operador Nacional do Sistema Elétrico (ONS), o

[203] TSUKAMOTO, Gabrielli Oliveira. A ilegalidade das alterações introduzidas pelos Decretos Estaduais nº 55.421/10 e 55.867/10 na Regra Matriz do ICMS – Energia Elétrica. São Paulo: IBET. 42 f. 2013. p. 10. Disponível em: <http://www.ibet.com.br/wp-content/uploads/2017/07/Gabrielli-Oliveira-Tsukamoto.pdf>. Acesso em: 12 fev. 2018.

[204] PIRES, Lorena Fornari de Ary. Gestão Ambiental da Implantação de Sistemas de Transmissão de Energia Elétrica. Estudo de Caso: Interligação Norte/Sul I. 2005. 142 p. Dissertação (Mestrado em Ciência Ambiental) – Universidade Federal Fluminense – UFF, Niterói – RJ. 2005. p. 22-23.

Mercado Atacadista de Energia (MAE), surgindo a desverticalização, ou seja, separou-se a geração, transmissão, distribuição e comercialização da energia elétrica no País.[205]

Como visto, até passado recente, aos consumidores finais, que a elas estavam cativos, e, portanto, não podiam negociar os preços praticados, a energia era produzida e distribuída por empresas estatais. Entretanto, este modelo se esgotou na época do Plano Real, em meados da década de 90, causado pela crise do setor energético e aquecimento da economia, quando então, foi necessário estimular a livre concorrência para encontrar soluções capazes de expandir o setor, com aporte de capitais privados, e até mesmo, o ingresso de novos agentes no mercado, efetivando, assim, uma ampla reforma no segmento, passando este a ser dividido em atividades de geração, transmissão, distribuição e comercialização de energia elétrica, onde o Poder Público passou apenas a orientar e fiscalizar a prestação de serviços de fornecimento de energia elétrica. Assim, com a separação das atividades de geração, transmissão e distribuição iniciou-se a possibilidade desta mercadoria ser negociada livremente pelos grandes consumidores, os quais passaram a adquirir o produto de quem lhes dessem maiores vantagens econômicas.[206]

Noutras palavras, importante destacar que foi com a promulgação da CF/88 que se iniciou a restruturação do setor elétrico brasileiro, pois se passou a estabelecer o regime de licitações para as concessões ou permissões dos serviços públicos, encerrando o período das áreas de concessão sem concorrência, extinguindo o mercado cativo das empresas estatais.[207]

Porém, em 2001 ocorreu uma grave crise, onde o setor elétrico brasileiro foi ameaçado pelo racionamento, ocasionada pela queda dos níveis dos reservatórios aliado a falta de investimento no setor. Novamente em

[205] Agência Nacional de Energia Elétrica. Atlas de energia elétrica do Brasil. 3ª ed. Brasília: Aneel, 2008. Disponível em: <http://www2.aneel.gov.br/arquivos/PDF/atlas3ed.pdf>. Acesso em: 10 out. 2018.

[206] Carraza, Roque Antônio. ICMS. 17ª ed. São Paulo: Malheiros, 2015. p. 332.

[207] Papa, Marcos Antônio. Análise do método *Organizational Knoledge Assessment – OKA* para diagnóstico da situação da gestão do conhecimento em uma organização de geração e transmissão de energia elétrica – caso Eletronorte. 2008. 210f. Dissertação de Mestrado em Gestão do Conhecimento e da Tecnologia da Informação. Universidade Católica de Brasília – UCB. Brasília – DF. 2008. p. 96.

2013 o cenário da baixa estiagem se repetiu, o que resultou em queda significativa dos reservatórios e risco de novo racionamento, mas as usinas termelétricas foram capazes de suportar o consumo, porém houve aumento no preço da energia, o qual foi repassado aos consumidores através de tarifa de energia elétrica, passando o Brasil em 2014 por nova crise energética. Vale ressaltar, que o setor de energia elétrica é muito dependente do regime de chuvas, e consequentemente dos reservatórios das hidrelétricas, mesmo tendo diversificado sua matriz energética desde 2001 com aumento da geração térmica, fontes alternativas, como a eólica, uma vez que o País tem predominância de geração hidrelétrica, que no ano de 2016 era cerca de 64,6%, segundo dados do Ministério de Minas e Energia.[208]

Sobre a eficiência energética, sua conservação e busca pela economia de energia elétrica, interessante destacar o entendimento:

> É a capacidade de se racionalizar a produção, distribuição e consumo de energia. Pode-se produzir mais, ou pelo menos a mesma quantidade, a partir de menos recursos e a um custo mais baixo. Significa também, em termos de energia, a substituição de materiais, equipamentos ou processos, assim como, uma arquitetura orientada para um menor consumo e uma melhoria de processos produtivos. Mas a conservação de energia não é um processo puramente técnico. Ao contrário, está estritamente ligada a padrões de consumo e à estrutura econômica, pois, significa mudança de hábitos e redução de custos em um processo que exige maior produtividade. Um exemplo de como o fator cultural é importante está na cidade de Las Vegas (EUA). A tradição da cidade (muita iluminação) e o fato de localizar-se em um deserto resultam em um altíssimo consumo de energia, gerada a partir de gás natural e carvão[176]. Em menor escala, podemos avaliar o desperdício de energia em prédios e shopping centers aqui no Brasil. A eficiência energética é a principal maneira de, em grande escala, economizar-se energia. Trata-se de obtenção dos mesmos serviços de iluminação, cozimento, aquecimento, mobilidade e industrialização com menor necessidade de energia. Pode-se, por exemplo, estabelecer processos de co-geração, produzindo-a

[208] Brandão, Lucas Guimarães Lins. Uma análise da dinâmica do setor elétrico brasileiro utilizando VAR em painel. 2017. 51f. Dissertação (Mestrado em Economia) – Universidade Católica de Brasília – UCB, Brasília – DF. 2017. p.14-15.

simultaneamente para usos como aquecimento, refrigeração, movimento e iluminação.[209]

Assim, os desafios enfrentados pelo Setor Elétrico para aumentar os investimentos na busca de maior crescimento econômico no País é um tema permanente nos estudos governamentais, gerando desenvolvimento econômico em escala nacional, inserindo o Brasil em um círculo positivo moderno e gerador de mais empregos no setor elétrico, aumentando a renda e expandindo o consumo. Inclusive, na busca de maior eficiência no mercado elétrico foram adotadas medidas com base na livre concorrência, na negociação de compra e venda de energia elétrica entre concessionários, permissionários e autorizados por meio de leilões públicos, como por exemplo, a criação do Modelo do Setor Elétrico instituído pela Medida Provisória nº 144/2003, convertida na Lei nº 10.848/2004[210], buscando assim segurança no fornecimento de energia elétrica, modicidade tarifária, estabilidade regulatória e maior universalização do atendimento aos consumidores, planejando maior expansão e melhoria do Setor.

Importa destacar, que em 2006 foi criado o Departamento de Minas e Energia, na gestão do Ministro Celso Amorim, com vistas a viabilizar na área da energia novas estratégias do governo brasileiro, principalmente devido às questões ambientais internacionais relacionadas ao uso de combustíveis fósseis e a busca por alternativas para diversificação das matrizes energéticas estaduais, sendo esta uma tentativa de reduzir as vulnerabilidades econômico-políticas derivadas da dependência excessiva de importações de petróleo.[211]

[209] Simioni, Carlos Alberto. O uso de energia renovável sustentável na matriz energética brasileira: obstáculos para o planejamento e ampliação de políticas sustentáveis. 2006. 300f. Doutorado em Meio Ambiente. Universidade Federal do Paraná. Curitiba – PR, 2006. p.246

[210] Queiroz, Fernanda Hellena de Lima. O Intercâmbio de energia como Mecanismo de Inserção regional do Brasil no Cone do Sul. 2015. 98f. Dissertação (Mestrado em Direito) – Universidade Católica de Brasília – UCB, Brasília – DF. 2015. p. 13.

[211] Machado, Danilo Vergani. A política externa do etanol: estratégias do estado logístico para inserção internacional dos biocombustíveis brasileiros. 2014. 270f. Tese (Doutorado em Relações Internacionais) – Universidade de Brasília – IREL/UNB, Brasília – DF. 2014. p. 118.

Nota-se, que nos últimos quinze anos os ciclos de mudança no setor elétrico brasileiro foram intensos na busca de um modelo que privilegie a competitividade, eficiência, universalização do acesso e do uso dos serviços de eletricidade, com equilíbrio entre o investimento do governo e da iniciativa privada.[212]

Ademais, a eficiência do sistema de transmissão, regulado pela ANEEL, dependia da qualidade das instalações e do serviço de manutenção das concessionárias que fossem vitoriosas nos leilões e que receberam a outorga de concessão para a exploração do serviço de energia elétrica. Então, esse desafio de manter os investidores, aplicar punições e garantir a qualidade do serviço feito pela ANEEL foi superado através de desconto aplicado a receita da concessionária, caso ocorresse algum problema na disponibilização do sistema, chamado de parcela variável, que foi incluído nos contratos de concessão.[213]

Nesse sentido, o Setor foi aberto ao mercado mundial com a inclusão de diversas empresas transnacionais, inserindo-se no País um novo Setor Elétrico Mundial, onde predominam o sistema financeiro e os investimentos multinacionais na reestruturação do Setor Elétrico Brasileiro, uma vez que esta foi pautada em preceitos vigentes na nova economia globalizada, devendo observar os princípios e diretrizes internacionais.[214]

[212] PAPA, Marcos Antônio. Análise do método *Organizational Knoledge Assessment – OKA* para diagnóstico da situação da gestão do conhecimento em uma organização de geração e transmissão de energia elétrica – caso Eletronorte. 2008. 210f. Dissertação de Mestrado em Gestão do Conhecimento e da Tecnologia da Informação. Universidade Católica de Brasília – UCB. Brasília – DF. 2008. p. 98.

[213] WASHINGTON, Martins da. Análise econômica do setor de energia elétrica brasileiro: preço spot e leilões de transmissão. 2016. 70f. Tese (Doutorado em Economia) – Universidade Católica de Brasília – UCB, Brasília – DF. 2016. p. 39.

[214] PIRES, Lorena Fornari de Ary. Gestão Ambiental da Implantação de Sistemas de Transmissão de Energia Elétrica. Estudo de Caso: Interligação Norte/Sul I. 2005. 143f. Dissertação (Mestrado em Ciência Ambiental) – Universidade Federal Fluminense – UFF, Niterói – RJ. 2005. p. 46.

3.2 Estímulo à Livre Concorrência Através da Geração, Transmissão e Distribuição de Energia Elétrica. Preço da Energia Elétrica e seus Consumidores

A energia elétrica é fundamental para fomentar a atividade econômica mundial e para sustentar o estilo de vida da população mundial. Sua importância para as sociedades é tanta, que, inclusive, existe correlação entre o consumo de energia e o desenvolvimento dos Países no mundo. No Brasil, desde a década de 1990, o setor elétrico passou por uma modificação estrutural em seu arcabouço jurídico, a partir da premissa do princípio da concorrência onde for possível e regulação onde fosse necessária, dividindo-o em três segmentos: Geração, a qual é intensiva em capital, com longos prazos para o retorno de seus investimentos, que comporta concorrência entre geradores pelo atendimento do consumo; Transmissão e Distribuição, que são segmentos com características de monopólio natural, e exigem regulação por parte do Estado para que o concessionário da atividade não pratique monopólio, o que prejudicaria o consumidor e provocaria ineficiências econômicas.[215]

Assim, como descrito, o fornecimento de energia elétrica tem como meta minimizar os custos de investimento e de operação do sistema[216] e está dividido em quatro segmentos principais: geração (I): abrange as atividades de produção de energia nas usinas hidrelétricas, termelétricas e outras fontes alternativas, além da importação de Países de fronteira; transmissão (II): sistema que tem a função de fazer com que a potência gerada chegue aos consumidores e interligar áreas de maneira eficiente, transferindo a energia produzida até os grandes centros de consumo; distribuição (III): efetiva a transferência final da energia a partir dos pontos de entrega na rede de alta tensão até os consumidores finais; e comer-

[215] MONTALVÃO, E; SILVA, R. M. Descontos na TUST e na TUSD para Fontes Incentivadas: uma avaliação. Brasília: Núcleo de Estudos e Pesquisas/CONLEG/Senado, Fevereiro/2015 (Texto para Discussão nº 165). p. 17-20. Disponível em: <https://www12.senado.leg.br/publicacoes/estudos-legislativos/tipos-de-estudos/textos-para-discussao/td165>. Acesso em: 12 ago. 2017.

[216] MESQUITA FILHO, Júlio de. Planejamento da Expansão do Sistema de Transmissão de Energia Elétrica Utilizando Controladores FACTS. 2006. 123 p. Tese de Doutorado em Engenharia Elétrica. Faculdade de Engenharia de Ilha Solteira – UNESP. Ilha Solteira – SP, 2006. p. 10.

cialização (IV): encarrega-se das atividades de contratação da energia gerada e sua revenda aos consumidores.[217]

Vale ressaltar, que em 1984 é que se iniciaram os primeiros trabalhos no Brasil que avaliaram a demanda e o preço de energia elétrica, através dos estudos de Eduardo Marco Modiano. Em 1997 estes estudos foram atualizados e ampliados por Thompson A. Andrade e Waldir J. de A. Lobão, que avaliaram a evolução do consumo de energia elétrica com estimativas de renda e preço, sendo que ambos encontram módulos superiores da elasticidade-preço, em detrimento à elasticidade e renda, o que comprova que os consumidores respondem mais a uma redução da sua renda do que ao aumento do preço da energia elétrica. Já em 2003, Eduardo W. Garcez e André G. Ghirardi utilizaram como preço da energia elétrica a tarifa média das distribuidoras. Assim, ao longo da evolução dos estudos, todos evidenciaram que a demanda responde a variação de preço da tarifa e de renda, sendo necessário utilizar a tarifa média.[218]

Como se verifica, inicialmente, o desenvolvimento do setor elétrico do País foi preponderantemente sustentado por investimentos do governo federal, mas devido à crise dos anos noventa, decorrentes da abertura econômica e a tendência de privatização de parte da economia, foram estabelecidos leilões, objetivando atrair o interesse de investimentos de empresas privadas, nacionais e estrangeiras, para expandir o sistema de prestação de serviço público de transmissão de energia elétrica. Nestes leilões, os quais são promovidos pela ANEEL, as empresas tecnicamente habilitadas concorreram a contrato de concessão de 30 anos, oferecendo a menor tarifa na construção, operação e manutenção das instalações de transmissão de rede básica do Sistema Interligado Nacional (SIN), ou seja, os leilões visaram a competição para promover a expansão com um menor custo ao consumidor. Foi então realizado um planejamento conjunto e estratégico entre o desenvolvimento de novas usinas gerado-

[217] PIRES, Lorena Fornari de Ary. Gestão Ambiental da Implantação de Sistemas de Transmissão de Energia Elétrica. Estudo de Caso: Interligação Norte/Sul I. 2005. 143f. Dissertação (Mestrado em Ciência Ambiental. Universidade Federal Fluminense). Niterói – RJ. p. 19.

[218] BRANDÃO, Lucas Guimarães Lins. Uma análise da dinâmica do setor elétrico brasileiro utilizando VAR em painel. 2017. 51f. Dissertação (Mestrado em Economia) – Universidade Católica de Brasília – UCB, Brasília – DF. 2017. p. 16.

ras de energia elétrica e a implementação de um sistema de transmissão para escoar a energia até os consumidores, sendo que o planejamento de expansão do sistema de transmissão no Brasil é realizado pelo Ministério de Minas e Energia (MME), com base nos estudos da Empresa de Pesquisa Energética (EPE) e pelo Operador Nacional do Sistema (ONS).[219]

Assim, no Brasil, sempre foi forte a presença do Estado no setor de energia elétrica, o qual faz o controle sobre o mercado, onde o preço da tarifa da energia elétrica, chamado preço, que é composto pela carga tributária e investimentos realizados pela distribuidora, sendo regulado pela ANEEL. Entretanto, o preço do consumidor final, deveria sim, era refletir de forma direta os custos de produção, como ocorre no mercado de energia Norte Americano.[220]

Nesse sentido, na difusão de novos processos de eficiência energética, têm-se algumas barreiras culturais e econômicas, como a falta de conhecimento e descrença de novas tecnologias ou processos, principalmente pela necessidade de investimento inicial, fatos que tornaram a mudança de difícil interesse da sociedade, fazendo com que fosse necessário um maior empenho do Poder Público na busca de maiores benefícios, inclusive econômicos, como por exemplo, o Planejamento Integrado de Recursos (PIR), que consiste em um planejamento interdisciplinar que beneficia as esferas econômicas, social, ambiental e política, integrando o planejamento local e global de oferta e conservação de energia.[221]

A Câmara de Comercialização de Energia Elétrica (CCEE) foi criada pelo Decreto 5.177 de 12 de outubro de 2004, é uma pessoa jurídica de direito privado, associação civil, composta pelos agentes de geração, distribuição e comercialização de energia elétrica, que possui como principal função o registro e a administração dos contratos de compra e venda

219 Washington, Martins da. Análise econômica do setor de energia elétrica brasileiro: preço spot e leilões de transmissão. 2016. 70f. Tese (Doutorado em Economia) – Universidade Católica de Brasília – UCB, Brasília – DF. 2016. p. 36-37.

220 Brandão, Lucas Guimarães Lins. Uma análise da dinâmica do setor elétrico brasileiro utilizando VAR em painel. 2017. 51f. Dissertação (Mestrado em Economia) – Universidade Católica de Brasília – UCB, Brasília – DF. 2017. p. 12.

221 Simioni, Carlos Alberto. O uso de energia renovável sustentável na matriz energética brasileira: obstáculos para o planejamento e ampliação de políticas sustentáveis. 2006. 300f. Doutorado em Meio Ambiente. Universidade Federal do Paraná. Curitiba – PR, 2006. p. 250.

de energia firmados pelos agentes no SIN, tanto no mercado regulado, como no mercado livre, sendo responsável pela contabilização e liquidação financeira das operações de comercialização no mercado de curto prazo, chamado de mercado *spot*, que visa a obtenção de um preço spot que reflita real e fidedignamente o ponto de inserção entre as curvas de demanda e oferta de energia elétrica.[222]

Destarte, com o advento da Lei nº 10.848/2004 ocorreram transformações estruturais no setor de distribuição de energia elétrica, uma vez que os segmentos de geração e comercialização tiveram que se adaptar ao desmembramento e desverticalização, e os setores de transmissão e distribuição passaram a ter entradas de produtores independentes, além de serem regulados. Assim, esta reestruturação permitiu maior competição, criando um mercado livre e outro regulado, afastando o monopólio natural dos setores de distribuição e transmissão.[223]

Destaca-se, que a Lei nº 10.848/2004 passou a regulamentar a comercialização de energia elétrica em dois ambientes: a) Ambiente de Contratação Regulada (ACR), na qual participam as usinas geradoras (existentes e em construção), vendedoras, distribuidoras e compradoras (CCEE), onde os preços são estabelecidos nos leilões públicos de compra e venda de energia elétrica que são promovidos pela Câmara de Comercialização de Energia - CCEE, sob a delegação da ANEEL; e b) Ambiente de Contratação Livre (ACL) na qual participam consumidores livres e especiais, importadores e exportadores de energia elétrica, geradores e comercializadores, os quais firmam um contrato bilateral no qual os termos, tais como preço, prazos e garantis, são negociados individualmente e são confidenciais. A energia excedente será liquidada ao Preço de Liquidação das Diferenças (PLD).[224]

[222] Queiroz, Fernanda Hellena de Lima. O Intercâmbio de energia como Mecanismo de Inserção regional do Brasil no Cone do Sul. 2015. 98f. Dissertação (Mestrado em Direito) - Universidade Católica de Brasília - UCB, Brasília - DF. 2015. p. 65-86.

[223] Braga Filho, Mário de Oliveira. Inteligência competitiva: um estudo aplicado na área de P&D do setor de energia elétrica. 2008. 114f. Dissertação (Mestrado em Gestão do Conhecimento e da Tecnologia de Informação) - Universidade Católica de Brasília - UCB, Brasília - DF. 2008. p. 14.

[224] Brandão, Lucas Guimarães Lins. Uma análise da dinâmica do setor elétrico brasileiro utilizando VAR em painel. 2017. 51f. Dissertação (Mestrado em Economia) - Universidade Católica de Brasília - UCB, Brasília - DF. 2017. p. 13.

Os contratos de concessão, entretanto, a partir de 2006, passaram a contar com uma cláusula de revisão periódica das tarifas a cada cinco anos, as quais são reguladas pela ANEEL através da consideração do custo real de capital de terceiros, inflação e custos de operação e manutenção, visando reequilibrar os contratos de concessão e repassar às tarifas possíveis ganhos de eficiência operacional.[225]

Ocorre que, para que seja possível o uso do sistema de distribuição e transmissão de energia elétrica, se faz necessário que seja celebrado entre as partes um instrumento chamado de Contrato de Uso do Sistema de Transmissão (CUST) ou o Contrato de Uso do Sistema de Distribuição (CUSD), como se verifica da Resolução nº 281/99 da ANEEL, que estabelece as condições gerais de contratação do acesso, compreendendo o uso e a conexão, aos sistemas de transmissão e distribuição de energia elétrica, conforme colacionado:

> Art. 10. O acesso aos sistemas de transmissão e de distribuição será regido pelos Procedimentos de Rede, Procedimentos de Distribuição, pelos contratos celebrados entre as partes e pelas normas e padrões específicos de cada concessionária ou permissionária.
> § 1º Para o acesso às instalações de transmissão integrantes da Rede Básica, os usuários deverão firmar o Contrato de Uso dos Sistemas de Transmissão com o ONS, estabelecendo as condições técnicas e as obrigações relativas ao uso das instalações de transmissão, e o Contrato de Conexão com a concessionária de transmissão, estabelecendo as responsabilidades pela implantação, operação e manutenção das instalações de conexão e os respectivos encargos, observado o disposto no art. 2º, §§ 1º e 2º, desta Resolução.
> § 2º Para o acesso às Demais Instalações de Transmissão, não integrantes da Rede Básica, deverão ser observados os seguintes procedimentos:
> I – as centrais geradoras despachadas de forma centralizada pelo ONS, as concessionárias ou permissionárias de distribuição e os agentes de importação e/ou exportação de energia deverão firmar o Contrato de Uso dos Sistemas de Transmissão com o ONS e o Contrato de Conexão com a concessionária de transmissão acessada;

225 Washington, Martins da. Análise econômica do setor de energia elétrica brasileiro: preço spot e leilões de transmissão. 2016. 70f. Tese (Doutorado em Economia) – Universidade Católica de Brasília – UCB, Brasília – DF. 2016. p. 38.

> II – as centrais geradoras não despachadas de forma centralizada pelo ONS deverão firmar o Contrato de Conexão com a concessionária de transmissão acessada e o Contrato de Uso dos Sistemas de Distribuição com a concessionária ou permissionária de distribuição local; e
> III – *os consumidores livres deverão firmar Contratos de Uso dos Sistemas de Distribuição e de Conexão com a concessionária ou permissionária de distribuição local.*
> § 3º Para o acesso aos sistemas de distribuição, os usuários deverão firmar Contratos de Uso dos Sistemas de Distribuição e de Conexão com a concessionária ou permissionária de distribuição local.
> § 4º A concessionária ou permissionária de distribuição conectada a outra concessionária ou permissionária de distribuição celebrará, com esta, o Contrato de Uso dos Sistemas de Distribuição e o Contrato de Conexão.
> § 5º As centrais geradoras despachadas de forma centralizada deverão firmar o Contrato de Uso dos Sistemas de Transmissão com o ONS, mesmo se estiverem diretamente conectadas aos sistemas de distribuição.[226] (Grifo nosso).

Nesse sentido, vale ressaltar ainda, como é exercido atualmente o sistema de produção e transmissão de energia elétrica do Brasil, através do SIN – Sistema Interligado Nacional, segundo dados da Organização Nacional do Sistema Elétrico (ONS):

> O sistema de produção e transmissão de energia elétrica do Brasil *é um sistema hidro-termo-eólico de grande porte, com predominância de usinas hidrelétricas e com múltiplos proprietários.* O *Sistema Interligado Nacional* é constituído por quatro subsistemas: Sul, Sudeste/Centro-Oeste, Nordeste e a maior parte da região Norte. A interconexão dos sistemas elétricos, por meio da malha de transmissão, propicia a transferência de energia entre subsistemas, permite a obtenção de ganhos sinérgicos e explora a diversidade entre os regimes hidrológicos das bacias. A integração dos recursos de geração e transmissão permite o atendimento ao mercado com segurança e economicidade. A capacidade instalada de geração do SIN é composta, principalmente, por

[226] ANEEL. Resolução nº 281 de 1999 da ANEEL. Disponível em: <http://www2.aneel.gov.br/aplicacoes/audiencia/arquivo/2005/010/documento/resolucao_nº_281_19 99_-versao_proposta_com_alteracoes.pdf>. Acesso em: 10 set. 2018.

> usinas hidrelétricas distribuídas em dezesseis bacias hidrográficas nas diferentes regiões do país. Nos últimos anos, a instalação de usinas eólicas, principalmente nas regiões Nordeste e Sul, apresentou um forte crescimento, aumentando a importância dessa geração para o atendimento do mercado. As usinas térmicas, em geral localizadas nas proximidades dos principais centros de carga, desempenham papel estratégico relevante, pois contribuem para a segurança do SIN.[227] (Grifo nosso).

Assim, o serviço prestado por este sistema de energia elétrica é cobrado através do preço da energia elétrica, o qual é uma média dos preços do mercado atual regulado, através dos leilões; do mercado livre, feito por acordos bilaterais; e da energia elétrica excedente sem contrato (PLD). Assim, como se verifica, para entender verdadeiramente a formação do preço de energia elétrica brasileiro, se faz necessário descrever também as formas de contração de energia existentes no País. Nesse sentido, o Sistema Elétrico Brasileiro (SEB) é formado pelo Sistema Interligado Nacional (SIN) e pelos sistemas isolados, sendo que o SIN é ainda subdividido em quatro submercados: Norte (N), Sul (S), Nordeste (NE) e Sudeste/Centro-Oeste (SE/CO).[228]

Destaca-se, que apenas 3,4% da capacidade de produção de eletricidade do País não está inserida no SIN, principalmente localizados na região Amazônica, pois se encontram em pequenos sistemas isolados.[229]

Sobre os leilões importa esclarecer que:

> Os leilões passaram a ser o principal instrumento para garantir a modicidade tarifária, ou seja, a busca da menor tarifa para o consumidor. Pelas normas vigentes dos leilões, é declarado vencedor quem oferecer, no negócio gera-

[227] ONS – Organização Nacional do Sistema Elétrico. Disponível em: <http://www.ons.org.br/paginas/sobre-o-sin/o-que-e-o-sin>. Acesso em: 05 set. 2018.

[228] BRANDÃO, Lucas Guimarães Lins. Uma análise da dinâmica do setor elétrico brasileiro utilizando VAR em painel. 2017. 51f. Dissertação (Mestrado em Economia) – Universidade Católica de Brasília – UCB, Brasília – DF. 2017. p. 13.

[229] BRAGA FILHO, Mário de Oliveira. Inteligência competitiva: um estudo aplicado na área de P&D do setor de energia elétrica. 2008. 114f. Dissertação (Mestrado em Gestão do Conhecimento e da Tecnologia de Informação) – Universidade Católica de Brasília – UCB, Brasília – DF. 2008. p. 37.

ção, a menor tarifa de Megawatt (MW) gerado e com garantia de venda da energia ao mercado. No negócio transmissão, o leilão passou a ser realizado com base em uma Receita Anual Permitida (RAP) para o período da concessão, assim é declarado vencedor quem oferecer a menor RAP para a exploração da concessão.[230]

Desmembrou-se então a geração, transmissão, distribuição e comercialização da energia elétrica, e as distribuidoras limitaram-se a operar suas redes e equipamentos para que a energia chegasse aos consumidores, pois estas passaram a praticar apenas atividade meio de infraestrutura, visando atender o mercado cativo (pequenos e médios consumidores que não podem escolher seus fornecedores) e o mercado livre (grandes consumidores que negociam livremente o preço com seus fornecedores).[231]

O preço, portanto, é o resultado da interação das curvas da demanda e oferta, uma vez que o mercado é concorrencial, sendo que na oferta de um bem concorrem vários agentes, inclusive com custos diferenciados. Nesse sentido, para melhor entendimento, os compradores de energia elétrica são assim conceituados: 1) livres, são os consumidores com carga superior a 3.000 kW, que possuem liberdade para escolherem o fornecedor de energia elétrica; 2) cativos, consumidor ou conjunto de consumidores reunidos por comunhão de interesses com carga maior ou igual a 500 kW e inferior a 3.000 kW; e especiais, que adquirem a energia elétrica de fonte solar, eólica e biomassa, cuja potência injetada nos sistemas de transmissão ou distribuição seja menor ou igual a 50.000 Kw.[232]

230 PAPA, Marcos Antônio. Análise do método *Organizational Knoledge Assessment – OKA* para diagnóstico da situação da gestão do conhecimento em uma organização de geração e transmissão de energia elétrica – caso Eletronorte. 2008. 210f. Dissertação de Mestrado em Gestão do Conhecimento e da Tecnologia da Informação. Universidade Católica de Brasília – UCB. Brasília – DF. 2008. p. 100.

231 Carraza, Roque Antônio. ICMS. 17ª ed. São Paulo: Malheiros, 2015. p. 332-335.

232 Montalvão, E; Silva, R. M. Descontos na TUST e na TUSD para Fontes Incentivadas: uma avaliação. Brasília: Núcleo de Estudos e Pesquisas/CONLEG/Senado, Fevereiro/2015 (Texto para Discussão nº 165). p. 23. Disponível em: <https://www12.senado.leg.br/publicacoes/estudos-legislativos/ tipos-de-estudos/textos-para-discussao/td165>. Acesso em: 12 ago. 2017.

Importante esclarecer também que os tipos de consumidores que adquirem este serviço de energia elétrica podem ser divididos também de acordo com o tipo de contrato de compra de energia, sendo que aqueles grandes consumidores, industriais e distribuidoras comprarão sua energia no mercado regulado, ou seja, nos leilões de energia (ARC). Já os consumidores livres e especiais, que são grandes consumidores e indústrias, podem também fazer contratos bilaterais diretamente com os geradores (ACL).[233]

Vale destacar ainda que, os grandes consumidores para garantir que a concessionária estará devidamente aparelhada para suprir sua necessidade, chamada de demanda estimada, devem contratar a disponibilização de potência determinada, sendo necessário um cálculo prudente de demanda máxima necessária adequada ao seu uso, visando que sejam respeitados os níveis de segurança de operação do sistema elétrico, para evitar riscos de quedas de tensão, danos aos equipamentos e a rede, riscos de incêndio, etc.[234]

Ademais, o grande consumidor deverá pagar o volume de potência elétrica fixado no contrato com a concessionária, mesmo que tenha sido menor sua demanda efetivamente utilizada no período. Entretanto, ressalta-se, que o imposto deverá ser calculado com base no valor correspondente à demanda utilizada efetivamente, conforme entendimento do STJ, já fundamentado na Súmula 391, a qual prevê que o imposto atinge operações de circulação de mercadoria, e não sobre a previsão contratual, no qual o valor da mercadoria que não foi efetivamente fornecida ou circulada como energia elétrica, não poderá compor a base de cálculo do ICMS, ou seja, incidirá sobre o valor da demanda efetivamente utilizada.[235]

233 Brandão, Lucas Guimarães Lins. Uma análise da dinâmica do setor elétrico brasileiro utilizando VAR em painel. 2017. 51f. Dissertação (Mestrado em Economia) – Universidade Católica de Brasília – UCB, Brasília – DF. 2017. p. 13.

234 Miranda, José Benedito. Demanda contratada de energia elétrica: natureza jurídica. 2007. Disponível em: <https://jus.com.br/artigos/10287/demanda-contratada-de-energia-eletrica>. Acesso em: 10 set. 2018.

235 Rocha, João Marcelo. Direito tributário. 11ª ed. Rio de Janeiro: Forense, 2018. p. 221.

Verifica-se, portanto, que é de livre negociação a compra e venda de energia elétrica entre geradores, mesmo os produtores independentes, comercializadores e importadores de energia elétrica e também os consumidores atendidos em qualquer tensão cuja carga seja igual ou superior a 3.000 kW, chamados de consumidores livres, nos quais suas operações se sujeitam à homologação da ANEEL quanto aos montantes negociados e às respectivas tarifas, conforme previsão dos artigos 1º, § 2º da Lei nº 10.848/2004, artigo 10 da Lei nº 9.648/98 e artigo 16 da Lei nº 9.074/95. Vale esclarecer ainda, que para executar tais contratos, as partes têm de valer-se dos sistemas de transmissão e distribuição de energia, pertencentes às empresas concessionárias ou permissionárias desses serviços.[236]

Assim, nos termos da Constituição Federal de 1988, o ICMS cobrado dos consumidores em relação à energia elétrica, tem por hipótese de incidência possível a circunstância de alguém praticar negócios jurídicos que girem em torno da geração, transmissão, distribuição ou consumo de energia elétrica. Porém, a legislação atual optou por colocar em sua hipótese de incidência do ICMS-Energia Elétrica apenas a operação que efetivamente consumir energia elétrica, sendo importante destacar, que a CF/88 ainda considerou a energia elétrica como sendo uma mercadoria para fins de tributação por via de ICMS, conforme já explanado ao longo do texto.[237]

Nesse diapasão, para uma melhor compreensão, poderá ser observado no Anexo Único o contexto prático das questões técnico-contratuais da relação entre usuários e concessionárias de energia elétrica, as fases de produção, transmissão e distribuição de energia elétrica, o momento da cobrança do ICMS sobre a TUSD e TUST, além das possibilidades de incidência, as quais tem gerado o conflito de entendimento sobre do tema.

[236] Santiago, Igor Mauler. A exigência de ICMS sobre as tarifas de uso dos sistemas de transmissão e de distribuição de energia elétrica (TUST e TUSD). Aspectos regulatórios, tributários e processuais. Disponível em: <file:///G:/2.%20A-exigencia-de-ICMS-sobre-as-tarifas-de-uso-dos-sistemas-de-transmissao-e-de-distribuicao-de-energia-eletrica-TUST-e-TUSD%20Igor%20M auler%20Santiago%20ciação%20no%20word.pdf>. Acesso em: 10 set. 2018. p.1.

[237] Carraza, Roque Antônio. ICMS. 17ª ed. São Paulo: Malheiros, 2015. p. 326.

3.3 Demanda Contratada e Espécies de Composição de Tarifas de Energia Elétrica

Conforme previsão das legislações que regulamentam o fornecimento de energia elétrica no Brasil, os grandes consumidores, devem necessariamente celebrar um contrato com a concessionária-fornecedora no qual serão fixadas a demanda contratada, entendida como sendo a demanda de potência ativa que obrigatoriamente deverá ser disponibilizada de maneira contínua pela distribuidora até o ponto de entrega, documento pactuado que deverá prever ainda o preço e período de vigência, contrato este que deverá ser integralmente pago, mesmo que a energia elétrica em quilowatts (kW) prevista não seja integralmente utilizada durante o período de faturamento, conforme previsão do artigo 2º, XXI da Resolução da ANEEL. [238]

Assim, atualmente, segundo dados do Plano Decenal de Energia 2023 (PDE 2023), elaborado pela Empresa de Pesquisa Energética (EPE), o Brasil apresenta a demanda de energia prevista para o período de 2014-2023, conforme colacionado:

> O PDE 2023 apresenta a demanda de energia prevista para o período 2014-2023, com base nas seguintes premissas: crescimento do PIB de 4,1% ao ano no período 2014-2018 e de 4,5% ao ano no período 2018-2023; e elasticidade-renda do consumo de energia de 1,06 no período 2014-2018 e de 0,69 no período 2018-2023. Diante desse cenário, o consumo de energia elétrica apresentará elevação de 4,2% ao ano no período 2014-2018 e 3,9% no período 2018-2023.[239]

Neste cenário, a demanda contratada de energia elétrica está definida na Resolução Normativa nº 414/2010 da ANEEL, aqui colacionada:

[238] Rocha, João Marcelo. Direito tributário. 11ª ed. Rio de Janeiro: Forense, 2018. p. 220-221.

[239] Montalvão, E; Silva, R. M. Descontos na TUST e na TUSD para Fontes Incentivadas: uma avaliação. Brasília: Núcleo de Estudos e Pesquisas/CONLEG/Senado, Fevereiro/2015 (Texto para Discussão nº 165). p 41. Disponível em: <https://www12.senado.leg.br/publicacoes/estudos-legislativos/tipos-de-estudos/textos-para-discussao/td165>. Acesso em: 12 ago. 2017.

> Art. 2º Para os fins e efeitos desta Resolução, são adotadas as seguintes definições:
> [...]
> XX – *demanda*: média das potências elétricas ativas ou reativas, solicitadas ao sistema elétrico pela parcela da carga instalada em operação na unidade consumidora, durante um intervalo de tempo especificado, expressa em quilowatts (kW) e quilovolt-ampère-reativo (kvar), respectivamente;
> XXI – *demanda contratada:* demanda de potência ativa a ser obrigatória e continuamente disponibilizada pela distribuidora, no ponto de entrega, conforme valor e período de vigência fixados em contrato, e que deve ser integralmente paga, seja ou não utilizada durante o período de faturamento, expressa em quilowatts (kW);
> XXII – demanda faturável: valor da demanda de potência ativa, considerada para fins de faturamento, com aplicação da respectiva tarifa, expressa em quilowatts (kW);
> XXIII – demanda medida: maior demanda de potência ativa, verificada por medição, integralizada em intervalos de 15 (quinze) minutos durante o período de faturamento;[240]

Sobre o conceito de demanda contratada, também é esclarecedor o voto do Ministro Teori Albino Zavasck, relator Recurso Especial Nº 960.476/SC quando fundamenta seu voto que decidiu ser ilegítima a incidência de ICMS sobre a parcela correspondente à demanda reservada de potência simplesmente contratada, mas não utilizada pelo consumidor, abaixo descrita:

> Anoto que essa conclusão guarda consonância com a manifestação da Confederação Nacional da Indústria – CNI, como *amicus curiae*, a fls. 604: "A demanda contratada pelo grande consumidor de energia com a distribuidora de energia elétrica só é fato gerador do tributo em questão na medida em que o consumidor faz uso dessa energia, pois é só nessa medida que tem lugar a transferência, pressuposto do tributo *sub examen*. Quando um consumidor industrial reserva uma certa quantidade de potência energética com a distribuidora e não chega a consumir toda essa monta, observa-se que, em

240 ANEEL. Resolução Normativa nº 414/2010. Disponível em: <http://www2.aneel.gov.br/cedoc/ ren2010414.pdf>. Acesso em: 02 out. 2018.

relação à diferença, não ocorreu a condição necessária e suficiente para o nascimento da obrigação tributária".[241]

Assim, importante esclarecer algumas diferenciações nos conceitos de energia elétrica, demanda e demanda contratada para o prefeito entendimento do assunto, a saber: consumo de energia elétrica é quantidade de potência elétrica (kW) consumida em um intervalo de tempo, expresso em quilowatt-hora (kWh) ou em pacotes de 1000 unidades (MWh); a demanda média das potências elétricas ativas ou reativas são as solicitadas ao sistema elétrico pela parcela da carga instalada em operação na unidade consumidora durante um intervalo de tempo especificado; já a demanda contratada é definida como a demanda de potência ativa a ser obrigatoriamente e continuamente disponibilizada pela concessionária, no ponto de entrega, conforme valor e período de vigência no contrato de fornecimento e que deverá ser integralmente paga, seja ou não utilizada durante o período de faturamento, expressa em quilowatts (kW).[242]

Destaca-se, que o STJ decidiu que a tarifa de energia elétrica cobrada de grandes consumidores (caso das indústrias) é formada por dois elementos: consumo, o que é efetivamente consumido e é medido em kW/h (quilowatts/hora); e potência, que é a garantia de utilização do fluxo de energia, sendo medida em quilowatts, a qual visa dar confiabilidade e segurança ao fornecimento de energia para os grandes consumidores, que necessitam de exigência diferenciada na qualidade dos serviços, pactuada através de contrato com a distribuidora. Assim, os elementos que estabelecem a demanda contratada, significando a demanda de potência ativa a ser obrigatória e continuamente disponibilizada pela concessio-

[241] BRASIL. Superior Tribunal de Justiça. Recurso Especial nº 960476/SC (2007/0136295-0). Relator: Ministro Teori Albino Zavascki. Publicação: DJe 13.05.2009. p. 18. Disponível em: <https://jurisprudencia.s3.amazonaws.com/STJ/IT/RESP_960476_SC_11.03.2009.pdf?Signature=HSk2ExmmTJLWFAPwiPH7iZJNi6Y%3D&Expires=1540555083&AWSAccessKeyId=AKIAIPM2XEMZACAXCMBA&response-content-type=application/pdf&x-amz-meta-md5-hash=d296c5b4042f93012ccef6 1dd933c411>. Acesso em: 26 out. 2018.

[242] Manual de Tarifação da Energia Elétrica. Plano de Eficiência Energética nos Prédios Públicos Federais do Programa Nacional de Conservação de Energia Elétrica – PROCEL. p. 8. 2011. Disponível em: <http://www.mme.gov.br/documents/10584/1985241/Manual%20de%20Tarif% 20En%20El%20-%20Procel_EPP%20-%20Agosto-2011.pdf> acesso em: 10 out. 2018.

nária, no ponto de entrega, conforme previsão contratual, uma vez que o consumidor de grande porte não pode correr o risco de ficar sem o fornecimento de energia elétrica, necessária à movimentação das suas máquinas, ou seja, a demanda ostenta a natureza de seguro, devendo o contratante pagar o valor ajustado pela demanda contratada, independentemente do consumo integral de energia reservada, expressa em quilowatts, conforme valor e período de vigência fixados no contrato, e que deverá ser integralmente paga, seja ou não utilizada durante o período do faturamento.[243]

Noutras palavras, o ICMS incide sobre o valor da operação correspondente à efetiva circulação da energia elétrica, ou seja, o valor da energia elétrica efetivamente consumida, conforme prevê a Súmula 391 do STJ, razão pela qual a demanda de potência contratada/reservada não integra a base de cálculo do tributo, pois a demanda contratada, pactuada em contrato, é a demanda de potência ativa que deve ser disponibilizada pela concessionária ao consumidor, mas que pode ou não ser utilizada durante o período de faturamento, ou seja, esta não representa energia gerada e muito menos que tenha circulado, pois a simples disponibilização da potência elétrica no ponto de entrega, ainda que gere custos com investimentos e prestação de serviços para a concessionária, pode constituir, e efetivamente constitui, fato gerador da tarifa do serviço público de energia, mas certamente não constitui fato gerador do ICMS, que tem como pressuposto indispensável a efetiva geração de energia, sem a qual não há circulação. Tal fato é confirmado também pela jurisprudência do STJ, conforme precedente da Primeira Seção submetido ao rito do artigo 543-C, do CPC no REsp 960.476/SC, Rel. Ministro Teori Albino Zavascki, julgado em 11.03.2009, DJe 13.05.2009, que entende que a demanda de potência de energia simplesmente contratada, ou mesmo disponibilizada, mas ainda não utilizada, não está sujeita à incidência de ICMS, porque o contrato, ou a disponibilização, por si só, não constituem o fato gerador do tributo, uma vez que nas operações de energia elétrica

[243] Melo, José Eduardo Soares de. ICMS: Teoria e prática. 14ª ed. rev. e atual. Porto Alegre: Livraria do Advogado Editora, 2018. p. 93-94.

o fato gerador do ICMS não é a simples contratação da energia, mas sim, o seu efetivo consumo.[244]

Destaca-se também, o julgado do STF, em sede de repercussão geral, que entendeu que em operações com energia elétrica, o ICMS deve recair apenas sobre seu consumo efetivo, por traduzir verdadeira circulação de mercadoria, conforme ementa colacionada, *in verbis*:

> EMENTA: CONSTITUCIONAL. TRIBUTÁRIO. ICMS. INCIDÊNCIA. OPERAÇÕES RELATIVAS A ENERGIA ELÉTRICA. BASE DE CÁLCULO. *VALOR COBRADO A TÍTULO DE DEMANDA CONTRATADA* (DEMANDA DE POTÊNCIA). RELEVÂNCIA JURÍDICA E ECONÔMICA DA QUESTÃO CONSTITUCIONAL. EXISTÊNCIA DE REPERCUSSÃO GERAL. (RE 593824 RG. STF. Relator: Min. RICARDO LEWANDOWSKI. Publicação: 28-08-2009).[245] (Grifo nosso).

Ocorre que as atividades que levam à prestação dos serviços de fornecimento de energia elétrica aos consumidores livres não podem, sob o ângulo jurídico, ser isoladamente consideradas, uma vez que são apenas atividades-meio, um mero transporte, propiciando que a energia chegue até a atividade-fim, consumo. Assim, a simples disponibilização pelas distribuidoras das infraestruturas necessárias para que a energia chegue aos consumidores livres não podem ser tributada por meio de ICMS.[246]

Sobre o transporte, prevê o Código Civil de 2002 que mesmo que se trate de bem fungível, este deve estar da mesma forma em que foi confiada, fato que se coaduna com a atividade meio da energia elétrica:

> Art. 730. Pelo contrato de transporte alguém se obriga, mediante retribuição, a transportar, de um lugar para outro, pessoas ou coisas.

244 BRASIL. Superior Tribunal de Justiça. Embargos de Divergência em Recurso Especial nº 1071338. (2009/0167963-4). Relator: Ministro Luiz Fux. Publicação: DJe 26.04.2011. Disponível em: <https://stj.jusbrasil.com.br/jurisprudencia/19119624/embargos-de--divergencia-em-recurso-especial-eresp-1071338-rn-2009-0167963-4>. Acesso em: 10 out. 2018.

245 BRASIL. Supremo Tribunal Federal. Repercussão Geral em Recurso Extraordinário nº 593824/RG. Relator: Ministro Ricardo Lewandowski. Publicação: 28.08.2009. Disponível em: <http://redir.stf.jus.br/paginadorpub/paginador.jsp?docTP=AC&docID=601804>. Acesso em: 03 out. 2018.

246 Carraza, Roque Antônio. ICMS. 17ª ed. São Paulo: Malheiros, 2015. p. 333-334.

> Art. 743. A coisa, entregue ao transportador, deve estar caracterizada pela sua natureza, valor, peso e quantidade, e o mais que for necessário para que não se confunda com outras, devendo o destinatário ser indicado ao menos pelo nome e endereço.
> Art. 744. Ao receber a coisa, o transportador emitirá conhecimento com a menção dos dados que a identifiquem, obedecido o disposto em lei especial.[247]

Assim, considera-se, que o Sistema Interligado Nacional (SIN) do Brasil é único em âmbito mundial, devido ao seu tamanho, características e unicidade de seu sistema de produção e transmissão de energia elétrica, com predominância hidrotérmica de grande porte, com forte predominância de usinas hidrelétricas e com múltiplos proprietários.[248]

Importa esclarecer, que sobre o direito de uso do sistema de transmissão e distribuição para o transporte de energia elétrica, prevê o artigo art. 15, § 6º, da Lei nº 9.074/95, que estabelece normas para outorga e prorrogações das concessões e permissões de serviços públicos, *in verbis*:

> Art. 15. § 6º: É assegurado aos fornecedores e respectivos consumidores livre acesso aos sistemas de distribuição e transmissão de concessionário e permissionário de serviço público, mediante ressarcimento do custo de transporte envolvido, calculado com base em critérios fixados pelo poder concedente.[249]

Verifica-se que, em que pese os contratos de vendas de energia sejam bilaterais, entre os consumidores livres e os geradores, importadores e comercializadores, o fato é que a energia é lançada num único sistema integrado pelas empresas de transmissão e de distribuição. Assim, o que se contrata são quantidades de energia, onde as linhas de transmissão e

[247] BRASIL. Código Civil Brasileiro. Lei 10.406/2002. Disponível em: <http://www.planalto.gov.br/ccivil_03/LEIS/2002/L10406.htm>. Acesso em: 12 ago. 2018.

[248] ANEEL. Aspectos Institucionais. Sistema Interligado Nacional. Disponível em: <http://www2.aneel.gov.br/aplicacoes/Atlas/aspectos_institucionais/2_1_1.htm>. Acesso em 12 set. 2018.

[249] BRASIL. Lei nº 9.074 de 1995. Disponível em: <http://www.planalto.gov.br/ccivil_03/Leis/ L9074cons.htm>. Acesso em: 10 set. 2018.

distribuição são meros contratos de transportadores, o que impossibilita a cobrança de ICMS sobre as tarifas de transmissão e distribuição, sendo estes inexigíveis.[250]

Ademais, vale lembrar que a Súmula 391 do STJ prevê que o ICMS incidirá somente sobre o valor da tarifa de energia elétrica correspondente à demanda de potência efetivamente utilizada.[251]

Vale destacar, que o Agravo Regimental no Agravo de Instrumento nº 707.491-SC, de relatoria do Ministro Castro Meira, que deu origem à Súmula 391 teve por base o entendimento de que o fato gerador do ICMS somente ocorre com a efetiva saída do bem do estabelecimento produtor, a qual não é presumida por contrato de demanda firmado junto à fornecedora de energia elétrica, uma vez que o imposto deve incidir tão somente sobre a quantidade de energia efetivamente utilizada.[252]

Nesse sentido, tal tributação de ICMS sobre a energia elétrica só é juridicamente possível quando sai do estabelecimento do fornecedor e é efetivamente consumida, mesmo que a contratação tenha sido por força de contrato.[253]

Não incidirá, portanto, o ICMS sobre o componente da tarifa de energia elétrica sobre a demanda contratada, pois não se admite a incidência de ICMS sobre a transmissão de energia no critério de demanda reservada ou contratada, sendo que o regime tarifário contempla valores diferentes devido ao horário do dia (horário de ponta e fora de ponta) e períodos do ano (entre maio e novembro período seco e entre dezembro e abril período úmido), tendo inclusive uma tarifa diferenciada mais cara

[250] SANTIAGO, Igor Mauler. A exigência de ICMS sobre as tarifas de uso dos sistemas de transmissão e de distribuição de energia elétrica (TUST e TUSD). Aspectos regulatórios, tributários e processuais. Disponível em: <file:///G:/2.%20A-exigencia-de-ICMS-sobre-as-tarifas-de-uso-dos-sistemas-de-transmissao-e-de-distribuicao-de-energia-eletrica-TUST-e-TUSD%20Igor%20M auler%20Santiago%20ciação%20no%20word.pdf>. Acesso em: 10 set. 2018. p. 6-7.

[251] BRASIL. STJ. Súmula 391 STJ. Disponível em: <http://www.stj.jus.br/docs_internet/SumulasSTJ.pdf>. Acesso em: 10 ago. 2018.

[252] BRASIL, Superior Tribunal de Justiça. Agravo Regimental no Agravo de Instrumento nº 707491/SC. Relator: Ministro Castro Meira. Publicação: 28.11.2005. Súmula 391. Disponível em: <https://ww2.stj.jus.br/docs_internet/revista/eletronica/stj-revista-sumulas-2013_36_capSumula391.p df>. Acesso em: 12 set. 2018.

[253] CARRAZA, Roque Antônio. ICMS. 17ª ed. São Paulo: Malheiros, 2015. p. 329.

para o horário de ponta para induzir o uso racional e eficiente da energia elétrica. Portanto, a tarifa binômia é constituída de duas parcelas, estabelecendo os valores para potência e energia onde na tarifa convencional são enquadrados os consumidores residenciais e pequenas instalações industriais e comerciais (tensão secundária de distribuição) e para as instalações consumidoras com potência instalada em média ou alta tensão é obrigatória a contratação de demanda e consumo (potência e energia), sendo esta última o objeto deste estudo.[254]

Inclusive, entende-se que não podem ser classificadas como mercadoria algumas das tarifas de energia elétrica, nestas incluindo-se a TUSD (distribuição) e TUST (transmissão), para fins de incidência do ICMS, pelo fato de cada Estado, apesar de possuírem legislação semelhante, aplicarem alíquotas muito diferenciadas, tornando o tema de elevado interesse tributário em nível nacional, pois a energia elétrica é considerada um bem essencial[255] que gera o desenvolvimento econômico-social no Brasil, instigando uma maior análise das classes de consumo e diferenciações das alíquotas de ICMS em cada Estado, conforme estudo da Associação Brasileira de Distribuidores de Energia Elétrica (ABRADEE).[256]

3.4 Base de Cálculo, Diferenciação de Alíquotas entre os Estados e o ICMS sobre a Energia Elétrica

Inicialmente, importante destacar, que existe nítida dissociação entre a base de cálculo e a alíquota, uma vez que, a base de cálculo constitui o elemento básico, a efetiva grandeza da materialidade tributária, e a alíquota, por sua vez, representa parte, quota ou fração desse determinado montante.[257]

[254] MIRANDA, José Benedito. Demanda contratada de energia elétrica: natureza jurídica. 2007. Disponível em: <https://jus.com.br/artigos/10287/demanda-contratada-de-energia--eletrica>. Acesso em: 10 set. 2018.

[255] BRAGA FILHO, Mário de Oliveira. Inteligência competitiva: um estudo aplicado na área de P&D do setor de energia elétrica. 2008. 114f. Dissertação (Mestrado em Gestão do Conhecimento e da Tecnologia de Informação) – Universidade Católica de Brasília – UCB, Brasília – DF. 2008. p. 18.

[256] ABRADEE. Disponível em: <http://www.abradee.com.br/financeiro/mapa-das-aliquotas-icms-brasil>. Acesso em: 25 out. 2016.

[257] MELO, José Eduardo Soares de. ICMS: Teoria e prática. 14ª ed. rev. e atual. Porto Alegre: Livraria do Advogado Editora, 2018. p. 231.

Vale relembrar que a definição de tributo não está prevista na CF/88, pois cabe a lei complementar a tarefa de sua definição, descrita no artigo 3º do CTN. Como se observa, o conceito de tributo não é absoluto, pois se o constituinte quisesse vê-lo imutável, não teria declinado a competência de sua definição à lei complementar.[258]

Não obstante, na atualidade, entende-se que o conceito de tributo previsto no artigo 3º do CTN é entendido pela doutrina como sendo o conceito constitucional de tributo, conforme colacionado:

> Entretanto, atualmente, o tributo representa uma relação jurídica e não uma relação de poder, de dominação de um governante. Dessa forma, na relação de tributação, não cabe o abuso e o autoritarismo por parte do fisco, e por isso, a Constituição da República Federativa do Brasil atua como baliza ao Poder Público, sendo fundamento de todo o sistema jurídico, agindo em proteção do cidadão.[259]

Assim, existem alguns critérios para a apuração do tributo quanto aos seus componentes, a saber: a base de cálculo e a alíquota:

> Os critérios que compõem o consequente da regra-matriz de incidência tributária são o pessoal e o quantitativo. O critério pessoal fixa o conjunto de elementos que nos aponta quem são os sujeitos ativo e passivo da relação jurídica tributária; e o critério quantitativo indica o objeto da prestação, vale dizer, faz referência às grandezas mediante as quais o legislador pretendeu dimensionar o fato jurídico tributário para a apuração do quantum pertinente ao tributo, sendo seus componentes a base de cálculo e a alíquota.[260]

[258] Schoueri, Luís Eduardo. Direito tributário. 5ª ed. São Paulo: Saraiva, 2015. p. 148-163.

[259] Oliveira, Leonardo Gondinho de. M-Commerce B2C: como tributar a circulação de mercadorias? 2015. 144f. Dissertação de Mestrado em Direito. Universidade Católica de Brasília. Brasília – DF. p. 55.

[260] Gilioli, Juliana. A presunção na regra-matriz de incidência tributária. 2013. 51f. Porto Alegre: PPGDir/UFRGS, v. 8, n. 1, Universidade Católica de Rio Grande do Sul – RS. Disponível em: <http://seer.ufrgs.br/index.php/ppgdir/article/view/40442/27004>. Acesso em: 12 mar. 2018. p. 35.

O art. 13, § 1º da LC n. 87/96, descreve sobre a base de cálculo do ICMS, conforme colacionado:

> Art. 13. A base de cálculo do imposto é:
> [...]
> § 1º. Integra a base de cálculo do imposto, inclusive na hipótese do inciso V do caput deste artigo:
> I – o montante do próprio imposto, constituindo o respectivo destaque mera indicação para fins de controle;
> II – o valor correspondente a:
> a) seguros, juros e demais importâncias pagas, recebidas ou debitadas, bem como descontos concedidos sob condição;
> b) frete, caso o transporte seja efetuado pelo próprio remetente ou por sua conta e ordem e seja cobrado em separado.[261]

Sobre as tarifas de energia elétrica, a Aneel informa que as faturas mensais emitidas pelas distribuidoras registram, em kWh (quilowatt-hora), qual a quantidade de energia elétrica consumida no mês anterior, sendo que o valor final a ser pago pelo cliente corresponde à soma de três componentes: o resultado da multiplicação do volume consumido pela tarifa; os encargos do setor elétrico; e os tributos determinados por lei que são destinados ao governo, ou seja, a parcela que fica com a distribuidora, é utilizada para os investimentos em expansão e manutenção da rede, remuneração dos acionistas e cobertura de seus custos, inclusive para a compra de suprimento. Desta maneira, a tarifa praticada remunera não apenas as atividades de distribuição, mas também de transmissão e geração de energia elétrica.[262]

Nesse sentido, a base de cálculo do tributo visa mensurar o valor que será objeto da tributação, tendo uma base de cálculo, que é a própria materialidade do tributo, correspondente ao valor da operação de venda da mercadoria ou do serviço sujeito à incidência do ICMS, uma vez, que,

[261] BRASIL. Lei Complementar nº 87 de 1996. Disponível em: <https://www.planalto.gov.br/ccivil_03/Leis/LCP/Lcp87.htm>. Acesso em: 27 out. 2018.

[262] Agência Nacional de Energia Elétrica. Atlas de energia elétrica do Brasil. 3ª ed. Brasília: Aneel, 2008. p. 24-26. Disponível em: <http://www2.aneel.gov.br/arquivos/PDF/atlas3ed.pdf>. Acesso em: 10 out. 2018.

em regra, o critério quantitativo dos tributos é composto pela conjugação entre a base de cálculo e a alíquota. Esta última é a expressão da fração que será subtraída do particular quando da ocorrência do fato jurídico que está sujeito à tributação, valor do qual será entregue ao Estado. [263]

Para Aires Barreto[264] o legislador não está livre para escolher qualquer base de cálculo, devendo ser esta adequada ao arquétipo constitucional, porém havendo várias possibilidades, cabendo ao legislador ordinário eleger qual se dará no tributo.

Assim, conforme prevê o artigo 145, § 2º e 154, I da CF/88, o constituinte estabeleceu limites para a seleção da base de cálculo dos tributos, que deve ter consonância com a hipótese de incidência do tributo. Já quanto a alíquota, que é o percentual ou valor que, combinado com a base de cálculo, permite a determinação da importância a ser paga a título de tributo, a CF trata de modo parcimonioso, pois proíbe que o tributo tenha efeito de confisco, limitando a hipótese de incidência tributária.[265]

Como já delineado, os impostos são espécies tributárias, cuja hipótese tributária presta-se a ser índice de capacidade contributiva, mas que não se vincula a atividade do Estado, uma vez que, exceto as previsões constitucionais, a receita dos impostos não se afeta a qualquer órgão, fundo ou despesa, servindo para cobrir os gastos gerais do ente tributante. Desse modo, a obrigação tributária surge da ocorrência do fato jurídico tributário, e será composta de sujeito ativo, sujeito passivo, objeto e vínculo jurídico. O que denota, que a obrigação tributária instaurada como consequente normativo da regra matriz de incidência demonstra uma relação entre o sujeito ativo, sujeito passivo, tendo por objeto o pagamento do tributo, ou seja, é compreendida entre seus critérios pessoais (sujeito ativo e passivo) e quantitativo (base de cálculo e alíquota).[266]

[263] TEDESCO, Paulo Camargo. A guerra fiscal travada entre os Estados da Federação na exigência do Imposto sobre Operações relativas à Circulação de Mercadorias e Serviços (ICMS): a exigência, pelo Estado de Destino, do ICMS não recolhido no Estado de Origem. 2014. 174f. Dissertação (Mestrado em Direito) – Universidade de São Paulo, São Paulo – SP. 2014. p. 85.

[264] 1987 Apud SCHOUERI, Luís Eduardo. Direito tributário. 5ª ed. São Paulo: Saraiva, 2015. p. 541.

[265] MEIRA, Liziane Angelotti. Tributos sobre o comércio exterior. São Paulo: Saraiva, 2012. p. 155-156.

[266] SCHOUERI, Luís Eduardo. Direito tributário. 5ª ed. São Paulo: Saraiva, 2015. p. 217-539.

Portanto, a base de cálculo constitui o aspecto basilar da estrutura do tributo, uma vez que contém a dimensão da obrigação pecuniária, quantificando o objeto da imposição fiscal, que é o cerne da hipótese de incidência normativa. Assim, a base de cálculo do ICMS deve representar a quantificação da operação mercantil, ou seja, o valor das mercadorias e o preço dos serviços.[267]

Já a alíquota é o critério legal, que em conjunto com a base de cálculo, permite discernir a quantia devida de tributo, no caso, ICMS, que normalmente será expressa em percentagem (%). A alíquota poderá variar mesmo que num mesmo tributo, chamada alíquota progressiva, não podendo, entretanto, possuir efeito confiscatório. Deverá ainda tornar efetivo o princípio da capacidade contributiva e da estrita legalidade, com alíquotas fixadas por meio de lei ordinária (Estados e Distrito Federal), competindo ao Senado, por meio de aprovação por maioria absoluta de 1/3 de seus membros, fixar através de resolução as alíquotas mínimas de ICMS para as operações internas. Já as alíquotas máximas do ICMS para as operações internas serão estabelecidas pelo Senado por iniciativa da maioria absoluta e aprovação de 2/3 de seus membros, teto fixado através de resolução que visa neutralizar abusos eventuais entre Estados, e entre estes e o Distrito Federal.[268]

O Senado Federal fixa as alíquotas para as operações em que a mercadoria inicie de um ponto do Estado-membro até outro ponto situado fora dos seus limites, chamada de alíquotas externas, previstas no artigo 155, § 2º, IV da CF/88 e Resoluções 22/89, 95/96 e 13/2002. Também poderá estabelecer de maneira facultativa as alíquotas internas mínimas e máximas, uma vez que estas são fixadas pelo próprio Estado-membro ou Distrito Federal, conforme artigo 155, § 2º, V da CF/88, sendo que as alíquotas internas não poderão ser inferiores às externas, salvo se existir previsão de convênio entre os Estados e Distrito Federal nos termos do artigo 155, § 2º, VI da CF/88. Assim, nenhum Estado ou Distrito Federal possui o poder isolado de determinar sua alíquota interna em valor inferior àquela fixada pelo Senado para as operações externas, exceto previ-

[267] MELO, José Eduardo Soares de. ICMS: Teoria e prática. 14ª ed. rev. e atual. Porto Alegre: Livraria do Advogado Editora, 2018. p. 193-194.

[268] CARRAZA, Roque Antônio. ICMS. 17ª ed. São Paulo: Malheiros, 2015. p. 107-108.

são autorizativa de convênio entre as unidades da Federação, previsão legal que visa evitar a guerra fiscal.[269]

Ocorre, que a guerra fiscal decorre da competição dos Estados, pois concedem cada vez mais incentivos fiscais de toda ordem em matéria de ICMS, buscando tornar seu território mais atrativo para investimentos, através de concessão de benefícios, tais como: isenções, reduções de base de cálculo, créditos presumidos, reduções de alíquotas, diferimentos, concessão de prazo para pagamento, financiamento do valor do imposto devido, dentre outros.[270]

Ademais, vale lembrar, como já analisado, que a seletividade do ICMS também possui grande importância quanto à fixação das alíquotas:

> Quando a seletividade é aplicada somente pode ser feita em razão da essencialidade das mercadorias e dos serviços para a sociedade, o fato de a Constituição Federal estabelecer que no caso do ICMS o imposto poderá ser seletivo, não quer dizer que o legislador tem poderes de estabelecer alíquotas diferenciadas aos produtos e serviços como bem entender.
> Repita-se adotando o critério de diferencial de alíquotas dos produtos e serviços este somente pode e deve ser feito em respeito ao princípio da seletividade e observando a essencialidade das mercadorias e serviços, com isso estabelece uma tributação inversamente proporcional à essencialidade do produto e do serviço, sendo que quanto mais essencial o produto ou o serviço menor dever ser sua alíquota em relação aos demais e em compensação quanto mais supérfluo for o produto maior deverá ser sua alíquota.[271]

Ocorre, que o ICMS é a principal fonte arrecadatória dos Estados brasileiros, sendo que na última década representou cerca de 7% do produto interno bruto (PIB) brasileiro. Suas alíquotas e legislação são definidas a nível dos Estados, e não da União, fato que gera a possibilidade de com-

[269] Rocha, João Marcelo. Direito tributário. 11ª ed. Rio de Janeiro: Forense, 2018. p. 210-211.

[270] Vasconsellos, Mônica Pereira Coelho de. ICMS: distorções e medidas de reforma. 2013. 164f. Dissertação de Mestrado em Direito. Universidade de São Paulo. São Paulo – SP. 2013. p. 109.

[271] Oliveira, André Felix Ricotta de. Regra-matriz do direito ao crédito do ICMS. 2010. 236f. Dissertação de Mestrado em Direito. Universidade Católica de São Paulo – SP. p. 82.

petição fiscal entre os Estados da Federação por meio da determinação das alíquotas do ICMS, chamada de guerra fiscal; reações dos Estados às transferências da União; e a eficiência de alíquotas diferentes poderem ser aplicadas para diferentes grupos de produtos.[272]

Nesse contexto verifica-se que em geral, a Constituição Federal não trata da fixação de critérios para a edição de alíquotas, uma vez que a matéria está unicamente integrada no regime da reserva legal, salvo exceções previstas na própria Constituição Federal, sendo nítida a dissociação entre a base de cálculo, que constitui o elemento básico que caracteriza a grandeza efetiva da materialidade tributária, e a alíquota, a qual é apenas parte desse montante.[273]

Vale destacar ainda, que segundo a doutrina, as alíquotas são divididas em duas espécies, a saber, alíquota *ad valorem*, a qual consiste em um percentual ou fração a ser aplicado sobre a base de cálculo; e a alíquota específica, que equivalem a um valor fixo por unidade da base de cálculo. Também as alíquotas são classificadas em fixas, que não variam com a base de cálculo; progressivas, que aumentam na proporção da majoração da base de cálculo; e regressivas, que diminuem em função do crescimento da base de cálculo.[274]

Assim, sobre a diferenciação entre a base de cálculo e a alíquota, afirma a doutrina: "o critério quantitativo do consequente normativo da regra matriz de incidência forma-se pela combinação da base de cálculo e alíquota. Esta, via de regra, será um percentual a ser aplicado sobre a primeira".[275]

À propósito, convém destacar ainda o entendimento do STF em repercussão geral que trata sobre a alíquota variável e a seletividade do ICMS de energia elétrica, *in verbis*:

[272] Ellery Junior, Roberto. Nascimento Júnior, Antônio. ICMS: entraves jurídicos e econômicos e propostas de melhoria. Tributação no Brasil: estudos, ideias e propostas. Organizador: Adolfo Sachsida. Capítulo 1. Análise do ICMS e a questão federativa – Brasília: Ipea, 2017. p. 11.

[273] Melo, José Eduardo Soares de. ICMS: Teoria e prática. 14ª ed. rev. e atual. Porto Alegre: Livraria do Advogado Editora, 2018. p. 231.

[274] Meira, Liziane Angelotti. Tributos sobre o comércio exterior. São Paulo: Saraiva, 2012. p. 195.

[275] Schoueri, Luís Eduardo. Direito tributário. 5ª ed. São Paulo: Saraiva, 2015. p. 555.

> IMPOSTO SOBRE A CIRCULAÇÃO DE MERCADORIAS E SERVIÇOS - ENERGIA ELÉTRICA - SERVIÇOS DE TELECOMUNICAÇÃO - SELETIVIDADE - ALÍQUOTA VARIÁVEL - ARTIGOS 150, INCISO II, E 155, § 2º, INCISO III, DA CARTA FEDERAL - ALCANCE - RECURSO EXTRAORDINÁRIO - REPERCUSSÃO GERAL CONFIGURADA. Possui repercussão geral a controvérsia relativa à constitucionalidade de norma estadual mediante a qual foi prevista a alíquota de 25% alusiva ao Imposto sobre a Circulação de Mercadorias e Serviços incidente no fornecimento de energia elétrica e nos serviços de telecomunicação, em patamar superior ao estabelecido para as operações em geral – 17%. (STF. RE 714139 RG. Relator: Ministro Marco Aurélio. Publicação: 26.09.2014).[276]

Conforme demonstrado, as tarifas de TUSD e TUST não podem compor a base de cálculo para a incidência de ICMS, pois, tal base, somente pode ser composta pela energia efetivamente utilizada pelo consumidor final, até mesmo porque, esse é o momento de individualização do contribuinte para a exação do tributo por parte do fisco.[277]

Nesse sentido, embora o fato gerador do ICMS esteja devidamente descrito na lei que o institui, como ocorre com todos os demais tributos, sujeita-se o legislador infraconstitucional aos limites da hipótese de incidência estabelecida na Carta Magna. A lei que veicular sua hipótese de incidência só será válida se descrever uma operação relativa à circulação de mercadorias ou à prestação dos serviços taxativamente previstos no dispositivo constitucional. Assim, analisar a extensão da hipótese de incidência prevista no art. 155, inciso II, da Constituição Federal é indispensável para a identificação do que constitui ou não fato gerador do ICMS.[278]

[276] BRASIL. Supremo Tribunal Federal. Repercussão Geral em Recurso Extraordinário nº 714139. Relator: Ministro Marco Aurélio. Publicação: 26.09.2014. Disponível em: <http://redir.stf.jus.br/paginadorpub/paginador.jsp?docTP=TP&docID=6811853>. Acesso em: 26 out. 2018.

[277] CARRAZA, Roque Antônio. ICMS. 17ª ed. São Paulo: Malheiros, 2015. p. 337-338.

[278] VASCONSELLOS, Mônica Pereira Coelho de. ICMS: distorções e medidas de reforma. 2013. 164f. Dissertação de Mestrado em Direito. Universidade de São Paulo. São Paulo - SP. 2013. p 58-66.

Ademais, o artigo 12, I da Lei Complementar 87/96[279] prevê que para a ocorrência do fato gerador do tributo, exige-se o efetivo consumo, sendo ilícito ampliar a hipótese de incidência para atingir valores cobrados pela simples disponibilização da energia elétrica que não foi efetivamente consumida.

Importa colacionar também o entendimento doutrinário de Sacha Calmon Navarro Coêlho, que conclui:

> Em consonância com o Prof. Alcides Jorge Costa as operações internas envolvendo energia elétrica, combustíveis e lubrificantes *só deveriam ser tributadas nas operações destinadas aos consumidores.* Simplificaria bastante a mecânica operacional do ICMS nessa parte. Nesse caso, *os distribuidores de energia e combustíveis seriam os contribuintes de jure* (o ICMS, nesses casos, seria unifásico). Contudo, a solução constitucional preferiu a plurifasia e a imunidade.[280]

Nesse sentido, sobre a energia elétrica colocada à disposição do consumidor, o entendimento jurisprudencial em sua maioria é pela não incidência do ICMS, pois neste caso não haveria energia consumida, conforme previsão do Artigo 19 do Convênio ICMS 66/88 (CONFAZ).[281]

Antes de adentrar nos aspectos relevantes da cobrança de ICMS sobre a Tarifa de Uso dos Sistemas de Distribuição (TUSD) e a Tarifa de Uso dos Sistemas de Transmissão (TUST) de energia elétrica, faz-se necessário abordar também sobre as tarifas que compõem o preço nos contratos de venda de energia elétrica firmados no Ambiente de Contratação Livre (Mercado Livre), em decorrência do transporte desta energia elétrica pelo sistema de rede de transmissão e pela rede de distribuição, onde os consumidores residenciais pagarão a tarifa de acordo com a distribuidora em que estão conectados, sendo que cada distribuidora possui uma tarifa

[279] Brasil. Código Tributário Nacional e Constituição Federal. 44ª ed. São Paulo: Saraiva, 2015. p. 246.

[280] Coêlho, Sacha Calmon Navarro. Curso de direito tributário brasileiro. 15ª ed. rev. e atual. Rio de Janeiro: Forense. 2016. p. 318.

[281] BRASIL. CONFAZ. Conselho Nacional de Política Fazendária. Disponível em: <https://www.confaz.fazenda.gov.br/legislacao/convenios/1988/CV066_88>. Acesso em: 22 ago. 2018.

diferente, que varia de acordo com o definido pela ANEEL, conforme se analisará no próximo tópico.[282]

3.5 As Tarifas de Distribuição (TUSD) e Transmissão (TUST) de Energia Elétrica: Competência, Recuperação do ICMS e Controvérsias

Sobre a evolução da legislação do sistema elétrico no Brasil, a qual pôs fim à uniformização tarifária de energia elétrica no Brasil, ressalta-se:

> Entre as décadas de 70 e 90, *havia uma única tarifa de energia elétrica em todo o Brasil.* Os consumidores dos diversos estados pagavam o mesmo valor pela energia consumida. Esse valor garantia a remuneração das concessionárias, independentemente de sua eficiência, e as empresas não lucrativas eram mantidas por aquelas que davam lucro e pelo Governo Federal. Essa modalidade de tarifa não incentivava as empresas à eficiência, pois todo o custo era pago pelo consumidor. Por diversas razões – entre elas a contenção das tarifas para controle da inflação – a remuneração mínima prevista para as concessionárias não era atingida, gerando um círculo vicioso, com inadimplência entre distribuidoras e geradoras e falta de capacidade econômico-financeira para a realização de novos investimentos. Nesse contexto, surgiu a Lei nº 8.631/1993, pela qual a tarifa passou a ser fixada por concessionária, conforme características específicas de cada área de concessão. E, em 1995, foi aprovada a Lei nº 8.987 que garantiu o equilíbrio econômico-financeiro às concessões de distribuição de energia elétrica. Desde então, estabeleceu-se uma tarifa por área de concessão (território geográfico onde cada empresa é contratualmente obrigada a fornecer energia elétrica). Se essa área coincide com a de um estado, a tarifa é única naquela unidade federativa. Caso contrário, tarifas diferentes coexistem dentro do mesmo estado. Dessa maneira, *as tarifas de energia refletem peculiaridades de cada região, como número de consumidores, quilômetros de rede e tamanho do mercado* (quantidade de energia atendida por uma determinada infra-estrutura), *custo da energia comprada, tributos estaduais e outros.*[283]

[282] Brandão, Lucas Guimarães Lins. Uma análise da dinâmica do setor elétrico brasileiro utilizando VAR em painel. 2017. 51f. Dissertação (Mestrado em Economia) - Universidade Católica de Brasília – UCB, Brasília – DF. 2017. p. 12-15.

[283] Agência Nacional de Energia Elétrica (Brasil). Por dentro da conta de luz: informação de utilidade pública/Agência Nacional de Energia Elétrica. 4ª ed. Brasília: ANEEL, 2008. p. 9. Disponível em: <file:///D:/cartilha%20aneel%202008.pdf>. Acesso em: 10 out. 2018.

No mesmo sentido, acerca da legislação brasileira atinente às tarifas incidentes sobre a energia elétrica, necessário destacar o esclarecimento colacionado:

> Da combinação dos arts. 1º, § 2º, da Lei nº 10.848/2004, 10 da Lei nº 9.648/98 e 16 da Lei nº 9.074/95, depreende-se ser de livre negociação a compra e venda de energia elétrica entre geradores (inclusive produtores independentes), comercializadores e importadores de energia elétrica e consumidores atendidos em qualquer tensão cuja carga seja igual ou superior a 3.000 kW (os ditos consumidores livres), *sujeitando-se tais operações à homologação da ANEEL quanto aos montantes negociados e às respectivas tarifas.*
> É claro que, para executar tais contratos, as partes têm de valer-se dos sistemas de transmissão e distribuição de energia, pertencentes às empresas concessionárias ou permissionárias desses serviços.[284] (Grifo nosso).

Ocorre, que as questões em relação à metodologia tarifária não foram fixadas com rigor na legislação e nem mesmo nos contratos de concessão, o que atribuiu mais liberdade ao regulador, tendo as Leis nº 10.848/04 e 10.847/04 definido com mais precisão as competências da Aneel, enquanto entidade responsável pela regulação do setor de energia elétrica. Já a Lei nº 12.783/13 facultou a União, prorrogar, por uma única vez, pelo prazo de 30 anos, as concessões de geração de energia elétrica, transmissão e distribuição, desde que atendidas condições previstas na referida Lei, visando o objetivo de assegurar a continuidade e eficiência do serviço, e a modicidade tarifaria.[285]

Assim, a tarifação de energia elétrica é fixada em razão de diversos elementos, tanto financeiros, como econômicos, além das condições téc-

[284] SANTIAGO, Igor Mauler. A exigência de ICMS sobre as tarifas de uso dos sistemas de transmissão e de distribuição de energia elétrica (TUST e TUSD). Aspectos regulatórios, tributários e processuais. p. 1. Disponível em: <file:///G:/2.%20A-exigencia-de-ICMS--sobre-as-tarifas-de-uso-dos-sistemas-de-transmissao-e-de-distribuicao-de-energia--eletrica-TUST-e-TUSD%20Igor%20M auler%20Santiago%20ciação%20no%20word.pdf>. Acesso em: 10 set. 2018.

[285] SANTOS, Michelle Manaia. Regulação descentralizada: um estudo à luz dos setores de energia e gás natural. 2014. 128f. Dissertação de Mestrado em Direito. Universidade de São Paulo. São Paulo – SP. p. 66.

nicas do sistema de fornecimento, normatizados pela ANEEL, conforme o tipo de consumidor: os livres têm opção de compra de quaisquer fornecedores, em decorrência do que o preço é estipulado segundo o mercado; e os cativos não possuem opção de compra, sendo obrigados a ter seu fornecimento exclusivamente por meio de concessionárias de atendimento de sua localização, as quais fixam o preço correspondente ao do serviço pelo custo ou com base nos custos médios verificados, cabendo a Aneel estabelecer as margens de lucro permitidas.[286]

Nesse sentido, o art. 15, § 6º, da Lei nº 9.074/95 prevê o direito de uso das linhas de transmissão e distribuição pelos legitimados à livre negociação de energia, assegurando aos fornecedores, incluindo os consumidores livres, o acesso aos sistemas de distribuição e transmissão de concessionário e permissionário de serviço público, mediante ressarcimento do custo de transporte envolvido, calculado com base em critérios fixados pelo poder concedente. Da mesma forma, o caput do art. 9º da Lei nº 9.648/98, destaca, que a compra e venda de energia elétrica entre concessionários, ou autorizados, deve ser contratada separadamente do acesso e uso dos sistemas de transmissão e distribuição. Sendo que deverá ser celebrado o Contrato de Uso do Sistema de Transmissão (CUST) ou o Contrato de Uso do Sistema de Distribuição (CUSD), previsto na Resolução nº 281/99 da ANEEL.[287]

Atualmente as distribuidoras atendem ao mercado cativo (pequenos e médios consumidores, que não podem escolher livremente seus fornecedores) e ao mercado livre (grandes consumidores aos quais se faculta a escolha de seus fornecedores). Quando as distribuidoras atendem aos consumidores cativos, estas são remuneradas por meio de tarifas (tarifas de energia e tarifas de fio) e são responsáveis pelo recolhimento do ICMS energia elétrica na condição de substitutas tributárias. E quando

[286] MELO, José Eduardo Soares de. ICMS: Teoria e prática. 14ª ed. rev. e atual. Porto Alegre: Livraria do Advogado Editora, 2018. p. 199.

[287] SANTIAGO, Igor Mauler. A exigência de ICMS sobre as tarifas de uso dos sistemas de transmissão e de distribuição de energia elétrica (TUST e TUSD). Aspectos regulatórios, tributários e processuais. p. 1. Disponível em: <file:///G:/2.%20A-exigencia-de-ICMS--sobre-as-tarifas-de-uso-dos-sistemas-de-transmissao-e-de-distribuicao-de-energia--eletrica-TUST-e-TUSD%20Igor%20M auler%20Santiago%20ciação%20no%20word.pdf>. Acesso em: 10 set. 2018.

as distribuidoras atendem aos consumidores livres recebem as tarifas de fio, cobradas pela utilização das infraestruturas de transmissão (TUST – Tarifa de Uso do Sistema de Transmissão) e/ou distribuição (TUSD – Tarifa de Uso do Sistema de Distribuição). Assim, os agentes de comercialização, ou de geração, é que vendem a energia aos consumidores livres, deles cobrando o preço, sobre o qual é calculado o ICMS. Como se verifica, as distribuidoras apenas praticam atividade meio, operando as redes e equipamentos para que a energia chegue aos consumidores livres, ou seja, não participam da atividade mercantil.[288]

Importante ressaltar, que os conceitos de TUSD e TUST estão previstos no artigo 2º da Resolução Normativa Nº 166 de 2005, a saber:

> II – TUSD: tarifa de uso dos sistemas de *distribuição* de energia elétrica, formada por componentes específicos;
>
> [...]
>
> IV – TUST: tarifa de uso dos sistemas de *transmissão* de energia elétrica, na forma TUSTRB, relativa ao uso de instalações da Rede Básica, e TUSTFR, referente ao uso de instalações de fronteira com a Rede Básica.[289] (Grifo nosso).

Destaca-se, portanto, que a TUSD e TUST de energia elétrica somente ocorrem com os consumidores livres na média e alta tensão[290], uma vez que na baixa tensão não há pedido de disponibilização da demanda.

Assim, a TUST e TUSD são tarifas pagas para o recebimento da energia adquirida, as quais são pagas pelos consumidores livres (com carga acima de 3.000 kW e que podem escolher seus fornecedores de energia), regulados (que não podem escolher seus fornecedores de energia) e consumidores especiais (com carga entre 500 kW e 3.000 kW, que podem escolher seus fornecedores de energia desde que de fontes hidráulica até 50.000 kW, eólica, solar e biomassa) e pelos geradores de energia elétrica, os quais pagam pelo uso das redes de transmissão e de distribuição

288 CARRAZA, Roque Antônio. ICMS. 17ª ed. São Paulo: Malheiros, 2015. p. 332-333.

289 ANEEL. Agência Nacional de Energia Elétrica. Disponível em: <http://www2.aneel.gov.br/cedoc/bren2005166.pdf>. Acesso em: 09 set. 2016.

290 ANEEL. Agência Nacional de Energia Elétrica. Disponível em: <http://www.aneel.gov.br/tarifas-consumidores>. Acesso em: 09 out. 2016.

para enviarem a energia produzida. As fontes incentivadas são as fontes alternativas de energia elétrica, tais como, usinas eólicas, solar, biomassa, etc. as distribuidoras recebem os valores de TUSD e TUST devidos pelos consumidores cativos (ou regulados) e os valores de TUST devidos pelos consumidores livres e especiais conectados a sua rede de distribuição. Estima-se que o desconto na TUSD e TUST custe cerca de R$ 1,1 bilhão ano para algo próximo a 13,8 mil MW contratados.[291]

Acerca do faturamento da TUST E TUSD, necessário descrever o que dispõe a Resolução nº 281/99 da Aneel:

> Art. 19. Os encargos de uso dos sistemas de transmissão e de distribuição serão faturados:
> I – pelas concessionárias de transmissão e pelo ONS contra todos os usuários caracterizados como unidades consumidoras, inclusive as concessionárias ou permissionárias de distribuição, conectados nas instalações da Rede Básica, na proporção das suas receitas permitidas pela ANEEL.
> II – pelas concessionárias de transmissão e pelo ONS contra as unidades geradoras, na proporção das suas receitas permitidas pela ANEEL;
> III – pelas concessionárias ou permissionárias de distribuição contra todos os usuários caracterizados como unidades consumidoras, inclusive as concessionárias ou permissionárias de distribuição, conectadas nas suas instalações de distribuição, incluindo os valores correspondentes ao uso dos sistemas de transmissão;
> IV – pelas concessionárias ou permissionárias de distribuição contra as concessionárias e autorizadas de geração, conectadas nas suas instalações de distribuição, no que concerne exclusivamente aos encargos de uso dos sistemas de distribuição.[292]

[291] Montalvão, E; Silva, R. M. Descontos na TUST e na TUSD para Fontes Incentivadas: uma avaliação. Brasília: Núcleo de Estudos e Pesquisas/ CONLEG/Senado, Fevereiro/2015 (Texto para Discussão nº 165). p. 21-22. Disponível em: <https://www12.senado.leg.br/publicacoes/estudos-legislativos/tipos-de-estudos/textos-para-discussao/td165>. Acesso em: 12 ago. 2017.

[292] ANEEL. Resolução nº 281 de 1999 da ANEEL. Disponível em: <http://www2.aneel.gov.br/ aplicacoes/audiencia/arquivo/2005/010/documento/resolucao_nº_281_1999_versao_proposta_com_alteracoes.pdf>. Acesso em: 10 set. 2018.

Vale ressaltar ainda, que especificamente sobre as tarifas de TUSD e TUST, entende-se que as mesmas não podem nem mesmo serem classificadas como mercadoria, para fins de incidência do ICMS, uma vez que cada Estado aplica alíquota diferenciada.[293]

Assim, a regra, é que o Estado, que constitucionalmente tem sua administração pautada nos princípios da legalidade e moralidade, dentre suas diversas atribuições e finalidades[294], deve arrecadar recursos através de tributos, porém de maneira justa, igualitária e baseada em limites rígidos[295] estabelecidos pela Constituição Federal de 1988 (CF/88), que limitam a competência dos Estados para criar e cobrar tributos, no intuito de possibilitar a realização de suas outras atividades.

Nesse sentido, embora o fato gerador do ICMS já esteja devidamente descrito na lei que o institui, como ocorre com todos os demais tributos, também sujeita-se o legislador infraconstitucional aos limites da hipótese de incidência estabelecida na Carta Magna, pois a lei que veicular sua hipótese de incidência só será válida se descrever uma operação relativa à circulação de mercadorias ou à prestação dos serviços taxativamente previstos no dispositivo constitucional. Assim, analisar a extensão da hipótese de incidência prevista no art. 155, inciso II, da Constituição Federal é indispensável para a identificação do que constitui ou não fato gerador do ICMS.[296]

Tornarmos a lembrar, por oportuno, que é de competência da ANEEL (Agência Nacional de Energia Elétrica) o cálculo das Tarifas de Uso dos Sistemas de Distribuição (TUSD) e de Transmissão (TUST), conforme prevê a Lei nº 9.427 de 1996[297], que trata da regulamentação das tarifas e também as condições gerais de contratação do acesso e uso dos sistemas de transmissão e de distribuição de energia elétrica.

[293] ABRADEE. Disponível em: <http://www.abradee.com.br/financeiro/mapa-das-aliquotas-icms-brasil>. Acesso em: 25 out. 2016.

[294] MAZZA, Alexandre. Manual de direito tributário. São Paulo: Saraiva, 2015. p. 40-43.

[295] CARVALHO, Paulo de Barros. Curso de direito tributário. 26ª ed. São Paulo: Saraiva, 2014. p. 527-531.

[296] VASCONSELLOS, Mônica Pereira Coelho de. ICMS: distorções e medidas de reforma. 2013. 164f. Dissertação de Mestrado em Direito. Universidade de São Paulo. São Paulo - SP. 2013. p 58-66.

[297] BRASIL. Lei nº 9.427 de 1996. Disponível em: <http://www.planalto.gov.br/ccivil_03/LEIS/L9427cons.htm>. Acesso em: 05 set. 2018.

Tais tarifas compõem o preço nos contratos de venda de energia elétrica firmados no Ambiente de Contratação Livre (Mercado Livre), em decorrência do transporte desta energia elétrica pelo sistema de rede de transmissão e pela rede de distribuição, onde os consumidores residenciais pagarão a tarifa de acordo com a distribuidora em que estão conectados, sendo que cada distribuidora possui uma tarifa diferente, que varia de acordo com o definido pela Aneel.[298]

Acerca da legitimidade, definiu-se o entendimento de que o consumidor final possui legitimidade para contestar a cobrança de ICMS no caso de energia elétrica que, apesar de contratada, não foi efetivamente fornecida, conforme entendimento no Recurso Especial nº 1.299.303/SC, submetido ao rito do art. 543-C do CPC (art. 1.036, do CPC/2015), o qual irá orientar os Tribunais de segunda instância no tratamento dos recursos que abordam o mesmo tema e que estavam sobrestados à espera da decisão do STJ, conforme ementa:

> RECURSO ESPECIAL. REPRESENTATIVO DA CONTROVÉRSIA. ART. 543-C CÓDIGODE PROCESSO CIVIL. CONCESSÃO DE SERVIÇO PÚBLICO. ENERGIA ELÉTRICA. *INCIDÊNCIA DO ICMS SOBRE A DEMANDA "CONTRATADA E NÃO UTILIZADA". LEGITIMIDADE DO CONSUMIDOR PARA PROPOR AÇÃO DECLARATÓRIA C/C REPETIÇÃO DE INDÉBITO.* – Diante do que dispõe a legislação que disciplina as concessões de serviço público e da peculiar relação envolvendo o Estado-concedente, a concessionária e o consumidor, *esse último tem legitimidade para propor ação declaratória c/c repetição de indébito na qual se busca afastar, no tocante ao fornecimento de energia elétrica, a incidência do ICMS sobre a demanda contratada e não utilizada.* – O acórdão proferido no REsp 903.394/AL (repetitivo), da Primeira Seção, Ministro Luiz Fux, DJe de 26.4.2010, dizendo respeito a distribuidores de bebidas, não se aplica ao caso de fornecimento de energia elétrica. Recurso especial improvido. Acórdão proferido sob o rito do art. 543-C do Código de Processo Civil. (STJ – REsp: 1299303. SC.

298 Brandão, Lucas Guimarães Lins. Uma análise da dinâmica do setor elétrico brasileiro utilizando VAR em painel. 2017. 51f. Dissertação (Mestrado em Economia) – Universidade Católica de Brasília – UCB, Brasília – DF. 2017. p. 12-15.

2011/0308476-3. Relator: Ministro CESAR ASFOR ROCHA. PRIMEIRA SEÇÃO. Publicação:14/08/2012).[299] (Grifo nosso).

Assim, entendia-se que o ICMS somente deveria incidir nas operações que realmente envolvessem a comercialização (consumo) efetiva de energia elétrica para o consumidor final[300], o qual é apenas contribuinte de fato, em razão da repercussão financeira do imposto que é arcado pelo mesmo.

Como descrito anteriormente, existem hipóteses em que o pagamento poderá ter sido indevido, ou a maior que o devido. Nesses casos, poderá ser solicitada a repetição de indébito, que ocorre quando o sujeito passivo solicita de volta o que pagou indevidamente, devendo lhe ser assegurada a restituição, mesmo que o pagamento tenha sido feito de forma espontânea, conforme prevê o artigo 165 do CTN, sendo até mesmo um contrassenso ser chamado de tributo indevido, uma vez que, se é indevido, nem mesmo tributo este poderá ser considerado.[301]

Entretanto, persistem na doutrina questionamentos sobre a legitimidade da exigência do ICMS sobre a Tarifa de Uso do Sistema de Transmissão (TUST) e a Tarifa de Uso do Sistema de Distribuição (TUSD) por parte das concessionárias de energia elétrica, o que tem gerado conflito nas decisões dos Tribunais, conforme disposto:

> Questiona-se a legitimidade da exigência do ICMS sobre a "Tarifa de Uso do Sistema de Distribuição (TUSD)", e a "Tarifa de Uso do Sistema de Transmissão (TUST)", por parte das concessionárias de energia elétrica, em razão do disposto no Convênio ICMS 117/04, de 15.12.04, dispondo que "fica atribuída a responsabilidade pelo pagamento do ICMS devido pela conexão e pelo uso do sistema de transmissão ao consumidor que, estando conectado

[299] BRASIL. Superior Tribunal de Justiça. Recurso Especial nº 1299303/SC. Relator: Ministro Cesar Asfor Rocha. Primeira Seção. Publicação: DJe 14.08.2012. Disponível em: <http://s.conjur.com.br/dl/acordao-stj-legitimidade-contribuinte.pdf>. Acesso em: 25 out. 2016.

[300] BRASIL. Tribunal de Justiça do Distrito Federal e Territórios. Apelação Cível nº 20110111050413. Disponível em: <http://tj-df.jusbrasil.com.br/jurisprudencia/174926511/apelacao-civel-apc-20110111050413-df-0029295-3020118070001>. Acesso em: 15 out. 2016.

[301] Schoueri, Luís Eduardo. Direito tributário. 5ª ed. São Paulo: Saraiva, 2015. p. 655.

> diretamente à rede básica de transmissão, promover a entrada de energia elétrica no seu estabelecimento ou domicílio.
> A jurisprudência do STJ vinha decidindo no sentido de que não incide ICMS sobre as tarifas de uso do sistema de distribuição e transmissão de energia elétrica, já que o fato gerador do imposto é a saída da mercadoria, ou seja, ocorre no momento em que a energia elétrica é efetivamente consumida pelo contribuinte, circunstância não consolidada na fase de distribuição e transmissão. Não se confunde o fato gerador "fornecimento da energia" com o "serviço de transporte de transmissão e distribuição de energia".[302]

Da mesma forma, além dos questionamentos em relação à legislação e doutrina acerca do tema, existem também questionamentos existentes nos tribunais pátrios, tanto que se encontrava em repercussão geral no STF desde 20/04/2017 o Recurso Extraordinário nº 1041816/SP (TEMA 956). Entretanto, o referido recurso não foi julgado, tendo em vista que o Tribunal, por maioria, reconheceu a inexistência de repercussão geral da questão, por não se tratar de matéria constitucional, vencido o Ministro Marco Aurélio, tendo sua baixa definitiva em 11/10/2017, conforme ementa:

> RECURSO EXTRAORDINÁRIO. REPERCUSSÃO GERAL. DIREITO TRIBUTÁRIO. IMPOSTO SOBRE CIRCULAÇÃO DE MERCADORIAS E SERVIÇOS - *ICMS. ENERGIA ELÉTRICA. BASE DE CÁLCULO. TARIFA DE USO DO SISTEMA DE TRANSMISSÃO - TUST. TARIFA DE USO DO SISTEMA DE DISTRIBUIÇÃO - TUSD.* VALOR FINAL DA OPERAÇÃO. QUESTÃO INFRACONSTITUCIONAL. LEGISLAÇÃO FEDERAL. 1. A correção jurídica da conduta de incluir os valores tarifários da TUST e da TUSD na base de cálculo do ICMS incidente sobre a circulação da energia elétrica é controvérsia que não possui estatura constitucional. 2. Os juízos de origem formaram convicção com esteio na legislação infraconstitucional, notadamente o Código Tributário Nacional, Lei Complementar 87/1996, Leis federais 9.074/1995 e 10.848/2004, bem como Convênios CONFAZ 117/2004 e 95/2005, com posteriores alterações, e Resoluções da ANEEL, de modo que não se depreende da decisão recorrida ofensa direta ao Texto

[302] MELO, José Eduardo Soares de. ICMS: Teoria e prática. 14ª ed. rev. e atual. Porto Alegre: Livraria do Advogado Editora, 2018. p. 200.

Constitucional. 3. Recurso extraordinário a que se nega provimento. (RE 1041816 RG. STF. Relator: Min. EDSON FACHIN. Publicação: 17-08-2017).[303] (Grifo nosso).

A repercussão geral foi uma das soluções criadas pela Emenda Constitucional nº 45/2004 e regulamentada em 2007, utilizada como mecanismo de gestão processual, garantindo respostas mais uniformes e céleres à sociedade, após a democratização do acesso à Justiça em virtude da CF/88. Esta ferramenta é de uso exclusivo do STF, que visa a redução da quantidade de recursos e impossibilita a análise de recursos extraordinários que não atendam critérios de relevância jurídica, política, social ou econômica, gerando repercussão além dos interesses das partes envolvidas.[304]

Entretanto, para que seja conhecido o Recurso Extraordinário no âmbito do STF é necessário que a questão constitucional invocada tenha sido objeto de repercussão geral, previstos nos artigos 1.035 do CPC/2015 e artigo 102, §3º da CF, devendo ser feita preliminarmente ao mérito do recurso. Assim, a inexistência da repercussão geral no Recurso Extraordinário leva a inadmissibilidade do Recurso, em decisão irrecorrível do STF, conforme disposto no artigo 1.035 CPC/2015. Negada a repercussão geral, será negado também o seguimento aos Recursos Extraordinários sobrestados na origem, que versem sobre matéria idêntica.[305]

Sobre a repercussão geral, importa salientar o entendimento:

O Recurso Extraordinário não está à disposição do mero inconformismo das partes, que deverão comprovar a inserção da matéria no rol do dispositivo constitucional. Isso porque o STF julga somente questões de direito,

[303] BRASIL. Supremo Tribunal Federal. Repercussão Geral em Recurso Extraordinário nº 1041816. Relator: Ministro Edson Fachin. Publicação: 17.08.2017. Disponível em: <http://portal.stf.jus.br/processos/downloadPeca.asp?id= 312449334&ext=.pdf>. Acesso em: 14 out. 2018.

[304] BRASIL. CNJ. Conselho Nacional de Justiça. CNJ Serviço: Saiba a diferença entre repercussão geral e recurso repetitivo. Disponível em: <http://www.cnj.jus.br/ noticias/cnj/81998-cnj-servico-saiba-a-diferenca-entre-repercussao-geral-e-recursos-repetitivos>. Acesso em: 12 out. 2018.

[305] Marinoni, Luiz Guilherme. O Novo Processo Civil. São Paulo: Editora Revista dos Tribunais, 2015, p. 536-538.

mais precisamente, constitucionais, protegendo, apenas reflexamente, os interesses individuais. Salienta-se que o Recurso Extraordinário somente será admitido se forem observados seus pressupostos genéricos cumulativamente, quais sejam: se a decisão recorrida for de última ou única instância, ou seja, houver esgotamento das vias ordinárias recursais; ocorrer prequestionamento da questão constitucional no ato impugnado, previsto no artigo 102, III, *caput* da CF; ofensa direta ao texto constitucional; repercussão geral da questão constitucional discutida no recurso, conforme previsão do artigo 102, §3º da CF.[306]

Porém, mesmo não tendo sido reconhecida a existência de repercussão geral da questão sobre a cobrança de ICMS sobre as tarifas de TUSD e TUST no STF, em razão da controvérsia que envolve esse importante tema, tal matéria atualmente ainda está sendo rediscutida, pois se encontra submetida ao regime de recursos repetitivos no STJ (Tema n. 986), estando conclusos ambos os processos Recursos Especiais nº 1.692.023/MT, 1.699.851/TO e 1.163.020/RS, desde 16/08/2018, para julgamento ao Ministro Relator Herman Benjamin, conforme rito estabelecido no art. 1.036, do CPC, conforme se prova da recente ementa do STJ colacionada:

> TRIBUTÁRIO. *ICMS. INCLUSÃO DOS VALORES AFEITOS ÀS TARIFAS DE USO DO SISTEMA DE TRANSMISSÃO (TUST) E DE DISTRIBUIÇÃO (TUSD). MATÉRIA SUBMETIDA AO REGIME DE RECURSOS REPETITIVOS.* DEVOLUÇÃO DOS AUTOS À ORIGEM. I – *A matéria tratada nos autos – acerca da inclusão da Tarifa de Uso do Sistema Transmissão de Energia Elétrica (TUST) e da Tarifa de Uso do Sistema de Distribuição de Energia Elétrica (TUSD) na base de cálculo do ICMS -, foi afetada para julgamento pela Primeira Seção do STJ, sob o rito de recursos repetitivos, arts. 1.036 e 1.037 do CPC/2015, nos autos dos Recursos Especiais n. 1.692.023, n.1.699.851 e n. 1.163.020, Tema n. 986.* II – Conforme entendimento desta Corte: "Nos casos em que o órgão colegiado procede a julgamento de matéria submetida à sistemática da repercussão geral, o recurso integrativo deve ser acolhido para, atribuindo-se-lhe efeitos

[306] Oliveira, Thaís Soares; Vieira, Mariane. O recurso extraordinário como forma de exercício do controle de constitucionalidade difuso no Brasil. In: Valadão, Marcos Aurélio Pereira; Bastos, Ricardo Victor Ferreira (Coord). Repercussão Geral: Análise de Casos de ICMS. São Paulo: Intelecto Editora, 2018. p. 21.

modificativos, seja anulado o acórdão embargado e determinado o sobrestamento do feito na instância de origem, onde a controvérsia deve aguardar o julgamento do paradigma, viabilizando, assim, o juízo de conformação, hoje disciplinado pelos arts. 1.039 e 1.040 do CPC/2015" (EDcl nos EDcl no AgInt no REsp 1610028/SC, Rel. Ministra Regina Helena Costa, Rel. p/ Acórdão Ministro Gurgel de Faria, Primeira Turma, julgado em 14/11/2017, DJe 5/12/2017). III – É necessário, então, o retorno dos autos ao Tribunal de origem para que naquela instância seja esgotada a jurisdição e promovido o juízo de adequação diante do que vier a ser decidido pelo Supremo Tribunal Federal. Somente após tal julgamento, a Corte local decidirá, então, se ainda há razão para apreciação do apelo nobre por este Tribunal, o que evitará a cisão no julgamento. Precedentes: AgInt no REsp 1609894/RS, Rel. Ministra Assusete Magalhães, Segunda Turma, julgado em 8/8/2017, DJe 17/8/2017; AgInt no REsp 1638615/SC, Rel. Ministra Regina Helena Costa, Rel. p/ Acórdão Ministro Gurgel de Faria, Primeira Turma, julgado em 14/11/2017, DJe 19/12/2017). IV – Embargos de declaração acolhidos, com efeitos modificativos, para tornar sem efeitos os julgamentos anteriores e determinar a devolução dos autos ao Tribunal de origem. (EDcl no AgInt no REsp 1687596/SP. Rel. Ministro FRANCISCO FALCÃO. SEGUNDA TURMA. Publicação: 20/08/2018).[307] (Grifo nosso)

Sobre a sistemática dos recursos repetitivos têm-se que é um instituto criado no âmbito do STJ com a Lei nº 11.672/2008 para melhorar a vazão de processo no Judiciário, com o objetivo de maior celeridade, isonomia e segurança jurídica no julgamento de recursos especiais que tratem da mesma controvérsia jurídica, sendo que esses casos podem ser selecionados por amostragem, servindo a decisão como importante orientação. Sendo importante destacar ainda, que segundo dados estatísticos do STJ, em fevereiro de 2016 havia cerca de 422,1 mil processos suspensos em

307 BRASIL. Superior Tribunal de Justiça. Embargos de Declaração no Agravo Interno no Recurso Especial nº 1687596/SP. Relator: Ministro Francisco Falcão. Segunda Turma. Publicação: DJe 20.08.2018. Disponível em: <http://www.stj.jus.br/SCON/ jurisprudencia/doc.jsp?livre=tusd+tust&b=ACOR&p=true&l=10&i=2>. Acesso em: 14 out. 2018.

tribunais de justiça e federais aguardando o julgamento dos recursos repetitivos.[308]

Entende-se, portanto, que mesmo havendo muitas ações já em tramitação determinando a ilegalidade da cobrança indevida de ICMS sobre as tarifas de TUSD e TUST de energia elétrica por parte do Estado, existe ainda muito desconhecimento sobre o assunto, decorrente, principalmente, da falta de posicionamento concreto de nossos Tribunais, o que pode resultar também em lucro com o abuso na atividade arrecadatória[309], fato que é explicado, inclusive pela teoria behaviorista[310] de Burrhus Frederic Skinner, que prevê que se o Estado não for desencorajado por meio de punições judiciais, estes continuarão a comportar-se de modo contrário à legislação, derivando múltiplas demandas desnecessárias que podem ferir a segurança jurídica brasileira, prejudicando a obtenção de fins socialmente desejáveis.

Como se verifica, atualmente permanece uma grande controvérsia acerca da cobrança de ICMS sobre a demanda contratada de energia elétrica, principalmente em relação às tarifas de distribuição e transmissão de energia elétrica, as quais tem gerado decisões conflitantes nos Tribunais Pátrios, tendo sido inclusive, concedido judicialmente a tutela provisória de urgência para suspender a cobrança de ICMS sobre as tarifas de TUSD e TUST aos consumidores que buscam no Judiciário a recuperação do ICMS cobrado sobre as tarifas de TUSD e TUST, conforme recente ementa do Tribunal de Justiça do Rio de Janeiro, *in verbis*:

> AGRAVO DE INSTRUMENTO. DIREITO TRIBUTÁRIO. *Tarifas de Utilização do Sistema de Distribuição – TUSD e de Transmissão – TUST. Decisum que, em ação declaratória c/c repetição de indébito, revogou decisão concessiva anterior e*

[308] BRASIL. CNJ. Conselho Nacional de Justiça. CNJ Serviço: Saiba a diferença entre repercussão geral e recurso repetitivo. Disponível em: <http://www.cnj.jus.br/ noticias/cnj/81998-cnj-servico-saiba-a-diferenca-entre-repercussao-geral-e-recursos-repetitivos>. Acesso em: 12 out. 2018.

[309] Tabak, Benjamin Miranda (organizadores). Direito, economia e comportamento humano. Curitiba: CRV, 2016. Capítulo 4. p. 72.

[310] O direito como sistema de contingências sociais. Disponível em: <http://www.ucb.br/sites/000/90/DOCePDF/2013/Odireitocomosistemadecontingenciassociai.pdf>. Acesso em: 25 out. 2016.

indeferiu a antecipação dos efeitos da tutela. Demanda na qual objetiva a parte autora a concessão de tutela provisória de urgência para suspender a exigibilidade do ICMS sobre a Tarifa de Uso do Sistema de Transmissão de Energia Elétrica – TUST e a Tarifa de Uso do Sistema de Distribuição de Energia Elétrica – TUSD, nas contas de energia elétrica. Hipótese que não se encontra afetada pelo Incidente de Resolução de Demandas Repetitivas nº 0045980-72.2017.8.19.0000, Tema nº 10 do TJRJ, por se tratar de tutela de urgência. Por sua vez, o fato de a matéria também se encontrar afetada pelo REsp nº 1.692.023/MT, sob o regime dos recursos repetitivos, igualmente não impede a apreciação do presente feito, pois *a suspensão do processamento dos processos pendentes, determinada no art. 1.037, II, do CPC/2015, não impede que os Juízos concedam, em qualquer fase do processo, tutela provisória de urgência, desde que satisfeitos os requisitos contidos no art. 300 do CPC/2015, e deem cumprimento àquelas que já foram deferidas, a teor do que dispõe o art. 982, § 2º, do CPC/2015.* Requisitos para a concessão da tutela provisória presentes. *O E. STJ tem entendimento consolidado no sentido de que as tarifas de uso do sistema de transmissão de energia elétrica – TUST e de distribuição de energia elétrica – TUSD não integram a base de cálculo do ICMS, uma vez que o fato gerador do tributo ocorre apenas no momento em que a energia sai do estabelecimento fornecedor e é efetivamente consumida. O serviço de distribuição e transmissão de energia elétrica é mero transporte de mercadoria, não sendo hipótese de incidência de ICMS. Aplicação da Súmula nº 391 do STJ.* Precedentes desta E. Corte E Câmara. Decisão reformada. Agravo provido. (TJ-RJ – AI: 00047978720188190000. RIO DE JANEIRO. CAPITAL. 11 VARA FAZENDA PÚBLICA. Relatora: MARIA INÊS DA PENHA GASPAR. VIGÉSIMA CÂMARA CÍVEL. Publicação: 20/04/2018).[311] (Grifo nosso).

Nesse sentido, ao se analisar a controvérsia do Tema n. 986, submetido ao rito do regime de recursos repetitivos no STJ, afirmou o próprio relator do caso Herman Benjamin, que existe relevância da matéria para o orçamento dos Estados, justificando o julgamento sob o rito dos recursos repetitivos para definir a tese a ser aplicada nesses casos, pois a TUSD e a TUST são tarifas que têm como suporte jurídico o mesmo disposi-

[311] BRASIL. Tribunal de Justiça do Rio de Janeiro. Agravo de Instrumento nº 00047978720188190000. Relator: Maria Inês da Penha Gaspar. Vigésima Câmara Cível. Publicação: 20.04.2018. Disponível em: <file:///D:/ai%20tj%20df%20relatora%20 maria%20ines%20da%20penha%20gaspar.pdf>. Acesso em 02 out. 2018.

tivo legal, o que explica a necessidade do julgamento em conjunto dos recursos afetados que são representativos da controvérsia sobre o tema, na qual a tese definida em repetitivo vai servir de orientação às instâncias ordinárias da justiça, além de ter importante reflexo na admissibilidade de recursos ao STJ, e em outras situações, tais como a tutela de evidência e a improcedência liminar do pedido.[312]

Destarte, necessário se faz a verificação dos aspectos mais relevantes acerca de quais seriam os principais motivos que tem gerado controvérsias nas decisões dos Tribunais pátrios, principalmente com relação à divergência de entendimentos entre as Turmas que compõem a Primeira Seção do STJ acerca da cobrança de ICMS sobre a TUSD e TUST de energia elétrica, buscando-se assim, alicerçar o perfeito entendimento sobre esse importante tema, o qual poderá afetar os consumidores, ou de forma contrária, a qual depende do posicionamento a ser confirmado em sede de recurso repetitivo, que diversamente poderá afetar significativamente os Estados brasileiros, uma vez que o ICMS é sua principal fonte de financiamento.

312 Consultor Jurídico. Recurso repetitivo vai definir legalidade do ICMS sobre a Tusd e a Tust. 12 jan. 2018. Disponível em: <https://www.conjur.com.br/2018-jan-12/recurso-repetitivo-definir-legalidade-icms-tust-tusd>. Acesso em: 12 out. 2018.

4
Análise Crítica sobre a Inclusão da TUSD e TUST na Base de Cálculo do ICMS e as Controvérsias do Tema no STJ

Sobre a importância da definição da matéria, pelo STJ, sob o rito qualificado do recurso repetitivo, que trata sobre a possibilidade ou não de inclusão da TUST e TUSD na base de cálculo do ICMS, destaca-se o entendimento do Ministro Relator Paulo de Tarso Sanseverino, Presidente da Comissão Gestora de Precedentes do Superior Tribunal de Justiça (STJ), que em seu despacho no Recurso Especial nº 1.669.629/ SP afirmou, que existe aparente divergência de entendimentos entre as Turmas que compõem a Primeira Seção do STJ, e que o julgamento do tema sob a sistemática dos repetitivos orientará as instâncias ordinárias, podendo se evitar decisões divergentes nas instâncias de origem e o envio desnecessário de recursos especiais e seus agravos ao STJ. Inclusive, segundo dados fornecidos pelo Núcleo de Gerenciamento de Precedentes – NUGEP da respectiva Seção em outubro de 2017, nos últimos três anos foram proferidas aproximadamente 17.000 sentenças e quase 5.000 acórdãos relacionados ao assunto selecionado como representativo da controvérsia, demonstrando, assim, impacto significativo quanto à multiplicidade de processos. Destaca-se, que este recurso não foi recebido como representativo da controvérsia, uma vez que a tese não havia sido analisada pelas instâncias ordinárias.[313]

[313] BRASIL. Superior Tribunal de Justiça. Recurso Especial nº 1669629/SP. 1º Turma. Relator: Ministro Paulo de Tarso Sanseverino. Publicação: 01.08.2017. Disponível em:

Desse modo, sobre Recurso Especial Repetitivo no STJ convém colacionar os artigos 1.036, caput e §1º e artigo 1.041, ambos do CPC/2015, *in verbis*:

> Art. 1.036. Sempre que houver multiplicidade de recursos extraordinários ou especiais com fundamento em idêntica questão de direito, haverá afetação para julgamento de acordo com as disposições desta Subseção, observado o disposto no Regimento Interno do Supremo Tribunal Federal e no do Superior Tribunal de Justiça.
> § 1º O presidente ou o vice-presidente de tribunal de justiça ou de tribunal regional federal selecionará 2 (dois) ou mais recursos representativos da controvérsia, que serão encaminhados ao Supremo Tribunal Federal ou ao Superior Tribunal de Justiça para fins de afetação, determinando a suspensão do trâmite de todos os processos pendentes, individuais ou coletivos, que tramitem no Estado ou na região, conforme o caso.
> Art. 1.041. Mantido o acórdão divergente pelo tribunal de origem, o recurso especial ou extraordinário será remetido ao respectivo tribunal superior, na forma do art. 1.036, §1º.[314]

Assim, antes de adentrar ao cerne da controvérsia pendente no âmbito do Judiciário, importa salientar que referente aos impostos, que interessa ao presente estudo, a matéria é julgada pela Primeira Seção, na Primeira e Segunda Turmas, sendo importe também destacar:

> O STJ é composto por 33 ministros. Eles são escolhidos e nomeados pelo Presidente da República, a partir de lista tríplice formulada pelo próprio tribunal. O indicado passa ainda por sabatina do Senado Federal antes da nomeação.
> A Constituição prevê que os ministros tenham origem diversificada: um terço deve ser escolhido entre desembargadores federais, um terço entre

<https://ww2.stj.jus.br/processo/revista/documento/mediado/?componente=MON&sequencial=73438082&num_registro=201701084450&data=20170801&tipo=0>. Acesso em 08 ago. 2017.

314 BRASIL. Código de Processo Civil. Lei nº 13.105/2015. Disponível em: <http://www.planalto.gov.br/ccivil_03/_Ato2015-2018/2015/Lei/L13105.htm>. Acesso em: 27 out. 2018.

> desembargadores de justiça e, por fim, um terço entre advogados e membros do Ministério Público. ...
> As três seções do STJ são especializadas. Dentro de cada especialidade, elas julgam mandados de segurança, reclamações e conflitos de competência. Elas também são responsáveis pelo julgamento dos recursos repetitivos.
> Cada Seção reúne ministros de duas Turmas, também especializadas. As Seções são compostas por dez ministros e as Turmas por cinco ministros cada.
> Nas Turmas são julgados os recursos especiais sem caráter repetitivo, habeas corpus criminais, recursos em habeas corpus, recursos em mandado de segurança, entre outros tipos de processo.[315]

Nesse sentido, apenas a 1ª e 2ª Turmas da Primeira Seção do STJ possuem competência para apreciar matérias de Direito Tributário, no âmbito do Direito Público, como no caso de incidência de ICMS sobre a TUSD e TUST, sendo que, inclusive, ambas as Turmas já possuem jurisprudência sedimentada sobre o presente tema, passando-se assim à análise dos seguintes julgados que se encontram com controvérsias pendentes de julgamento no âmbito do STJ.

4.1 Recursos Repetitivos em Trâmite na 1º Seção do STJ – Controvérsia Pendente: REsp 1.692.023/MT, o REsp 1.699.851/TO e o EREsp 1.163.020/RS

Importante trazer à baila o tema 986 do STJ que trata da Inclusão da Tarifa de Uso do Sistema de Transmissão de Energia Elétrica (TUST) e da Tarifa de Uso do Sistema de Distribuição de Energia Elétrica (TUSD) na base de cálculo do ICMS, uma vez que somente analisando os fundamentos descritos em cada um dos três Recursos Especiais representativos de controvérsias, os quais se encontram pendentes de julgamento no STJ em sede de recurso repetitivo, é que se entenderá o que tem gerado a divergência de entendimento do Tribunal.

Destaca-se, que o tema será definido através de julgamento submetido ao rito dos recursos repetitivos pela Primeira Seção do Superior Tribunal de Justiça (STJ), onde serão julgados três recursos representativos

[315] STJ. Composição. Disponível em: <http://www.stj.jus.br/sites/STJ/TV/pt_BR/Institucional/Composição>. Acesso em: 27 out. 2018.

sobre o tema, os quais são: o REsp 1.692.023/MT, o REsp 1.699.851/TO e o EREsp 1.163.020/RS.[316]

Vale ressaltar, que o regime dos recursos repetitivos de forma sistematizada após a superveniência do CPC/2015, em consonância com a jurisprudência do STJ, tem o condão de conferir maior segurança jurídica à prestação jurisdicional de acordo com a nova sistemática.[317]

Sobre a afetação do tema, proposta pelo ministro Herman Benjamin, o qual determinou na data de 15/12/2017 a suspensão nacional de todos os processos pendentes, individuais ou coletivos, conforme previsão do Art. 1.037, II, CPC, destaca-se a ementa colacionada, a qual foi inclusive publicada nos três Recursos Especiais acima descritos:

> EMENTA. *RECURSOS ESPECIAIS REPRESENTATIVOS DE CONTROVÉRSIA. RITO DOS ARTIGOS 1.036 E SEGUINTES DO CPC/2015. RESP 1.699.851/TO, RESP 1.692.023/MT E ERESP 1.163.020/RS.* ADMISSÃO. 1. Admitida a afetação da seguinte questão controvertida: "inclusão da Tarifa de Uso do Sistema Transmissão de Energia Elétrica (TUST) e da Tarifa de Uso do Sistema de Distribuição de Energia Elétrica (TUSD) na base de cálculo do ICMS". 2. Autorização do colegiado ao Relator para selecionar outros recursos que satisfaçam os requisitos para representarem a controvérsia. 3. Recursos submetidos ao regime dos arts. 1.036 e seguintes do CPC/2015. (ProAfR no RECURSO ESPECIAL Nº 1.692.023 - MT (2017/0170364-8). STJ. Relator: Ministro Herman Benjamin. Publicação: 15/12/2017).[318] (Grifo nosso).

[316] STJ. Notícias: Repetitivo vai definir legalidade do ICMS sobre Tust e Tusd. 12.01.2018. Disponível em: <http://www.stj.jus.br/sites/STJ/default/pt_BR/Comunicação/noticias/Notícias/Repe titivo-vai-definir-legalidade-do-ICMS-sobre-Tust-e-Tusd>. Acesso em: 10 out. 2018.

[317] BRASIL. Superior Tribunal de Justiça. Reclamação nº 27118/SP. p. 12. Relator: Ministro Dias Toffoli. Publicação: DJe 23.08.2017. Disponível em: <http://portal.stf.jus.br/processos/downloadPeca. asp?id=312493603&ext=.pdf>. Acesso: 12 out. 2018.

[318] BRASIL. Superior Tribunal de Justiça. Proposta de Afetação no Recurso Especial nº 1692023/MT. Relator: Ministro Herman Benjamin. Voto do Ministro OG Fernandes. p. 6. Publicação: DJe 15.12.2017. Disponível em: <https://ww2.stj.jus.br/processo/revista/documento/mediado/?componente=ITA&sequencial=1661790&num_registro=201701703648&data=20171215&formato=PDF>. Acesso em: 27 out. 2018.

Em relação à importância desta decisão, destaca-se, que a tese estabelecida em repetitivo também terá importante reflexo na admissibilidade de recursos para o STJ, e em outras situações processuais, como a tutela da evidência prevista no artigo 311, II, do CPC, e na improcedência liminar do pedido do artigo 332 do CPC. Assim, conforme previsão dos artigos 1.036 a 1.041 do Código de Processo Civil de 2015, que regulam o julgamento por amostragem, mediante a seleção de recursos especiais que tenham controvérsias idênticas, em conjunto com a previsão dos artigos 121-A do Regimento Interno do STJ e 927 do CPC, a definição da tese pelo STJ vai servir de orientação às instâncias ordinárias da Justiça, inclusive aos juizados especiais, para a solução de casos fundados na mesma controvérsia.[319]

Inicialmente, tem-se o REsp 1.692.023/MT contra acórdão que entendeu que não incide ICMS sobre as tarifas de uso de transmissão (TUST) e de distribuição (TUSD) de energia elétrica de energia elétrica, assim ementado:

> APELAÇÃO. MANDADO DE SEGURANÇA INEXIGIBILIDADE DE DÉBITO TRIBUTÁRIO. COBRANÇA DE IMPOSTO SOBRE CIRCULAÇÃO DE MERCADORIAS E SERVIÇOS - ICMS COM INCLUSÃO EM SUA BASE DE CÁLCULO DAS TARIFAS DE USO DE TRANSMISSÃO E DE DISTRIBUIÇÃO DE ENERGIA ELÉTRICA (TUST, TUSD). IMPOSSIBILIDADE. PRECEDENTES DO STJ. 1. O Superior Tribunal de Justiça tem entendimento no sentido de que não incide ICMS sobre as tarifas de uso de transmissão e de distribuição de energia elétrica (TUST, TUSD), já que o fato gerador do imposto é a saída da mercadoria, ou seja, no momento em que a energia elétrica é efetivamente consumida pelo contribuinte, circunstância não consolidada na fase de distribuição e transmissão. Incidência da Súmula no 166 do STJ. 2. Recurso PROVIDO. (RECURSO ESPECIAL Nº

[319] STJ. Notícias: Repetitivo vai definir legalidade do ICMS sobre Tust e Tusd. 12.01.2018. Disponível em: <http://www.stj.jus.br/sites/STJ/default/pt_BR/Comunicação/noticias/Notícias/Repe titivo-vai-definir-legalidade-do-ICMS-sobre-Tust-e-Tusd>. Acesso em: 10 out. 2018.

1.692.023/MT. 2017/0170364-8. Relator: Ministro Herman Benjamin. Publicação: 15/12/2017).[320]

No mesmo sentido, também foi o entendimento do acórdão do Tribunal de Justiça do Estado do Tocantins, no qual foi interposto o Recurso Especial nº 1.699.851/TO, também afetado para ser resolvido sob o rito dos recursos repetitivos, *in verbis*:

> APELAÇÃO. MANDADO DE SEGURANÇA INEXIGIBILIDADE DE DÉBITO TRIBUTÁRIO. COBRANÇA DE IMPOSTO SOBRE CIRCULAÇÃO DE MERCADORIAS E SERVIÇOS - ICMS COM INCLUSÃO EM SUA BASE DE CÁLCULO DAS TARIFAS DE USO DE TRANSMISSÃO E DE DISTRIBUIÇÃO DE ENERGIA ELÉTRICA (TUST, TUSD). IMPOSSIBILIDADE. PRECEDENTES DO STJ. 1. O Superior Tribunal de Justiça tem entendimento no sentido de que não incide ICMS sobre as tarifas de uso de transmissão e de distribuição de energia elétrica (TUST, TUSD), já que o fato gerador do imposto é a saída da mercadoria, ou seja, no momento em que a energia elétrica é efetivamente consumida pelo contribuinte, circunstância não consolidada na fase de distribuição e transmissão. Incidência da Súmula no 166 do STJ. 2. Recurso PROVIDO. (STJ. RECURSO ESPECIAL Nº 1.699.851/TO. 2017/0240899-7. Relator: Ministro Herman Benjamin. Publicação: 15/12/2017).[321]

Por fim, em sentido totalmente contrário aos demais Recursos Especiais acima destacados, tem-se o Recurso Especial nº 1.163.020/RS, no qual o Relator Ministro Gurgel de Faria, entendeu que o ICMS deve incidir sobre todo o processo de fornecimento de energia elétrica, tendo em vista a indissociabilidade das suas fases de geração, transmissão e distri-

[320] BRASIL. Superior Tribunal de Justiça. Recurso Especial nº 1692023/MT. Relator: Ministro Herman Benjamin. Publicação: 15.12.2017. Disponível em: <https://ww2.stj.jus.br/processo/revista/documento/mediado/?componente=ITA&sequencial=1661790&num_registro=201701703648&data=20171215&formato=PDF>. Acesso em: 21 out. 2018.

[321] BRASIL. Superior Tribunal de Justiça. Recurso Especial nº 1699851/TO. Relator: Ministro Herman Benjamin. Publicação: 15.12.2017. Disponível em: <https://ww2.stj.jus.br/processo/revista/documento/mediado/?componente=ITA&sequencial=1661791&num_registro=201702408997&data=20171215&formato=PDF>. Acesso em: 15 out. 2018.

buição, e que o custo deve ser inerente a cada uma dessas etapas, aduzindo que a TUSD compõe o preço final da operação e, consequentemente, deverá integrar a base de cálculo do imposto, nos termos do art. 13, I, da Lei Complementar n. 87/1996. Importa destacar, que neste caso o debate restringiu-se apenas sobre a Tarifa de Uso do Sistema de Distribuição (TUSD), abaixo transcrito:

> TRIBUTÁRIO. ICMS. FORNECIMENTO DE ENERGIA ELÉTRICA. BASE DE CÁLCULO. TARIFA DE USO DO SISTEMA DE DISTRIBUIÇÃO (TUSD). INCLUSÃO. 1. *O ICMS incide sobre todo o processo de fornecimento de energia elétrica, tendo em vista a indissociabilidade das suas fases de geração, transmissão e distribuição, sendo que o custo inerente a cada uma dessas etapas – entre elas a referente à Tarifa de Uso do Sistema de Distribuição (TUSD) – compõe o preço final da operação e, consequentemente, a base de cálculo do imposto, nos termos do art. 13, I, da Lei Complementar n. 87/1996.* 2. A peculiar realidade física do fornecimento de energia elétrica revela que a geração, a transmissão e a distribuição formam o conjunto dos elementos essenciais que compõem o aspecto material do fato gerador, integrando o preço total da operação mercantil, não podendo qualquer um deles ser decotado da sua base de cálculo, sendo certo que a etapa de transmissão/distribuição não cuida de atividade meio, mas sim de atividade inerente ao próprio fornecimento de energia elétrica, sendo dele indissociável. 3. A abertura do mercado de energia elétrica, disciplinada pela Lei n. 9.074/1995 (que veio a segmentar o setor), não infirma a regra matriz de incidência do tributo, nem tampouco repercute na sua base de cálculo, pois o referido diploma legal, de cunho eminentemente administrativo e concorrencial, apenas permite a atuação de mais de um agente econômico numa determinada fase do processo de circulação da energia elétrica (geração). A partir dessa norma, o que se tem, na realidade, é uma mera divisão de tarefas – de geração, transmissão e distribuição – entre os agentes econômicos responsáveis por cada uma dessas etapas, para a concretização do negócio jurídico tributável pelo ICMS, qual seja, o fornecimento de energia elétrica ao consumidor final. 4. Por outro lado, o mercado livre de energia elétrica está disponibilizado apenas para os grandes consumidores, o que evidencia que a exclusão do custo referente à transmissão/distribuição da base de cálculo do ICMS representa uma vantagem econômica desarrazoada em relação às empresas menores (consumidores cativos), que arcam com o tributo sobre o “preço cheio” constante de sua conta de energia, subvertendo-se, assim,

> os postulados da livre concorrência e da capacidade contributiva. 5. Recurso especial desprovido. (STJ – REsp: 1163020/RS. 2009/0205525-4. Relator: Ministro Gurgel de Faria. T1. Primeira Turma. Publicação: 27/03/2017).[322] (Grifo nosso).

Ocorre que no Recurso Especial 1163020/RS acima colacionado foram também opostos embargos de declaração, passando a ser denominado EDcl no REsp 1163020/RS, os quais foram rejeitados por unanimidade nos termos do voto do Relator Ministro Gurgel de Faria, que afirmou que o caso em questão não possuía similitude fática ou jurídica com a hipótese da Sumula 334 do STJ, uma vez que naquela trava-se de serviço de provedor de internet, no qual a utilização de rede de telecomunicações como suporte aos provedores de internet não os caracteriza como prestadores de serviço de telecomunicação. Já no caso dos autos, a hipótese reconhece que as etapas de transmissão e distribuição são indissociáveis do fornecimento de energia elétrica, compondo o aspecto material do fato gerador, compreendendo que o preço da energia elétrica efetivamente consumida engloba não só o custo de sua geração, mas também o de sua transmissão e distribuição, e que, portanto, não haveria dissenso entre o acórdão embargado e o precedente obrigatório descrito no REsp 960.476/SC que decidiu acerca do ICMS sobre a demanda contratada sobre energia elétrica.[323]

Ainda no Recurso Especial 1163020/RS acima colacionado, após a rejeição dos embargos de declaração, foram opostos embargos de divergência fixados na proposta de afetação, conforme debate trazido pela Ministra Regina Helena Costa, no qual o embargante alegou dissídio jurisprudencial no tocante à inclusão da tarifa de uso do sistema de distribuição – TUSD na base de cálculo do ICMS devido nas operações com

[322] BRASIL. Superior Tribunal de Justiça. Recurso Especial nº 1163020/RS. Relator: Ministro Gurgel de Faria. Publicação: 27.03.2017. Disponível em: <https://ww2.stj.jus.br/processo/revista/documento/mediado/?componente=ITA&sequencial=1538503&num_registro=200902055254&data=20170327&formato=PDF>. Acesso em: 10 out. 2018.

[323] BRASIL. Superior Tribunal de Justiça. Embargos de Declaração em Recurso Especial nº 1163020/RS (2009/0205525-4). Relator: Ministra Maria Thereza de Assis Moura. Publicação: 14.08.2017. Disponível em: <https://ww2.stj.jus.br/processo/revista/documento/mediado/?componente=ITA&sequencial=1604366&num_registro=200902055254&data=20170614&formato=PDF>. Acesso em: 10 out. 2018.

energia elétrica com os seguintes julgados: REsp 960.476/SC da Primeira Seção; REsp 1.649.658/MT da Segunda Turma; e AgRg na SLS 2.103/PI da Corte Especial. No aditamento, durante seu voto, o Relator afirmou: "Assim, sem prejuízo do juízo posterior mais profundo da admissibilidade dos Embargos de Divergência, ratifico meu voto pela admissão e afetação como repetitivo".[324]

Nesse sentido, no julgamento da Proposta de Afetação no Recurso Especial Nº 1.692.023/MT, de relatoria do Ministro Herman Benjamin, que analisou sobre a afetação dos 03 (três) recursos repetitivos acima colacionados, convém destacar sobre o assunto, a esclarecedora afirmação do Ministro OG Fernandes em seu voto, *in verbis*:

> Trata-se de proposta de afetação da tese referente à "inclusão da Tarifa de Uso do Sistema de Transmissão de Energia Elétrica (TUST) e da Tarifa de Uso do Sistema de Distribuição de Energia Elétrica (TUSD)". Dentre os recursos indicados para efeito de afetação (REsp 1.692.023/MT, REsp 1.699.851/TO e EREsp 1.163.020/RS), *tenho que somente os EREsp 1.163.020/RS carecem de condições a tal finalidade, pois não ultrapassam a barreira do conhecimento*, seja pela inexistência de similitude fática e jurídica com o acórdão embargado, seja porque nos autos do REsp 1.649.658/MT o julgamento foi anulado quando da apreciação dos aclaratórios. Tal circunstância, no entanto, não impede seja a proposta de afetação aprovada para os demais recursos selecionados pelo Ministro relator (REsp 1.692.023/MT e REsp 1.699.851/TO), uma vez que *a tese submetida à afetação encontra-se devidamente prequestionada, preenchendo ambos os requisitos de admissibilidade genéricos e específicos dos recursos.* Registro, por oportuno, que não vejo óbice à afetação do REsp 1.692.023/MT pelo simples fato de se restringir à TUSD, pois, a meu sentir, as fórmulas que se buscam na afetação para resolver as controvérsias em ambos os recursos especiais afetados, à primeira vista, parecem-me idênticas.[325]

[324] BRASIL. Superior Tribunal de Justiça. Proposta de Afetação dos Embargos de Divergência em Recurso Especial nº 1163020/RS (2009/0205525-4). Relator: Ministro Herman Benjamin. Publicação: 15.12.2017. Disponível em: <https://ww2.stj.jus.br/processo/revista/documento/mediado/?componente=ITA&sequencial=1661789&num_registro=200902055254&data=20171215&formato=PDF>. Acesso em: 10 out. 2018.

[325] BRASIL. Superior Tribunal de Justiça. Proposta de Afetação no Recurso Especial nº 1692023/MT. Relator: Ministro Herman Benjamin. Voto do Ministro OG Fernandes. p.

Destarte, sobre a citada proposta de afetação, importa salientar, entretanto, o voto do Ministro Herman Benjamin na Proposta de Afetação no Recurso Especial nº 1.699.851/TO, que descreveu sobre as diferenças existentes entre os três Recursos Especiais afetados sobre a tese referente à inclusão da Tarifa de Uso do Sistema de Transmissão de Energia Elétrica (TUST) e da Tarifa de Uso do Sistema de Distribuição de Energia Elétrica (TUSD), os quais serão julgados como representativos da controvérsia sobre o tema, conforme disposto: 1) no REsp 1.692.023/MT a discussão restringiu-se à TUSD, estando presentes os requisitos de admissibilidade genéricos e específicos do recurso, considerando não ter havido ofensa aos arts. 535 do Código de Processo Civil de 1973 e 1.022 do Código de Processo Civil de 2015 e estarem prequestionados os demais dispositivos legais tidos por violados; 2) no REsp 1.699.851/TO a discutição foi sobre ambas, ou seja, a TUSD e a TUST e também estão presentes os requisitos de admissibilidade genéricos e específicos do recurso, inclusive o prequestionamento dos dispositivos legais tidos por violados; e 3) no EREsp 1.163.020/RS no qual houve a inadmissibilidade dos embargos de divergência porquanto os acórdãos indicados como paradigmas não se prestam à configuração do dissídio.[326]

Nesse sentido, para que melhor se compreenda a grande importância do tema, destaca-se as palavras do próprio Relator Ministro Herman Benjamin em seu voto na Proposta de Afetação nos Embargos de Divergência em Recurso Especial nº 1.163.020/RS, no qual se decidiu pela afetação dos REsp 1.699.851/TO, REsp 1.692.023/MT e EREsp 1.163.020/RS, no qual afirmou que: "a matéria em debate vem se apresentando de forma reiterada no STJ, materializa controvérsia de grande impacto para os Estados e merece, assim, ser resolvida sob o rito dos recursos repetitivos".[327]

6. Publicação: 15.12.2017. Disponível em: <https://ww2.stj.jus.br/processo/revista/documento/mediado/?componente=ITA&sequencial=1661790&num_registro=201701703648&data=20171215&formato=PDF>. Acesso em: 27 out. 2018.

[326] BRASIL. Superior Tribunal de Justiça. Proposta de Afetação no Recurso Especial nº 1699851/TO. Relator: Ministro Herman Benjamin. Publicação: 15.12.2017. Disponível em: <https://ww2.stj.jus.br/processo/revista/documento/mediado/?com ponente=ITA &sequencial=1661791&num_registro=201702408997&data=20171215&formato=PDF>. Acesso em: 27 out. 2018.

[327] BRASIL. Superior Tribunal de Justiça. Proposta de Afetação dos Embargos de Divergência em Recurso Especial nº 1163020/RS (2009/0205525-4). Relator: Ministro Herman

Assim, com vistas a buscar as soluções para as indagações, analisar-se-á a abordagem da doutrina, jurisprudência, motivos de divergência de entendimento nos recursos repetitivos das Turmas da 1ª Seção do STJ, com vistas a verificar se existe alguma inconstitucionalidade na cobrança do ICMS sobre a TUSD e TUST de energia elétrica.

4.2 Análise sob a Perspectiva Doutrinária e Jurisprudencial Envolvendo a Discussão sobre TUSD e TUST

Sendo o ICMS-Energia Elétrica uma modalidade de imposto sobre operações mercantis, entende a doutrina que sua base de cálculo somente pode ser o valor da operação de fornecimento de energia elétrica, ou seja, da mercadoria, não podendo, na base de cálculo do tributo, serem inseridos quaisquer elementos estranhos à relação jurídica entre o concessionário e o consumidor desta mercadoria, como por exemplo, as tarifas de fio, pois com isto poderia ocorrer a descaracterização do tributo, que é um fenômeno reprovado na ordem constitucional brasileira.[328]

Ressalta-se, que a simples disponibilização da potência elétrica no ponto de entrega não pode ocasionar qualquer efeito tributário, não devendo sofrer a imposição de ICMS, pois o seu fato gerador é o efetivo consumo da energia elétrica, ou seja, a demanda medida pelo fornecimento do consumo de energia, e não a simples contratação de energia, ou o seu tráfico jurídico, independentemente da demanda contratada. Assim, as atividades que caracterizam serviços autônomos em relação ao fornecimento de energia, podem apenas, constituir fato gerador da tarifa de serviço público de energia, uma vez que pode gerar custos com investimentos e prestação de serviços para a concessionária.[329]

Necessário se faz entender a conceituação da tarifa de serviço público:

> Para Hugo de Brito Machado, tarifa, ou preço público é a remuneração do serviço público prestado em regime de contrato, serviço que é utilizado pelo

Benjamin. Publicação: 15.12.2017. Disponível em: <https://ww2.stj.jus.br/processo/revista/documento/mediado/?componente=ITA&sequencial=1661789&num_registro=200902055254&data=20171215&formato=PDF>. Acesso em: 10 out. 2018.

328 Carraza, Roque Antônio. ICMS. 17ª ed. São Paulo: Malheiros, 2015. p. 338-339.

329 Melo, José Eduardo Soares de. ICMS: Teoria e prática. 14ª ed. rev. e atual. Porto Alegre: Livraria do Advogado Editora, 2018. p. 94.

consumidor de maneira facultativa, devendo ser fixado em valor que corresponda a justa remuneração do capital, o qual permita a melhoria e expansão dos serviços, mantendo-se o equilíbrio econômico e financeiro do contrato, conforme expresso em dispositivo constitucional, no qual há cobrança de preço público quando a atividade for monopolizada pelo Estado.[330]

Como se verifica, a doutrina tem questionado sobre a legitimidade da exigência do ICMS sobre a Tarifa de Uso do Sistema de Transmissão (TUST) e a Tarifa de Uso do Sistema de Distribuição (TUSD) por parte das concessionárias de energia elétrica, conforme entendimento de Roque Antônio Carrazza[331]: "nas etapas anteriores ao consumo de energia elétrica, deixa de ocorrer o fato gerador imponível do ICMS, não acarretando, portanto, qualquer dever de pagar o tributo".

Em relação à impossibilidade de cobrança de ICMS sobre a TUSD e TUST, vale destacar:

> Os esclarecimentos técnicos dão conta da impossibilidade de considerarem-se a TUST e a TUSD como remuneração de um contrato de transporte, donde se depreende a impossibilidade de cobrança do ICMS discutido também a este título.
> Não se podendo cogitar de serviço de comunicação, e não havendo na Constituição outras hipóteses de incidência do imposto, a conclusão há de ser pela inexigibilidade do ICMS sobre as referidas tarifas.
> A conclusão se reforça, a contrário sensu, em face da existência, no Congresso Nacional, da Proposta de Emenda Constitucional nº 285/2004 e do Projeto de Lei Complementar nº 352/2002, a primeira determinando a incidência de ICMS na transmissão de energia elétrica, e o segundo incluindo na base de cálculo do imposto, dentre outros, os encargos de transmissão e distribuição de energia.[332]

[330] 1985 apud Hernandez, Fernanda Guimarães. Compensação financeira pela exploração de recursos minerais regra matriz de incidência. 2010. 346f. Tese de Doutorado em Direito. Universidade de São Paulo. São Paulo – SP. p. 79.

[331] Carraza, Roque Antônio. ICMS. 17ª ed. São Paulo: Malheiros, 2015. p. 331.

[332] Santiago, Igor Mauler. A exigência de ICMS sobre as tarifas de uso dos sistemas de transmissão e de distribuição de energia elétrica (TUST e TUSD). Aspectos regulatórios, tributários e processuais. Disponível em: <file:///G:/2.%20A-exigencia-de-ICMS-sobre-as-

Convém destacar, que até mesmo a proposta de Emenda à Constituição nº 285/2004 e o Projeto de Lei Complementar 352/2002, que pleiteavam a autorização legal para a incidência de ICMS sobre o valor total cobrado de energia elétrica, em todas as etapas, desde a produção (pelas usinas e hidrelétricas) até a destinação final, inclusive sobre a TUSD E TUST (por empresas concessionárias e permissionárias)[333] foi declarada prejudicada em virtude da conversão da PEC n. 58/07 na EC n. 55/07, que aumentou a entrega de recursos pela União ao Fundo de Participação dos Municípios. Também foi rejeitada a pretensão semelhante contida no texto do Projeto de Lei Complementar n. 352/02, dando origem à Lei Complementar n. 138/10 que, por sua vez, alterou a Lei Complementar n. 87/96 sem instituir a previsão de incidência do ICMS nos estágios intermediários.[334]

Noutras palavras, a própria CF/88, no art. 155, II e § 3º, com a redação dada pelas Emendas Constitucionais nº 3/93 e 33/01, em que pese tenha outorgado à União a competência para explorar os serviços de energia elétrica, à exceção dos Impostos de Importação e Exportação, deixou ao arbítrio dos Estados a tributação, exclusivamente mediante ICMS, das operações de energia elétrica.[335]

Nesse sentido, em relação à regra-matriz de incidência do ICMS se faz necessária a presença concomitante de três aspectos: operação, circulação e mercadoria, ou seja, os três conceitos, segundo a doutrina, "permanecem vinculados, devendo os intérpretes e os destinatários do ICMS

-tarifas-de-uso-dos-sistemas-de-transmissao-e-de-distribuicao-de-energia-eletrica-TUST--e-TUSD%20Igor%20M auler%20Santiago%20ciação%20no%20word.pdf>. Acesso em: 10 set. 2018. p. 7.

333 Carraza, Roque Antônio. ICMS. 17. ed. São Paulo: Malheiros. 2015. p. 324-327.

334 BRASIL. Superior Tribunal de Justiça. Recurso Especial nº 1163020/RS. Relator: Ministro Gurgel de Faria. Publicação: 27.03.2017. Disponível em: <https://ww2.stj.jus.br/processo/revista/documento/mediado/?componente=ITA&sequencial=1538503&num_registro=200902055254&data=20170327&formato=PDF>. Acesso em: 10 out. 2018.

335 BRASIL. Constituição (1988). Constituição da República Federativa do Brasil. Diário Oficial da República Federativa do Brasil. Brasília – DF. 05.10.1988. Disponível em: <http://www.planalto.gov.br/ccivil_03/Constituicao/ConstituicaoCompilado.htm>. Acesso em: 20 ago. 2018.

compreendê-los na sua concepção jurídica para efeito de caracterização de sua incidência".[336]

Em relação ao ICMS, tais aspectos devem ser assim entendidos: operação é entendida por negócio jurídico; circulação deve ser jurídica comercial; e a mercadoria é o bem móvel corpóreo que é submetido a mercancia. Assim, o ICMS somente pode ser exigido quando se pratica um negócio jurídico que transfere a titularidade de uma mercadoria. Da mesma forma, a energia elétrica é considerada uma mercadoria para fins de tributação por meio de ICMS, e sua hipótese de incidência é consumir, conforme previsão do art. 155, §3º da CF e art. 83, I do CC. O que afastaria a incidência do tributo nas operações distintas do consumo, tais como geração e distribuição.[337]

Ocorre, que o sistema elétrico brasileiro é composto por instalações de geradores, linhas de transmissão e de distribuição e conexão com os consumidores, simultaneamente recebe energia de todos os geradores e alimenta todos os consumidores, tendo um sistema único, em que todos os geradores contribuem com sua produção, creditando-se respectivamente e, de outro lado, o universo de consumidores, alimentados pelas distribuidoras de energia elétrica, retiram seu consumo, debitando-se respectivamente, sendo o balanço final de resultado igual a zero.[338]

Importa mencionar, entretanto, que na relação do contribuinte e o ICMS incidente sobre a energia elétrica, o art. 34, § 9º do Ato das Disposições Transitórias (ADCT) estabelece que as distribuidoras, ao colocar a energia elétrica à disposição do consumidor para o efetivo consumo, assumem inicialmente a condição de responsável tributário pelo recolhimento do ICMS, a saber:

> Até que lei complementar disponha sobre a matéria, as empresas distribuidoras de energia elétrica, na condição de contribuintes ou de substitutos tributários, serão as responsáveis, por ocasião da saída do produto de seus

[336] Melo, José Eduardo Soares de. ICMS: Teoria e prática. 14ª ed. rev. e atual. Porto Alegre: Livraria do Advogado Editora, 2018. p. 19.

[337] Carraza, Roque Antônio. ICMS. 17ª ed. São Paulo: Malheiros, 2015. p. 331.p. 45-52 e 328.

[338] Campos, Clever Mazzoni. Curso Básico de Direito de Energia Elétrica. Rio de Janeiro: Synergia Editora, 2010, p. 12.

> estabelecimentos, ainda que destinado a outra unidade da Federação, pelo pagamento do imposto sobre operações relativas à circulação de mercadorias incidente sobre energia elétrica, desde a produção ou importação até a última operação, calculado o imposto sobre o preço então praticado na operação final e assegurado seu recolhimento ao Estado ou ao Distrito Federal, conforme o local onde deva ocorrer essa operação.[339]

Nesse sentido, tem-se que apenas os consumidores livres, que são os grandes consumidores, é que poderão escolher livremente seus fornecedores, pois podem contratar as distribuidoras, pagando as tarifas de fio pela utilização da infraestrutura de transmissão (TUST) e distribuição (TUSD) de energia elétrica. Assim, de outro lado, têm-se os consumidores cativos, que são os pequenos e médios consumidores, que continuam a pagar as tarifas às distribuidoras, sendo os responsáveis tributários em substituição do ICMS energia elétrica, uma vez que não podem escolher seus fornecedores. Assim, verifica-se que no mercado livre a compra da energia é totalmente desvinculada da sua transmissão e distribuição, a qual é contratada diretamente da distribuidora, não havendo que se falar em substituição tributária em relação ao ICMS energia elétrica.[340]

Com efeito, a Constituição Federal, em seu artigo 155, §2º, XII, "a" também determinou que cabe a Lei Complementar a definição de contribuinte de ICMS, sendo o conceito descrito no artigo 4º da LC 87/96, que o define como:

> Contribuinte é qualquer pessoa, física ou jurídica, que realize, com habitualidade ou em volume que caracterize intuito comercial, operações de circulação de mercadoria ou prestações de serviços de transporte interestadual e intermunicipal e de comunicação, ainda que as operações e as prestações se iniciem no exterior.[341]

[339] BRASIL. Código Tributário Nacional e Constituição Federal. 44ª ed. São Paulo: Saraiva, 2015. p. 108.

[340] CARRAZA, Roque Antônio. ICMS. 17ª ed. São Paulo: Malheiros, 2015. p. 332-333.

[341] BRASIL. Código Tributário Nacional e Constituição Federal. 44ª ed. São Paulo: Saraiva, 2015. p. 76 e 243.

Reforçando os conceitos e argumentos já delineados, principalmente sobre a relação destes e a imposição das tarifas de TUSD e TUST, a jurisprudência atual do Tribunal de Justiça do Distrito Federal é esclarecedora, também entendendo no mesmo sentido de que o ICMS somente incidirá quando se efetivar a subsunção da hipótese de incidência ao fato concreto, ou seja, quando efetivamente a energia elétrica for consumida, conforme ementa abaixo descrita:

> TRIBUTÁRIO E PROCESSUAL CIVIL. AGRAVO DE INSTRUMENTO. AÇÃO DECLARATÓRIA DE NULIDADE CUMULADA COM REPETIÇÃO DE INDÉBITO TRIBUTÁRIO. IMPOSTO SOBRE OPERAÇÕES RELATIVAS À CIRCULAÇÃO DE MERCADORIAS E SERVIÇOS DE TRANSPORTE INTERESTADUAL E INTERMUNICIPAL E DE COMUNICAÇÃO. ICMS. ENERGIA ELÉTRICA. BASE DE CÁLCULO. INCLUSÃO DA TAXA DE USO DO SISTEMA DE TRANSMISSÃO DE ENERGIA ELÉTRICA. TUST E TAXA DE USO DO SISTEMA DE DISTRIBUIÇÃO DE ENERGIA ELÉTRICA. TUSD NA BASE DE CÁLCULO DO IMPOSTO. *ILEGALIDADE. FATO GERADOR. NÃO OCORRÊNCIA. AUSÊNCIA DE CIRCULAÇÃO DA ENERGIA*. COBRANÇA. SUSPENSÃO. TUTELA PROVISÓRIA. PRESSUPOSTOS PRESENTES. AGRAVO PROVIDO. 1. À luz do art. 155, II, da Carta Magna, *o fato gerador do ICMS é a circulação de mercadoria, que, em se tratando de fornecimento de energia elétrica, se consolida com a efetiva circulação da energia elétrica que sai da concessionária do serviço público para o estabelecimento do consumidor, ou seja, o fato imponível ocorre quando há a real tradição da energia elétrica para o consumidor, que a consome, ato este que se firma apenas com o efetivo consumo da energia elétrica pelo consumidor final.* 2. A ocorrência do fato gerador do ICMS sobre energia elétrica pressupõe, portanto, a *circulação da mercadoria* – a tradição material da energia – que se dá com o efetivo consumo, sem o que não há como ser gerada qualquer obrigação tributária, pois não correra a subsunção da hipótese de incidência ao fato concreto, já que a energia não circulou no estabelecimento do consumidor, devendo o ICMS incidir apenas sobre o valor da tarifa de energia elétrica correspondente à demanda de potência efetivamente utilizada (STJ, Súmula 391). 3. O mesmo silogismo se aplica à Tarifa de Uso do Sistema de Distribuição – TUSD, à Tarifa de Uso do Sistema de Transmissão de Energia Elétrica (TUST) e às perdas do sistema, que não são pagos pelo efetivo consumo da energia elétrica, mas pela mera disponibilização das redes de transmissão

> de energia, em consequência disso, *se não houve circulação de energia, não há fato imponível apto a gerar obrigação tributária sobre fato não previsto na hipótese de incidência do ICMS, eis que não constitui fato gerador do ICMS o simples deslocamento de mercadoria de um para outro estabelecimento do mesmo contribuinte* (STJ, Súmula 166). 4. Como o fato gerador do ICMS é inexoravelmente a efetiva *circulação de energia elétrica*, e não apenas a disponibilização dada por meio do serviço de transporte com vistas à transmissão e distribuição de energia, conseguintemente, também não haverá incidência de ICMS sobre a tarifa de uso de sistema de distribuição de energia (TUSD) e a tarifa de uso do sistema de transmissão de Energia Elétrica (TUST) e as perdas do sistema, eis que não há fato gerador do ICMS e por isso devem ser extraídas na base de cálculo do aludido imposto. 5. Revestindo-se o direito invocado de plausibilidade e latente o risco de o consumidor de energia continuar sofrendo incremento nas tarifas que lhe são direcionadas mediante a criação de base de cálculo de incidência do ICMS sobre a demanda consumida à margem das hipóteses legalmente estabelecidas, resplandecem os pressupostos aptos a legitimarem a concessão de tutela provisória sob a forma de antecipação de tutela em caráter antecedente volvida a prevenir a cobrança dos acessórios refutados, inclusive porque plenamente reversível a medida antecipatória. 6. Agravo de instrumento conhecido e provido. Unânime. (TJ-DF 0703487-38.2018.8.07.0000. Relator: TEÓFILO CAETANO. 1ª Turma Cível. Data de Publicação: PJe 10/08/2018).[342] (Grifo nosso).

Reforçando os argumentos já delineados, sobre o elo existente entre a usina geradora, a empresa distribuidora e a cobrança de ICMS sobre a energia elétrica têm-se, portanto, o entendimento doutrinário, a saber: "insistimos que este tributo incide sobre a realização de operações relativas à circulação de energia elétrica (havida, pelo menos para fins tri-

[342] BRASIL. Tribunal de Justiça do Distrito Federal e Territórios. Agravo de Instrumento nº 0703487-38.2018.8.07.0000. Relator: Teófilo Caetano. 1ª Turma Cível. Publicação: PJe 10.08.2018. Disponível em: <https://jurisprudencia.s3.amazonaws.com/TJ-DF/attachments/TJ-DF__07034873820188070000_97a79.pdf?Signature=NNbOr74T%2BhTv0eD3qSBiAMhIje8%3D&Expires=1540581574&AWSAccessKeyId=AKIAIPM2XEMZACAXCMBA&response-content-type=application/pdf&x-amz-meta-md5-hash=495e505674e6fd75b647f5141ad07c1d>. Acesso em: 26 out. 2018.

butários, como modalidade de mercadoria). E tal circulação só pode ser jurídica; não meramente física".[343]

No mesmo entendimento, o Supremo Tribunal Federal em repercussão geral, e o Superior Tribunal de Justiça em julgamento de recurso especial submetido ao rito do art. 543-C do CPC/1973, entendem que a circulação apta a atrair a incidência do ICMS é a circulação jurídica, ou seja, aquela em que há transferência de domínio, conforme destaque:

> RECURSO EXTRAORDINÁRIO. CONSTITUCIONAL E TRIBUTÁRIO. ICMS. ENTRADA DE MERCADORIA IMPORTADA DO EXTERIOR. ART. 155, II, CF/88. OPERAÇÃO DE ARRENDAMENTO MERCANTIL INTERNACIONAL. NÃO-INCIDÊNCIA. RECURSO EXTRAORDINÁRIO A QUE SE NEGA PROVIMENTO. 1. O ICMS tem fundamento no artigo 155, II, da CF/88, e incide sobre operações relativas à circulação de mercadorias e sobre prestações de serviços de transporte interestadual e intermunicipal e de comunicação, ainda que as operações e as prestações se iniciem no exterior. 2. A alínea "a" do inciso IX do § 2º do art. 155 da Constituição Federal, na redação da EC 33/2001, faz incidir o ICMS na entrada de bem ou mercadoria importados do exterior, somente se de fato houver circulação de mercadoria, caracterizada pela transferência do domínio (compra e venda). 3. Precedente: RE 461968, Rel. Min. EROS GRAU, Tribunal Pleno, julgado em 30/05/2007, Dje 23/08/2007, onde restou assentado que o imposto não é sobre a entrada de bem ou mercadoria importada, senão sobre essas entradas desde que elas sejam atinentes a operações relativas à circulação desses mesmos bens ou mercadorias. 4. Deveras, não incide o ICMS na operação de arrendamento mercantil internacional, salvo na hipótese de antecipação da opção de compra, quando configurada a transferência da titularidade do bem. Consectariamente, se não houver aquisição de mercadoria, mas mera posse decorrente do arrendamento, não se pode cogitar de circulação econômica. 5. *In casu*, nos termos do acórdão recorrido, o contrato de arrendamento mercantil internacional trata de bem suscetível de devolução, sem opção de compra. 6. Os conceitos de direito privado não podem ser desnaturados pelo direito tributário, na forma do art. 110 do CTN, à luz da interpretação

[343] Carraza, Roque Antônio. ICMS. 17ª ed. São Paulo: Malheiros, 2015. p. 328-329.

conjunta do art. 146, III, combinado com o art. 155, inciso II e § 2º, IX, "a", da CF/88. 8. Recurso extraordinário a que se nega provimento. (STF – RE: 540829 RG/SP. Relator: Ministro Gilmar Mendes. Tribunal Pleno. Publicação:18.11.2014).[344]

Nesse sentido, somente quando se praticar a operação jurídica que transfira a posse ou a propriedade de uma mercadoria, ou seja, a ocorrência do fato hipoteticamente previsto na regra matriz do direito de crédito de circulação de mercadoria, que é o efetivo consumo com a ocorrência da relação de compra, e a partir do momento efetivo da venda, poderá ser confrontado o crédito tributário com o débito, para verificar a existência de eventual saldo credor ou devedor perante o Fisco, nascendo assim uma relação jurídica que tem como sujeito ativo o adquirente de mercadoria, e o sujeito passivo o Estado, detentor do direito de crédito.[345]

Observa-se, que o deslocamento da energia elétrica da fonte geradora para o sistema de transmissão e distribuição constitui, por definição, circulação física, porquanto caracterizadas como atividades-meio para o nascimento e aperfeiçoamento do fato gerador do ICMS, efetivado apenas no instante do consumo da energia elétrica.[346]

Desta forma, em que pese à previsão da incidência do ICMS na energia elétrica já estar descrita no art. 153, §3º da CF/88[347], fato já consolidado, entretanto, verifica-se na doutrina, legislação e na jurisprudência pátria a existência ainda de incertezas acerca do posicionamento sobre o que efetivamente faria parte da base de cálculo da cobrança em relação

[344] BRASIL. Supremo Tribunal Federal. Repercussão Geral em Recurso Extraordinário nº 540829/SP. Relator: Ministro Gilmar Mendes. Tribunal Pleno. Publicação: 18.11.2014. Disponível em: <http://redir.stf.jus.br/paginadorpub/paginador.jsp?docTP=AC&docID=615539>. Acesso em: 26 out. 2018.

[345] Vieira, Rodrigo Rodrigues Leite. A competência para a instituição do ICMS na extração de petróleo. 2014. 158f. Dissertação de Mestrado em Direito. Universidade de São Paulo. São Paulo – SP. p. 144.

[346] Carraza, Roque Antônio. ICMS. 17ª ed. São Paulo: Malheiros, 2015. p. 333.

[347] BRASIL. Constituição (1988). Constituição da República Federativa do Brasil. Diário Oficial da República Federativa do Brasil. Brasília – DF. 05.10.1988. Disponível em: <http://www.planalto.gov.br/ccivil_03/Constituicao/ConstituicaoCompilado.htm>. Acesso em: 20 ago. 2018.

ao ICMS sobre a energia elétrica[348], fato que pode provocar certa insegurança social.

Com efeito, buscando-se direcionar a conclusão do tema que trata sobre a incidência de ICMS sobre a energia elétrica, temos que a inclusão dos valores pagos a título de demanda contratada, chamada de demanda de potência, na base de cálculo do ICMS foi declarada inconstitucional pelo STF no Recurso Extraordinário em Repercussão Geral nº 593.824-7/SC. O acordão entendeu que em operações com energia elétrica, o ICMS deve recair apenas sobre o seu consumo efetivo, ou seja, somente nas operações em que ocorra a verdadeira circulação de mercadoria, e não sobre a demanda contratada, pois seria ilícito ampliar a hipótese de incidência para atingir valores cobrados pela simples disponibilização de energia não consumida pela circulação ou distribuição.[349]

Afinado no mesmo diapasão, especificamente sobre o ICMS incidente sobre as tarifas de TUSD e TUST de energia elétrica nos Tribunais pátrios, destaca-se o entendimento de José Eduardo Soares de Melo, a saber:

> *A jurisprudência do STJ é firme no sentido de que não incide ICMS sobre as tarifas de uso do sistema de distribuição de energia elétrica*, já que o fato gerador do imposto é a saída da mercadoria, ou seja, no momento em que a energia elétrica é efetivamente consumida pelo contribuinte, *circunstância não consolidada na fase de distribuição e transmissão, incidindo a Súmula 166* (AGRg no REsp nº 1.075.223 - MG. 2ª Turma. Relator: Ministra Eliana Calmon. Publicação: Dje. 11/06/2013).[350]

Assim, sobre a energia elétrica colocada à disposição do consumidor, o entendimento jurisprudencial em sua maioria é pela não incidência

[348] TABAK, Benjamin Miranda (organizadores). Direito, economia e comportamento humano. Curitiba: CRV, 2016. Capítulo 4. p. 59-60.

[349] BRASIL. Supremo Tribunal Federal. Repercussão Geral em Recurso Extraordinário nº 593824/RG. Relator: Ministro Ricardo Lewandowski. Publicação: 28.08.2009. Disponível em: <http://redir.stf.jus.br/paginadorpub/paginador.jsp?docTP=AC&docID=601804>. Acesso em: 03 out. 2018.

[350] MELO, José Eduardo Soares de. ICMS: Teoria e prática. 14ª ed. rev. e atual. Porto Alegre: Livraria do Advogado Editora, 2018. p. 94.

do ICMS, pois neste caso não haveria energia consumida, conforme descreve o artigo 19 do Convênio ICMS 66/88:

> Art. 19 A base de cálculo do imposto devido pelas empresas distribuidoras de energia elétrica, responsáveis pelo pagamento do imposto relativamente às operações anteriores e posteriores, na condição de contribuintes substitutos, é o valor da operação da qual decorra a entrega do produto ao consumidor.[351]

No mesmo sentido, o artigo 12, I da Lei Complementar nº 87/96[352] prevê que para a ocorrência do fato gerador do tributo, exige-se o efetivo consumo, sendo ilícito ampliar a hipótese de incidência para atingir valores cobrados pela simples disponibilização da energia elétrica que não foi efetivamente consumida.

O STJ compartilhava do mesmo entendimento, inclusive vinha decidindo, de forma reiterada[353], pela não inclusão dos valores referentes à TUST e a TUSD na base de cálculo do ICMS devido nas operações com energia elétrica, por não constituírem fato gerador do imposto, pois tais parcelas do preço não constituíam venda de energia, mas tão somente o seu transporte.

Melhor explicitando, desde 15.05.2000, a partir julgamento do Recurso Especial nº 222.810/MG, decidido por maioria na Egrégia Primeira Seção, a jurisprudência do STJ era no sentido de que a garantia de potência e de demanda, no caso de energia elétrica, não seria fato gerador do ICMS, ou seja, este somente incidiria quando, concretamente, a energia fosse fornecida e utilizada, tomando-se por base de cálculo o valor pago em decorrência do consumo apurado. Assim, convém destacar do voto algumas premissas, quais sejam: que o ICMS não é imposto

[351] BRASIL. CONFAZ. Conselho Nacional de Política Fazendária. Disponível em: <https://www.confaz.fazenda.gov.br/legislacao/convenios/1988/CV066_88>. Acesso em: 22 ago. 2018.

[352] BRASIL. Código Tributário Nacional e Constituição Federal. 44ª ed. São Paulo: Saraiva, 2015. p. 246.

[353] BRASIL. Superior Tribunal de Justiça. Agravo Regimental no Recurso Especial nº 1359399/MG (2012/0269472-0). Relator: Ministro Humberto Martins. Publicação: 19.06.2013. p. 10. Disponível em: <https://ww2.stj.jus.br/processo/revista/documento/mediado/?componente =ITA&sequencial=1241963&num_registro=201202694720&data=20130619&formato=PDF>. Acesso em: 10 out. 2018.

incidente sobre tráfico jurídico, não sendo cobrado, por não haver incidência, pelo fato de celebração de contratos; que o ICMS deve incidir sobre o valor da energia elétrica efetivamente consumida, isto é, a que for entregue ao consumidor, a que tenha saído da linha de transmissão e entrado no estabelecimento da empresa; que não há hipótese de incidência do ICMS sobre o valor do contrato referente à garantia de demanda reservada de potência.[354]

Reforçando os argumentos já exibidos, conforme posição consolidada na Primeira Seção do STJ no julgamento dos EREsp 811.712/SP, com julgamento concluído na sessão de 12.12.2012, que entendeu que o consumo é o elemento temporal da obrigação tributária do ICMS incidente sobre energia elétrica, sendo que a posição doutrinária e jurisprudencial é uniforme no sentido que o aspecto espacial, por dedução lógica, é o local onde a energia é efetivamente consumida, assim a produção e a distribuição de energia elétrica, não configuram, isoladamente, fato gerador do ICMS, que somente se aperfeiçoa com o consumo da energia gerada e transmitida.[355]

Demais disso, em decorrência dos recursos repetitivos divergentes que se encontram em proposta de afetação da tese referente à inclusão da Tarifa de Uso do Sistema de Transmissão de Energia Elétrica (TUST) e da Tarifa de Uso do Sistema de Distribuição de Energia Elétrica (TUSD) no STJ, vejamos a análise da fundamentação dos entendimentos.

[354] BRASIL. Superior Tribunal de Justiça. Recurso Especial nº 960476/SC (2007/0136295-0). Relator: Ministro Teori Albino Zavascki. Publicação: 13.05.2009. Disponível em: <https://jurisprudencia.s3.amazonaws.com/STJ/IT/RESP_960476_SC_11.03.2009.pdf?Signature=HSk2ExmmTJLWFAPwiPH7iZJNi6Y%3D&Expires=1540555083&AWSAccessKeyId=AKIAIPM2XEMZACAXCMBA&response-content-type=application/pdf&x-amz-meta-md5-hash=d296c5b4042f93012ccef6 1dd933c411>. Acesso em: 26 out. 2018.

[355] BRASIL. Superior Tribunal de Justiça. Agravo Regimental no Recurso Especial nº 1191693/MS (2010/0080591-7). Relator: Ministro Humberto Martins. T2 – SEGUNDA TURMA. Publicação: 19.04.2013. Disponível em: <https://stj.jusbrasil.com.br/jurisprudencia/23533182/agravo-regimental-no-recurso-especial-agrg-no-resp-1191693-ms-2010-0080591-7-stj/inteiro-teor-23533183?ref=juris-tabs>. Acesso em: 26 out. 2018.

4.3 Análise dos Aspectos mais Relevantes sobre a Diferença de Entendimento das Turmas da 1ª Seção do STJ

Importante analisar, para o perfeito entendimento do assunto, quais são os aspectos mais relevantes sobre as divergências de entendimento sobre o assunto nas Turmas da 1ª Seção do STJ, pois a Segunda Turma do STJ possui jurisprudência no sentido de que a TUST e a TUSD não fazem parte da base de cálculo do ICMS, tendo inclusive várias decisões nesse sentido. Porém, no dia 21 de março de 2017, a Primeira Turma do STJ ao analisar o tema no REsp 1.163.020/RS decidiu, em sentido completamente contrário a Segunda Turma, ou seja, entendeu pela legalidade da exigência da TUSD nas contas de grandes consumidores que compram energia diretamente das empresas geradoras. Vale frisar, que nesta decisão houve referência apenas à TUSD.[356]

Conforme descrito no voto do Ministro Relator Gurgel de Faria no REsp 1.163.020[357], a base de cálculo do ICMS em relação à energia elétrica inclui os custos de geração, transmissão e distribuição, não podendo ser segregada essas atividades do consumo, porque tudo ocorre ao mesmo tempo. O Ministro também fundamentou sua decisão no impacto financeiro, afirmando que a exclusão da TUSD poderia acarretar uma perda financeira muito grande aos Estados.

Como se verifica, a situação aparentemente estaria resolvida, mudando-se o posicionamento em todas as Turmas do STJ sobre o Tema. Entretanto, posteriormente, na data de 20 de abril de 2017, foi proferida outra decisão em sentido diametralmente oposto[358], na qual a própria Primeira Turma no REsp 1.649.658, por unanimidade, negou provimento ao recurso do Estado de Mato Grosso do Sul, nos termos do voto do Relator Ministro Herman Benjamin, que entendeu que o único bem

[356] NASRALLAH, Amal. A primeira turma do STJ julgou legal a exigência da TUSD. Publicação: 22.03.2017. Disponível em: <http://tributarionosbastidores.com.br/2017/03/tusd/>. Acesso em: 28 mai. 2017.

[357] BRASIL. Superior Tribunal de Justiça. Recurso Especial nº 1163020/RS. Relator: Ministro Gurgel de Faria. Publicação: 27.03.2017. Disponível em: <https://ww2.stj.jus.br/processo/revista/documento/mediado/?componente=ITA&sequencial=1538503&num_registro=200902055254&data=20170327&formato=PDF>. Acesso em: 10 out. 2018.

[358] ARANHA JÚNIOR, Plinio Antônio. A incidência do ICMS sobre a TUSD e a TUST: Atual posicionamento do STJ. jul. 2017. Disponível em: <https://jus.com.br/artigos/59350/a-incidencia-do-icms-sobre-a-tusd-e-a-tust>. Acesso em 09 ago. 2017.

passível de tributação pelo ICMS energia, só poderia ser ela própria, pois o fato gerador ocorre apenas no momento em que a energia sai do estabelecimento fornecedor e é efetivamente consumida, entendendo que a tarifa cobrada na fase anterior do sistema de distribuição não poderia compor o valor da operação de saída da mercadoria entregue ao consumidor, voltando assim ao entendimento consolidado anterior proferido na Segunda Turma do STJ.

Vale destacar, que a própria ementa do REsp 1.649.658/MT prevê ainda que a decisão não desconhece a respeitável orientação recentemente adotada pela Primeira Turma no REsp 1.163.020/RS, mas que deve ser preservado o arcabouço normativo sobre o qual se consolidou a jurisprudência do STJ, não sendo recomendável essa guinada, em atenção aos princípios da segurança jurídica, da proteção da confiança e da isonomia, conforme se verifica na ementa colacionada:

> TRIBUTÁRIO E PROCESSUAL CIVIL. AUSÊNCIA DE VIOLAÇÃO DO ART. 1.022 DO CPC. ICMS. ENERGIA ELÉTRICA. FATO GERADOR. SAÍDA DO ESTABELECIMENTO FORNECEDOR. CONSUMO. BASE DE CÁLCULO. TUSD. ETAPA DE DISTRIBUIÇÃO. NÃO INCLUSÃO. PRECEDENTES. 1. *O Tribunal a quo confirmou sentença de concessão da Segurança para determinar que a autoridade apontada como coatora deixe de lançar o ICMS sobre a Tarifa de Uso do Sistema de Distribuição (TUSD) da conta de energia elétrica consumida pela recorrida.* 2. Não se configura a alegada ofensa ao artigo 1.022 do Código de Processo Civil de 2015, uma vez que o Tribunal de origem julgou integralmente a lide e solucionou, de maneira amplamente fundamentada, a controvérsia, em conformidade com o que lhe foi apresentado. 3. Não há falar em descumprimento do rito processual relativo à observância da cláusula de reserva de plenário, pois não se verifica o afastamento, pelo Tribunal local, dos dispositivos invocados pelo recorrente, mas, sim, interpretação dos enunciados neles contemplados, a exemplo do conceito de "valor da operação". *4. O STJ possui entendimento consolidado de que a Tarifa de Utilização do Sistema de Distribuição – TUSD não integra a base de cálculo do ICMS sobre o consumo de energia elétrica, uma vez que o fato gerador ocorre apenas no momento em que a energia sai do estabelecimento fornecedor e é efetivamente consumida. Assim, tarifa cobrada na fase anterior do sistema de distribuição não compõe o valor da operação de saída da mercadoria entregue ao consumidor* (AgRg na SLS 2.103/PI, Rel. Ministro Francisco Falcão, Corte Especial, DJe 20/5/2016; AgRg no AREsp 845.353/

SC, Rel. Ministro Humberto Martins, Segunda Turma, DJe 13/4/2016; AgRg no REsp 1.075.223/MG, Rel. Ministra Eliana Calmon, Segunda Turma, DJe 11/6/2013; AgRg no REsp 1.014.552/MG, Rel. Ministro Mauro Campbell Marques, Segunda Turma, DJe 18/3/2013; AgRg nos EDcl no REsp 1.041.442/RN, Rel. Ministro Luiz Fux, Primeira Turma, DJe 29/9/2010). 5. *Não se desconhece respeitável orientação em sentido contrário, recentemente adotada pela Primeira Turma, por apertada maioria*, vencidos os Ministros Napoleão Nunes Maia Filho e Regina Helena Costa (REsp 1.163.020/RS, Rel. Ministro Gurgel de Faria, Primeira Turma, DJe 27/3/2017). 6. *Sucede que, uma vez preservado o arcabouço normativo sobre o qual se consolidou a jurisprudência do STJ e ausente significativa mudança no contexto fático que deu origem aos precedentes, não parece recomendável essa guinada, em atenção aos princípios da segurança jurídica, da proteção da confiança e da isonomia* (art. 927, § 4º, do CPC/2015). 7. Recurso Especial não provido. (REsp 1649658/MT. Relator: Ministro Herman Benjamin. Segunda Turma. Publicação: DJe 05/05/2017).[359] (Grifo nosso).

Importante salientar também a recente discussão acerca do tema no STF, onde no Recurso Extraordinário (RE) nº 1.041.816[360], o Tribunal por maioria, reconheceu a inexistência de repercussão geral acerca da inclusão da Tarifa de Uso do Sistema de Transmissão (TUST) e da Tarifa de Uso do Sistema de Distribuição (TUSD) na base de cálculo do Imposto sobre Circulação de Mercadorias (ICMS) incidente sobre energia elétrica, por não se tratar de matéria constitucional.

Portanto, existem ainda muitas controvérsias acerca do tema, fato que objetiva o aprofundamento deste trabalho, pois as recentes decisões contraditórias das Turmas da 1º Seção do STJ podem gerar grave instabilidade e insegurança jurídica, pois o entendimento consolidado no Tribunal era de que não faziam parte da base de cálculo do ICMS a TUSD e TUST, pois

[359] BRASIL. Superior Tribunal de Justiça. Recurso Especial nº 1649658/MT. Relator: Ministro Herman Benjamin. Segunda Turma. Publicação: 05.05.2017. Disponível em: <https://ww2.stj.jus.br/processo/revista/documento/mediado/?componente=ITA&sequencial=1538503&num_registro=200902055254&data=20170327&formato=PDF>. Acesso em: 08 ago. 2017.

[360] BRASIL. Supremo Tribunal Federal. Repercussão Geral em Recurso Extraordinário nº 1041816/RG. Relator: Ministro Edson Fachin. Publicação: 17.08.2017. Disponível em: <http://portal.stf.jus.br/processos/downloadPeca.asp?id=312449334&ext=.pdf>. Acesso em: 14 out. 2018.

estas fases equivaliam ao transporte de mercadoria ao consumidor, de forma que, não constituíam fato gerador do referido imposto, mas totalmente em contrário, a decisão do REsp 1.163.020/RS[361] se fundamenta sob outra ótica, a de que não se está permitindo que haja tributação sobre energia elétrica contratada e não utilizada, mas apenas compreendendo que o preço da energia elétrica efetivamente consumida engloba, não só o custo de sua geração, mas também o de sua transmissão e distribuição.

Assim, como ambos os argumentos, tanto favoráveis como os contrários são extremamente importantes, e trazem grande impacto social e econômico, sendo necessário, portanto, aprofundar na discussão do tema.

Do mesmo modo, buscando-se entender a dinâmica da atual insegurança sobre o assunto, passa-se a analisar quais são os fundamentos descritos em cada recurso repetitivo e de que forma seus resultados poderão transformar a mecânica de atuação dos tributos, podendo ser tanto negativos, como positivos, a depender do resultado, que certamente trará impactos, nas empresas, contribuintes e ao próprio Fisco.

4.3.1 REsp 1163020/RS – Inclusão da TUSD

Trata-se de Recurso Especial afetado sobre a tese referente à inclusão da Tarifa de Uso do Sistema de Transmissão de Energia Elétrica (TUST) e da Tarifa de Uso do Sistema de Distribuição de Energia Elétrica (TUSD), sob o rito do artigo 1.036 do CPC[362], ou seja, este é um recurso representativo da controvérsia. Entretanto, neste recurso a discussão gira em torno exclusivamente da TUSD, ou seja, a tese está restrita apenas a tarifa de distribuição de energia elétrica.

A TUSD pode ser conceituada como a tarifa de fio cobrada dos consumidores livres, pelas distribuidoras, através de contrato, pela utilização da infraestrutura de distribuição da energia elétrica. Assim, as distribui-

361 BRASIL. Superior Tribunal de Justiça. Recurso Especial nº 1163020/RS. Relator: Ministro Gurgel de Faria. Publicação: 27.03.2017. Disponível em: <https://ww2.stj.jus.br/processo/revista/documento/mediado/?componente=ITA&sequencial=1538503&num_registro=200902055254&data=20170327&formato=PDF>. Acesso em: 10 out. 2018.

362 BRASIL. Código de Processo Civil. Lei nº 13.105/2015. Disponível em: <http://www.planalto.gov.br/ccivil_03/_Ato2015-2018/2015/Lei/L13105.htm>. Acesso em: 27 out. 2018.

doras, que operam as redes e os equipamentos para que a energia elétrica chegue aos consumidores, estão desvinculadas dos agentes de comercialização, que vendem esta mercadoria aos consumidores livres.[363]

Partindo desse pressuposto, a Primeira Seção da Primeira Turma do STJ na Proposta de Afetação nos Embargos de Divergência no Recurso Especial 1163020/RS, por maioria, nos termos do voto do Relator Ministro Herman Benjamim, decidiram pela afetação deste processo ao rito dos recursos repetitivos, divergiram os Srs. Ministros Napoleão Nunes Maia Filho, Og Fernandes, Assusete Magalhães e Regina Helena Costa.[364]

Quanto ao conteúdo do Recurso Especial nº 1163020/RS interposto contra o acordão prolatado pelo Tribunal de Justiça do Estado do Rio Grande do Sul, tem-se a Apelação Cível em Mandado de Segurança que entendeu que a base de cálculo do ICMS incide sobre o consumo de energia elétrica, incluindo nestes os custos de geração, de transmissão e de distribuição, na medida do consumo do usuário. Em suas razões, a Recorrente Random S.A. Implementos e Participações apontou divergência jurisprudencial e violação dos artigos 13, § 1º, II, "a", da Lei Complementar n. 87/1996 e 110 do CTN, aduzindo que não é exigível dos consumidores de energia elétrica adquirida no mercado livre o ICMS sobre a Tarifa de Uso de Sistema de Distribuição (TUSD), pois esse imposto somente deve incidir sobre a energia elétrica, não podendo, portanto, incidir sobre tarifas relativas à estrutura física correlata, celebrada através de contrato para o uso dos sistemas de distribuição, porque não consubstancia fato gerador do imposto, assim como a mera circulação física ou econômica é irrelevante para configurar o seu fato gerador, sustentando seus argumentos na doutrina.[365]

Na ementa do acordão em que foi interposto o Recurso Especial nº 1163020/RS, destacou-se que o ICMS incide sobre todo o processo de fornecimento de energia elétrica, tendo em vista a indissociabilidade das

363 Carraza, Roque Antônio. ICMS. 17ª ed. São Paulo: Malheiros, 2015. p. 333.

364 BRASIL. Superior Tribunal de Justiça. Proposta de Afetação dos Embargos de Divergência em Recurso Especial nº 1163020/RS (2009/0205525-4). Relator: Ministro Herman Benjamin. Publicação: 15.12.2017. Disponível em: <https://ww2.stj.jus.br/processo/revista/documento/mediado/?componente=ITA&sequencial=1661789&num_registro=200902055254&data=20171215&formato=PDF>. Acesso em: 10 out. 2018.

365 Carraza, Roque Antônio. ICMS. 17ª ed. São Paulo: Malheiros, 2015. p. 328.

suas fases de geração, transmissão e distribuição, e que o custo inerente a cada uma dessas etapas, entre elas a referente à Tarifa de Uso do Sistema de Distribuição (TUSD), compõe o preço final da operação e, consequentemente, a base de cálculo do imposto, nos termos do art. 13, I, da Lei Complementar n. 87/1996. Entende ainda que a geração, transmissão e distribuição são apenas uma mera divisão de tarefas dentre os agentes econômicos responsáveis por cada uma das etapas, para a concretização do negócio jurídico tributável pelo ICMS, qual seja, o fornecimento de energia elétrica ao consumidor final, que no caso são os grandes consumidores, conceituados de livres.[366]

O relator do Recurso Especial Ministro Gurgel de Faria destacou em seu voto que a Recorrente sustentou que não é exigível dos consumidores de energia elétrica adquirida no mercado livre o ICMS sobre a Tarifa de Uso de Sistema de Distribuição (TUSD), pois esse imposto somente incide sobre a energia elétrica, e não sobre as tarifas relativas à estrutura física correlata e que a celebração de contratos possibilitando o uso dos sistemas de distribuição não consubstancia fato gerador do imposto, assim como a mera circulação física ou econômica é irrelevante para configurar o seu fato gerador. Este mesmo entendimento inclusive é sustentado por Roque Antônio Carraza, *in verbis*:

> Temos para nós que não tipificam prestações de serviços de fornecimento de energia elétrica as atividades desenvolvidas pelas distribuidoras em ordem a disponibilizar aos consumidores livres os meios e modos para que recebam a energia elétrica que adquiriram no ambiente de contratação livre (ACL) dos agentes de comercialização (ou de geração).[367]

Já a Fazenda Pública defende que a tarifa TUSD questionada deve ser calculada com base em efetiva circulação de energia elétrica, sob pena de conferir ao Judiciário o poder de legislar para a redução da base de cálculo, o qual é reservado apenas ao legislador. E que a TUSD, em conjunto

366 BRASIL. Superior Tribunal de Justiça. Recurso Especial nº 1163020/RS. Relator: Ministro Gurgel de Faria. Publicação: 27.03.2017. Disponível em: <https://ww2.stj.jus.br/processo/revista/documento/mediado/?componente=ITA&sequencial=1538503&num_registro=200902055254&data=20170327&formato=PDF>. Acesso em: 10 out. 2018.

367 Carraza, Roque Antônio. ICMS. 17ª ed. São Paulo: Malheiros, 2015. p. 333-334.

com os encargos de conexão compõem o preço, sobretudo como efeitos do necessário ressarcimento do custo da energia, a ser arcado pelo consumidor final como ônus econômico da aquisição da mercadoria, de sorte que todas as parcelas formadoras do custo da mercadoria efetivamente consumida compõem o valor da operação final, e que esta é a base de cálculo do ICMS.[368]

Desta forma, afirma também o Ministro em seu voto, que a discussão do tema tem como discussão se TUSD, que é paga pelo consumidor que adquire energia elétrica diretamente dos agentes de comercialização ou de geração no mercado livre de energia elétrica, sofre a incidência do ICMS e/ou compõe a sua base de cálculo. E que no caso a empresa contribuinte contratou a compra da energia elétrica com a empresa Tractebel Energia S.A. e a distribuição foi contratada com a empresa Rio Grande Energia S.A, uma vez que a atual legislação do setor elétrico brasileiro permite que grandes consumidores de energia elétrica possam escolher livremente a empresa geradora e/ou comercializadora que lhes apresentem a oferta mais vantajosa, sem sofrer qualquer vinculação às condições de fornecimento de energia elétrica estabelecidas para o público em geral pela concessionária distribuidora local, pois de diferente modo, os consumidores cativos, os quais são os pequenos e médios consumidores, continuam sem poder negociar os preços praticados. Acerca da diferenciação dos consumidores de energia elétrica, destaca-se o entendimento:

> A tarifação de energia elétrica é fixada em razão de diversos elementos econômico-financeiros, condições técnicas do sistema de fornecimento, normatizados pela Agência Nacional de Energia elétrica (Aneel), considerando-se as seguintes situações:
>
> a) os consumidores livres (classificados segundo determinadas cargas próprias e tensão) que têm opção de compra de quaisquer fornecedores, em decorrência do que o preço é estipulado segundo o mercado; e
>
> b) os consumidores cativos (opção exclusiva de fornecimento por meio de concessionárias de atendimento de sua localização), fixando o preço

368 BRASIL. Superior Tribunal de Justiça. Recurso Especial nº 1163020/RS. Relator: Ministro Gurgel de Faria. Publicação: 27.03.2017. Disponível em: <https://ww2.stj.jus.br/processo/revista/documento/mediado/?componente=ITA&sequencial=1538503&num_registro=200902055254&data=20170327&formato=PDF>. Acesso em: 10 out. 2018.

> correspondente ao do serviço pelo custo ou com base nos custos médios verificados, cabendo a Aneel estabelecer margens de lucro permitidas.[369]

Destaca-se ainda, que por meio da previsão da Cláusula primeira do Convênio ICMS nº 117/2004 do Conselho Nacional de Política Fazendária, atribui-se ao consumidor livre conectado à rede básica a responsabilidade pelo pagamento do imposto devido pela conexão e uso dos sistemas de transmissão de energia elétrica.[370]

O Relator ainda confirma em seu voto que não desconhece o entendimento contrário da doutrina e da jurisprudência do STJ, que entendem pela inexigibilidade do ICMS sobre a TUST e a TUSD, uma vez que essas tarifas remuneram o exercício de uma atividade meio de transporte de energia elétrica, as quais não se coadunam à incidência do tributo, citando precedentes de ambas as Turmas de Direito Público, os quais sustentam que o STJ possui entendimento no sentido de que a Taxa de Uso do Sistema de Transmissão de Energia Elétrica (TUST) e a Taxa de Uso do Sistema de Distribuição de Energia Elétrica (TUSD) não fazem parte da base de cálculo do ICMS.[371]

Entretanto, o Ministro Relator afirma que a controvérsia pode ser analisada por outro enfoque, que leva a conclusão diversa do entendimento pacificado pelo Tribunal, fundamentando que o fato gerador do ICMS diz respeito à circulação jurídica da energia elétrica fornecida ao consumidor livre, a qual se dá com a ocorrência simultânea de sua geração, transmissão, distribuição e consumo, em que se concretiza em uma corrente elétrica acionada da fonte geradora até a unidade do usuário em razão de sua realidade física, que lhe é peculiar, sendo estas etapas de atividade meio para o fornecimento da energia elétrica, e que, portanto, a TUSD deverá

369 MELO, José Eduardo Soares de. ICMS: Teoria e prática. 14ª ed. rev. e atual. Porto Alegre: Livraria do Advogado Editora, 2018. p. 199.

370 BRASIL. CONFAZ. Conselho Nacional de Política Fazendária. CONVÊNIO ICMS 117/04. Disponível em: <https://www.confaz.fazenda.gov.br/legislacao/convenios/2004/CV117_04>. Acesso em: 27 out. 2018.

371 BRASIL. Superior Tribunal de Justiça. Agravo Regimental no Agravo em Recurso Especial nº 845353/SC. Relator: Ministro Humberto Martins. Publicação: 13.04.2016. Disponível em: <https://ww2.stj.jus.br/processo/revista/documento/mediado/?componente=ITA&sequencial=1500843&num_registro=201503198626&data=20160413&formato=PDF>. Acesso em: 27 out. 2018.

integrar o preço total da operação mercantil, pois estaria sendo praticado o fato gerador, fundamentando-se em entendimento doutrinário:

> O elo existente entre a usina geradora e empresa distribuidora não tipifica, para fins fiscais, operação autônoma de circulação de energia elétrica. É, na verdade, o meio necessário à prestação de um único serviço público, ao consumidor final, abrindo espaço à cobrança, junto a este, de um único ICMS.[372]

Sustenta também que eventual exclusão da TUSD da base de cálculo do tributo, implicaria em flagrante violação ao princípio da igualdade e prejudicaria também a concorrência, o que seria expressamente vedado pelo art. 173, § 4º, da CF, pois o consumidor cativo, que não tem opção de escolha de comprar da energia elétrica, permanecerá pagando o ICMS sobre o preço final da operação, que engloba o custo de todas as fases, enquanto que o consumidor livre, além de poder barganhar um melhor preço das empresas geradoras e comercializadoras, ainda recolherá o tributo apenas sobre o preço dessa etapa da operação. Assim, destaca ainda que não é possível admitir-se que a modificação da regulamentação do setor elétrico permita tratamento tributário diferenciado para contribuintes, prejudicando as empresas menores, que se encontram em situação semelhante, no tocante à aquisição da energia elétrica, o que representaria uma vantagem econômica desarrazoada. Negou assim o provimento ao Recurso Especial.[373]

Após o voto do Relator, a Ministra Regina Helena Costa solicitou os autos para exame. Em seu voto vista a Ministra fez um breve relatório do processo, e no mérito fez um contexto histórico-legislativo sobre o tema da inclusão da Tarifa de Uso do Sistema de Distribuição (TUSD) na base de cálculo do ICMS. Assim, fundamentou no artigo 21, XII, "b" da CF[374],

[372] Carraza, Roque Antônio. ICMS. 17ª ed. São Paulo: Malheiros, 2015. p. 328.

[373] BRASIL. Superior Tribunal de Justiça. Recurso Especial nº 1163020/RS. Relator: Ministro Gurgel de Faria. Publicação: 27.03.2017. Disponível em: <https://ww2.stj.jus.br/processo/revista/documento/mediado/?componente=ITA&sequencial=1538503&num_registro=200902055254&data=20170327&formato=PDF>. Acesso em: 10 out. 2018.

[374] BRASIL. Constituição (1988). Constituição da República Federativa do Brasil. Diário Oficial da República Federativa do Brasil. Brasília – DF. 05.10.1988. Disponível em: <http://

que trata da competência da União para a exploração dos serviços e instalações de energia elétrica, diretamente ou por meio de concessão.

Passou a destacar que desde 1990 devido ao incremento da industrialização cresceu a demanda por energia no País, o que derivou a necessidade de reestruturação do modelo energético brasileiro, e que coube a Lei n. 9.074/95[375] a definição dos perfis dos consumidores de energia elétrica, dividindo-os em cativos, que recebem a energia diretamente da distribuidora, sem margem de negociação ou escolha, e os consumidores livres, grandes consumidores que são regidos por contratos sem exclusividade de fornecimento de energia elétrica que podem optar por contratar seu fornecimento, no todo ou em parte, com produtor independente de energia elétrica.

Observou que a Lei nº 10.848/04[376], que revogou a Lei nº 10.833, criou dois ambientes de contratação baseados nos diferentes perfis de consumidores. Assim, passou-se o ambiente de contratação regulada (ACR) a atender os consumidores chamados cativos.[377]

Entretanto, em que pese seja facultado aos consumidores livres à aquisição de energia elétrica de geradora de sua escolha, ainda assim será necessária a integração ao sistema de transmissão e distribuição para que se realize a entrega de energia elétrica, necessitando da efetivação de contratos específicos para o uso da rede, conforme determina o art. 9º da Lei nº 9.648/98.[378]

Assim, a transmissão e a distribuição de energia elétrica serão feitas pelas concessionárias ou permissionárias e serão remunerados mediante

www.planalto.gov.br/ccivil_03/Constituicao/ConstituicaoCompilado.htm>. Acesso em: 20 ago. 2018.

[375] BRASIL. Lei nº 9.074 de 1995. Disponível em: <http://www.planalto.gov.br/ccivil_03/Leis/L9074cons.htm>. Acesso em: 10 set. 2018.

[376] BRASIL. Lei nº 10.848 de 2004. Disponível em: <http://www.planalto.gov.br/ccivil_03/_Ato2004-2006/2004/Lei/L10.848.htm>. Acesso em: 27 out. 2018.

[377] QUEIROZ, Fernanda Hellena de Lima. O Intercâmbio de energia como Mecanismo de Inserção regional do Brasil no Cone do Sul. 2015. 98f. Dissertação (Mestrado em Direito) – Universidade Católica de Brasília – UCB, Brasília – DF. 2015. p. 13-14.

[378] BRASIL. Lei nº 9.648 de 1998. Disponível em: <http://www.planalto.gov.br/ccivil_03/LEIS/L9648cons.htm>. Acesso em: 27 out. 2018.

tarifa, inclusive a Tarifa de Uso do Sistema de Distribuição (TUSD), conforme prevê o art. 15, § 6º da Lei n. 9.074/95.[379]

Destacou ainda em seu voto, que o art. 155, II e § 3º da CF prevê que é de competência dos Estados a tributação das operações de energia elétrica, exclusivamente mediante ICMS.[380] E que o deslocamento da energia elétrica da fonte geradora para o sistema de transmissão e distribuição é caracterizada como atividades-meio para a ocorrência do fato gerador do ICMS, no qual somente ocorre o fato gerador quando ocorre o efetivo consumo da energia elétrica, conforme ementas colacionadas no voto, que destacam que: "a produção e a distribuição de energia elétrica, portanto, não configuram, isoladamente, fato gerador do ICMS, que somente se aperfeiçoa com o consumo da energia gerada e transmitida".[381]

Sustenta, com fundamento na jurisprudência de ambas as Turmas do STJ, que quanto à Tarifa de Uso do Sistema de Distribuição (TUSD), não há que se falar em incidência sobre a base de cálculo do ICMS, pois não ocorre a circulação jurídica da mercadoria, não se aperfeiçoando o efetivo consumo, uma vez que inexiste previsão legal para a incidência de ICMS sobre o serviço de transporte de energia elétrica, e que distribuição de energia elétrica não se confunde com a circulação jurídica dessa mercadoria.[382]

[379] BRASIL. Lei nº 9.074 de 1995. Disponível em: <http://www.planalto.gov.br/ccivil_03/Leis/L9074cons.htm>. Acesso em: 10 set. 2018.

[380] BRASIL. Constituição (1988). Constituição da República Federativa do Brasil. Diário Oficial da República Federativa do Brasil. Brasília – DF. 05.10.1988. Disponível em: <http://www.planalto.gov.br/ccivil_03/Constituicao/ConstituicaoCompilado.htm>. Acesso em: 20 ago. 2018.

[381] BRASIL. Superior Tribunal de Justiça. Embargos de Divergência em Recurso Especial nº 811712/SP. Relator: Ministro Hamilton Carvalhido. Publicação: 06.03.2013. Disponível em: <https://ww2.stj.jus.br/processo/revista/documento/mediado/?componente=ITA&sequencial=1028849&num_registro=201000566779&data=20130306&formato=PDF>. Acesso em: 27 out. 2018.

[382] BRASIL. Superior Tribunal de Justiça. Agravo Regimental no Recurso Especial nº 797826/MT. Relator: Ministro Luiz Fux. Publicação: 21.06.2007. Disponível em: <https://ww2.stj.jus.br/processo/revista/documento/mediado/?componente=ITA&sequencial=688311&num_registro=200501862525&data=20070621&formato=PDF>. Acesso em: 27 out. 2018.

A Ministra finaliza seu voto sustentando que a justiça fiscal não será concretizada com a inclusão de encargos tarifários não autorizados em Lei na base de cálculo do ICMS sobre energia elétrica, majorando seu custo para os consumidores livres, sob o fundamento de que os consumidores cativos já são onerados com a inclusão desses encargos, e que entendimento das demais Turmas do STJ possuem adequação técnica, e que por tal motivo deve ser mantido, prestigiando a previsibilidade das relações e a segurança jurídica, valor maior do ordenamento jurídico, pelo qual se constitui tanto um direito fundamental, quanto uma garantia do exercício de outros direitos fundamentais. No final a Ministra divergiu do voto do relator e decidiu pelo provimento do Recurso Especial, concedendo a segurança para afastar a incidência do ICMS sobre a TUSD, reafirmando a jurisprudência do STJ.[383]

Da mesma forma, o Ministro Benedito Gonçalves também pediu vista dos autos. Inicialmente fez um breve relatório do andamento processual, as teses sustentadas e movimentações processuais. No mérito do voto aduziu acerca da evolução histórica do setor energético brasileiro, o qual foi descentralizado desde 1995 com a edição da Lei 9.074/1995, a qual passou a prever agentes responsáveis pela geração, transmissão, distribuição e comercialização da energia elétrica.[384]

Sustenta ainda que na Lei 10.848/200 estabeleceu o legislador dois ambientes de contratação de energia elétrica, conforme o perfil do consumidor: o de contratação regulada (ACR), que não pode negociar a compra; e o de contratação livre (ACL), geralmente destinado a indústrias que consomem grande quantidade de energia elétrica no processo produtivo, com a negociação feita de forma livre com agentes concessionários de geração, comercialização ou importação, conforme suas características próprias de consumo.[385]

383 BRASIL. Superior Tribunal de Justiça. Recurso Especial nº 1163020/RS. Relator: Ministro Gurgel de Faria. Publicação: 27.03.2017. Disponível em: <https://ww2.stj.jus.br/processo/revista/documento/mediado/?componente=ITA&sequencial=1538503&num_registro=200902055254&data=20170327&formato=PDF>. Acesso em: 10 out. 2018.

384 BRASIL. Lei nº 9.074 de 1995. Disponível em: <http://www.planalto.gov.br/ccivil_03/Leis/L9074cons.htm>. Acesso em: 10 set. 2018.

385 BRASIL. Lei nº 10.848 de 2004. Disponível em: <http://www.planalto.gov.br/ccivil_03/_Ato2004-2006/2004/Lei/L10.848.htm>. Acesso em: 27 out. 2018.

Afirma que a Resolução Aneel 456/2000 que foi revogada posteriormente pela Resolução Normativa n. 414/2010[386], dividiu esses consumidores em dois grupos. No Grupo "A", os grandes consumidores (livres), com fornecimento de tensão igual ou superior a 2,3 kV e, no Grupo "B", que são os pequenos e médios consumidores (cativos), aqueles com tensão inferior a 2,3 kV.

Sobre o assunto, sustenta que os consumidores livres (Grupo A) celebram contratos de contrato de compra de energia elétrica, Contrato de Uso do Sistema de Distribuição (CUSD), Contrato de Uso do Sistema de Transmissão (CUST) e Contrato de Conexão, os quais são remunerados por meio de tarifas estabelecidas pela Aneel, conforme previsto no art. 9º da Lei 9.648/98 e na da Resolução Aneel 264/98, alterada posteriormente pela Resolução Normativa nº 376/2009.[387]

Destaca que a energia elétrica, para fins de incidência do ICMS, é considerada mercadoria, e não serviço, devendo se observar a regra geral da LC 87/96, art. 2º, I. Que a saída da mercadoria do estabelecimento do contribuinte é o critério temporal hábil a demarcar a incidência desse tributo, mas que o sistema elétrico brasileiro, devido a sua complexidade, é composto por instalações de geradores, linhas de transmissão e de distribuição e conexão com os consumidores, de maneira simultânea, a qual recebe energia de todos os geradores e alimenta todos os consumidores, e que a incidência do ICMS ocorre quando a energia elétrica é efetivamente consumida. Sustentando, que transporte da corrente elétrica pelas linhas de transmissão e distribuição, são etapas necessárias à propagação da corrente elétrica para ser finalmente disponibilizada ao consumidor. Portanto, que na etapa de distribuição, da qual resulta a exigência da tarifa TUSD, é indispensável à integração do consumidor ao sistema energético. O consumidor não tem opção pela contratação do uso de sistema de distribuição, haja vista que sem ele não é possível o fornecimento de energia elétrica.[388]

[386] ANEEL. Resolução Normativa nº 414/2010. Disponível em: <http://www2.aneel.gov.br/cedoc/ren2010414.pdf>. Acesso em: 02 out. 2018.

[387] ANEEL. Resolução nº 376 de 2009 da ANEEL. Disponível em: <http://www.normasbrasil.com.br/norma/?id=109288>. Acesso em: 27 out. 2018.

[388] BRASIL. Superior Tribunal de Justiça. Recurso Especial nº 1163020/RS. Relator: Ministro Gurgel de Faria. Publicação: 27.03.2017. Disponível em: <https://ww2.stj.jus.

Nesse contexto, o Ministro finaliza seu voto afirmando que todo o custo despendido para a entrega da energia elétrica, que será efetivamente consumida, deve integrar a base de cálculo do ICMS (geração, transmissão e distribuição), de forma que o imposto há de ser calculado sobre o preço praticado na operação final, conforme previsão do art. 9º, II, da LC 87/1996[389] e no art. 34, § 9º, do ADCT.[390]

Finaliza seu voto o Ministro Benedito Gonçalves nos termos do voto do Relator, para negar provimento ao Recurso especial. Assim, após a finalização destes dois votos vista, a egrégia Primeira Turma por maioria, vencidos os Srs. Ministros Napoleão Nunes Maia Filho e Regina Helena Costa (voto-vista), negou provimento ao Recurso Especial nº 1163020/RS, nos termos do voto do Sr. Ministro Relator. Os Srs. Ministros Benedito Gonçalves (voto-vista) e Sérgio Kukina (Presidente) votaram com o Ministro Relator, com publicação na data de 27/03/2017. Assim, em 15/09/2017 o processo foi afetado no rito dos repetitivos pelo Sr. Ministro Herman Benjamin no STJ.

4.3.2 REsp 1.692.023/MT e REsp 1.699.851/TO – Não Inclusão da TUST e TUSD

Conforme anteriormente explicitado, em relação ao REsp 1163020/RS estava prevista apenas a Inclusão da TUSD para a cobrança de ICMS sobre a energia elétrica.

Entretanto, no que concerne aos REsp 1.692.023/MT e REsp 1.699.851/TO, ambas as tarifas de TUSD e TUST estão previstas, sendo o entendimento dos dois acórdãos no sentido de que sobre as tarifas de distribuição e transmissão de energia elétrica não poderá haver a cobrança de ICMS.

Destaca-se, que em relação aos dois Recursos Especiais afetados, REsp 1.692.023/MT e REsp 1.699.851/TO, em consonância com o tema do Recurso Especial analisado anteriormente, a tese também trata da

br/processo/revista/documento/mediado/?componente=ITA&sequencial=1538503&num_registro=200902055254&data=20170327&formato=PDF>. Acesso em: 10 out. 2018.

389 BRASIL. Lei Complementar nº 87 de 1996. Disponível em: <https://www.planalto.gov.br/ccivil_03/Leis/LCP/Lcp87.htm>. Acesso em: 27 out. 2018.

390 BRASIL. Código Tributário Nacional e Constituição Federal. 44ª ed. São Paulo: Saraiva, 2015. p. 108.

inclusão da Tarifa de Uso do Sistema de Transmissão de Energia Elétrica (TUST) e da Tarifa de Uso do Sistema de Distribuição de Energia Elétrica (TUSD), sob o rito do artigo 1.036 do CPC[391], ou seja, ambos são recursos representativos de controvérsia.

Vale destacar, que as tarifas de TUST e TUSD estão descritas na Lei 9.074/1995, a qual no Art. 15 prevê que, respeitados os contratos de fornecimento vigentes, a prorrogação ou novas concessões serão feitas sem exclusividade de fornecimento de energia elétrica aos consumidores com carga igual ou maior que 10.000 kW, atendidos em tensão igual ou superior a 69 kV, que podem optar por contratar seu fornecimento, no todo ou em parte, com produtor independente de energia elétrica. Já o parágrafo 6º assegura aos fornecedores e respectivos consumidores livres o acesso aos sistemas de distribuição e transmissão de concessionário e permissionário de serviço público, mediante ressarcimento do custo de transporte envolvido, calculado com base em critérios fixados pelo poder concedente.[392]

Desse modo, da mesma forma que no Recurso Especial nº 1163020/RS, também a Primeira Turma na Primeira Seção do STJ na Proposta de Afetação nos Embargos de Divergência nos dois Recursos Especiais apresentados, 1.692.023/MT e 1.699.851/TO, com os mesmos fundamentos e nos termos do voto do Relator Ministro Herman Benjamim, por maioria decidiram pela afetação destes dois processos ao rito dos recursos repetitivos, divergiram os Srs. Ministros Napoleão Nunes Maia Filho e Regina Helena Costa.[393]

Importa destacar, que nos Recursos Especiais 1.692.023/MT e 1.699.851/TO interpostos, quanto ao conteúdo, estes são idênticos, inclusive nos fundamentos de afetação e manifestação dos Ministros.

391 BRASIL. Código de Processo Civil. Lei nº 13.105/2015. Disponível em: <http://www.planalto.gov.br/ccivil_03/_Ato2015-2018/2015/Lei/L13105.htm>. Acesso em: 27 out. 2018.

392 BRASIL. Lei nº 9.074 de 1995. Disponível em: <http://www.planalto.gov.br/ccivil_03/Leis/L9074cons.htm>. Acesso em: 10 set. 2018.

393 BRASIL. Superior Tribunal de Justiça. Proposta de Afetação no Recurso Especial nº 1699851/TO. Relator: Ministro Herman Benjamin. Publicação: 15.12.2017. Disponível em: <https://ww2.stj.jus.br/processo/revista/documento/mediado/?componente=ITA&sequencial=1661791&num_registro=201702408997&data=20171215&formato=PDF>. Acesso em: 27 out. 2018.

Entretanto, quanto as partes e o local de tramitação processual, ambos Recursos Especiais afetados são diferentes, conforme disposto.

Assim, o Recurso Especial nº 1.692.023/MT foi interposto contra o acordão prolatado pelo Tribunal de Justiça do Estado do Mato Grosso, com Apelação em Mandado de Segurança que entendeu que não incide ICMS sobre as tarifas de uso de transmissão e de distribuição de energia elétrica (TUST, TUSD), já que o fato gerador do imposto é a saída da mercadoria, ou seja, no momento em que a energia elétrica é efetivamente consumida pelo contribuinte, circunstância não consolidada na fase de distribuição e transmissão, conforme incidência da Súmula nº 166 do STJ. Em suas razões, o Recorrente Estado do Mato Grosso, apontou que houve violação aos arts. 949 e 1.022 do CPC/2015; e 6º, §§ 1º e 2º, e 9º, § 1º, II, da LC 87/1996, defendendo que a Tarifa de Uso do Sistema Transmissão (TUST) e a Tarifa de Uso do Sistema de Distribuição devem compor a base de cálculo do ICMS.[394]

Já no Recurso Especial nº 1.699.851/TO interposto contra o acordão prolatado pelo Tribunal de Justiça do Estado do Tocantins, tem-se similaridade ao recurso anterior, haja vista que foi proposta a Apelação em Mandado de Segurança que entendeu que não incide ICMS sobre as tarifas de uso de transmissão e de distribuição de energia elétrica (TUST, TUSD), já que o fato gerador do imposto é a saída da mercadoria, ou seja, no momento em que a energia elétrica é efetivamente consumida pelo contribuinte, circunstância não consolidada na fase de distribuição e transmissão, conforme incidência da Súmula nº 166 do STJ. Em suas razões, o Recorrente Estado do Tocantins, por sua vez, apontou que houve violação aos arts. 2º, I, 13, I e § 1º, I e II, "a" e "b, e 12 da LC 87/1996, de forma que defende, em síntese, que a Tarifa de Uso do Sistema Transmissão (TUST) e a Tarifa de Uso do Sistema de Distribuição devem compor a base de cálculo do ICMS.[395]

[394] BRASIL. Superior Tribunal de Justiça. Proposta de afetação no Recurso Especial nº 1692023/MT. Relator: Ministro Herman Benjamin. Publicação: 15.12.2017. Disponível em: <https://ww2.stj.jus.br/processo/revista/documento/mediado/?componente=ITA&sequencial=1661790&num_registro=201701703648&data=20171215&formato=PDF>. Acesso em: 27 out. 2018.

[395] BRASIL. Superior Tribunal de Justiça. Proposta de Afetação no Recurso Especial nº 1699851/TO. Relator: Ministro Herman Benjamin. Publicação: 15.12.2017. Disponível

Demonstrada a única diferença entre os Recursos Especiais 1.692.023/MT e 1.699.851/TO, passa-se a verificar os fundamentos de ambos, de maneira conjunta, uma vez que são idênticos. Assim, a ementa dos acórdãos em que foram interpostos os Recursos Especiais delineados, destacou ser inexigível o débito tributário, não devendo haver qualquer cobrança de imposto sobre circulação de mercadorias e serviços (ICMS) com inclusão em sua base de cálculo das tarifas de uso de transmissão e de distribuição de energia elétrica (TUST, TUSD). Estando a impossibilidade prevista nos precedentes do STJ, o qual tem entendimento no sentido de que não incide ICMS sobre as tarifas de uso de transmissão e de distribuição de energia elétrica (TUST, TUSD), já que o fato gerador do imposto é a saída da mercadoria, ou seja, no momento em que a energia elétrica é efetivamente consumida pelo contribuinte, circunstância não consolidada na fase de distribuição e transmissão. Também com a incidência da Súmula nº 166 do STJ.

Vale lembrar, que a Segunda Turma da 1º Seção do STJ, possui jurisprudência no sentido de que a TUST e a TUSD não fazem parte da base de cálculo do ICMS, tendo inclusive várias decisões nesse sentido.[396]

O Relator da proposta de afetação no Recurso Especial Ministro Herman Benjamin destacou em seu voto que: "a matéria em debate vem se apresentando de forma reiterada no STJ, materializa controvérsia de grande impacto para os Estados e merece, assim, ser resolvida sob o rito dos recursos repetitivos".[397]

em: <https://ww2.stj.jus.br/processo/revista/documento/mediado/?componente=ITA&sequencial=1661791&num_registro=201702408997&data=20171215&formato=PDF>. Acesso em: 27 out. 2018.

[396] BRASIL. Superior Tribunal de Justiça. Agravo Regimental no Recurso Especial nº 1191693/MS (2010/0080591-7). Relator: Ministro Humberto Martins. T2 – SEGUNDA TURMA. Publicação: 19.04.2013. Disponível em: <https://stj.jusbrasil.com.br/jurisprudencia/23533182/agravo-regimental-no-recurso-especial-agrg-no-resp-1191693-ms-2010-0080591-7-stj/inteiro-teor-23533183?ref=juris-tabs>. Acesso em: 26 out. 2018.

[397] BRASIL. Superior Tribunal de Justiça. Proposta de afetação no Recurso Especial nº 1692023/MT. Relator: Ministro Herman Benjamin. Publicação: 15.12.2017. Disponível em: <https://ww2.stj.jus.br/processo/revista/documento/mediado/?componente=ITA&sequencial=1661790&num_registro=201701703648&data=20171215&formato=PDF>. Acesso em: 27 out. 2018.

O Ministro em seu voto, propôs que ambos os Recursos Especiais REsp 1.692.023/MT e 1.699.851/TO fossem admitidos como representativo da controvérsia, conjuntamente com o EREsp 1.163.020/RS, e que fossem observadas algumas ponderações, quais sejam:

> a) a delimitação da seguinte tese controvertida: "questão atinente à inclusão da Tarifa de Uso do Sistema Transmissão de Energia Elétrica (TUST) e da Tarifa de Uso do Sistema de Distribuição de Energia Elétrica (TUSD) na base de cálculo do ICMS";
> b) a suspensão de todos os processos pendentes, individuais ou coletivos, que versem acerca da questão delimitada e tramitem no território nacional (art. 1037, II, do CPC/2015);
> c) a comunicação, com cópia do acórdão, aos Ministros da Primeira Seção do STJ e aos Presidentes dos Tribunais Regionais Federais, Tribunais de Justiça e à Turma Nacional de Uniformização;
> d) vista ao Ministério Público Federal para parecer, nos termos do artigo 1.038, III, § 1º, do CPC/2015.[398]

Após o voto do Relator, a Ministra Regina Helena Costa solicitou os autos para exame. Em seu voto vista a Ministra fez um breve relatório da proposta de afetação da tese sobre a inclusão da Tarifa de Uso do Sistema de Transmissão (TUST) e da Tarifa de Uso do Sistema de Distribuição de energia elétrica (TUSD). Também fez um breve histórico dos recursos indicados como paradigmas. E também afirmou que os REsps 1.692.023/MT e 1.699.851/TO estariam aptos para o julgamento sob o rito dos repetitivos. Entretanto, a Ministra finaliza seu voto sustentando acerca da necessidade de ao menos 2 (dois) processos de cada matéria afetada, indicando a alteração da tese delimitada para apreciação apenas da inclusão da TUSD na base de cálculo do ICMS, ou que os recursos fos-

[398] BRASIL. Superior Tribunal de Justiça. Proposta de Afetação no Recurso Especial nº 1699851/TO. Relator: Ministro Herman Benjamin. Publicação: 15.12.2017. Disponível em: <https://ww2.stj.jus.br/processo/revista/documento/mediado/?componente=ITA&sequencial=1661791&num_registro=201702408997&data=20171215&formato=PDF>. Acesso em: 27 out. 2018.

sem retirados da pauta para reinclusão posterior com a inclusão de outro recurso que discuta a TUST.[399]

Da mesma forma, o Ministro Og Fernandes também pediu vista dos autos. Inicialmente destacou a tese discutida acerca da inclusão da Tarifa de Uso do Sistema de Transmissão de Energia Elétrica (TUST) e da Tarifa de Uso do Sistema de Distribuição de Energia Elétrica (TUSD). Entretanto, destacou que dentre os recursos especiais apresentados para efeito de afetação, quais sejam, REsp 1.692.023/MT, REsp 1.699.851/TO e EREsp 1.163.020/RS, em seu entendimento, apenas o EREsp 1.163.020/RS estaria apto a tal finalidade, uma vez que este não ultrapassaria a barreira do conhecimento pela inexistência de similitude fática e jurídica com o acórdão embargado. Aduziu ainda que nos autos do REsp 1.649.658/MT o julgamento foi anulado quando da apreciação dos aclaratórios. Assim, o Ministro finaliza seu voto afirmando que não haveria impedimento para que fosse aprovada a proposta de afetação para os REsp 1.692.023/MT e REsp 1.699.851/TO, porque a tese submetida à afetação já estava devidamente prequestionada, preenchendo ambos os requisitos de admissibilidade genéricos e específicos dos recursos. Ao final ainda registrou que não via impedimentos à afetação do REsp 1.692.023/MT.[400]

Assim, após a finalização destes dois votos vista, o Relator Ministro Herman Benjamin fez um breve relatório sobre os dois votos vista e passou a decidir a divergência apresentada nos seguintes termos: que há a necessidade de afetação de dois recursos envolvendo a discussão sobre TUSD e TUST, que a afetação proposta estaria apta a discutir o tema proposto porque em relação à apresentação de ao menos dois recursos representativos da controvérsia sobre o mesmo tema já estava atendida.

[399] BRASIL. Superior Tribunal de Justiça. Proposta de afetação no Recurso Especial nº 1692023/MT. Relator: Ministro Herman Benjamin. Publicação: 15.12.2017. Disponível em: <https://ww2.stj.jus.br/processo/revista/documento/mediado/?componente=ITA&sequencial=1661790&num_registro=201701703648&data=20171215&formato=PDF>. Acesso em: 27 out. 2018.

[400] BRASIL. Superior Tribunal de Justiça. Proposta de Afetação no Recurso Especial nº 1699851/TO. Relator: Ministro Herman Benjamin. Publicação: 15.12.2017. Disponível em: <https://ww2.stj.jus.br/processo/revista/documento/mediado/?componente=ITA&sequencial=1661791&num_registro=201702408997&data=20171215&formato=PDF>. Acesso em: 27 out. 2018.

Passou então o Ministro a fundamentar o tema sobre a TUSD e a TUST, afirmando que estas são tarifas que possuem o mesmo fundamento legal, previsto no artigo 15, caput e § 6º da lei 9.074/1995, e que, portanto, as tarifas nada mais são do que o ressarcimento do custo de transporte da energia elétrica adquirida, possuindo a mesma natureza jurídica, e que a controvérsia discute se a tarifa cobrada para ressarcimento do custo de transporte de energia elétrica compõe a base de cálculo do ICMS.[401]

Ao final sustentou ainda que a única diferença entre as tarifas seria que na TUSD ocorreria o ressarcimento do custo de transporte, e na outra o ressarcimento do custo de transporte seria pela TUST. Sobre os Embargos de Divergência destacou que quanto a admissibilidade entendeu a similaridade com relação ao REsp 960.476/SC, de relatoria do Ministro Teori Albino Zavascki, Primeira Seção, DJe 13.5.2009, colacionando nos autos a ementa do acórdão, aqui também destacado:

> TRIBUTÁRIO. ICMS. ENERGIA ELÉTRICA. DEMANDA DE POTÊNCIA. NÃO INCIDÊNCIA SOBRE TARIFA CALCULADA COM BASE EM DEMANDA CONTRATADA E NÃO UTILIZADA. INCIDÊNCIA SOBRE TARIFA CALCULADA COM BASE NA DEMANDA DE POTÊNCIA ELÉTRICA EFETIVAMENTE UTILIZADA. 1. A jurisprudência assentada pelo STJ, a partir do julgamento do REsp 222.810/MG (1ª Turma, Min. José Delgado, DJ de 15.05.2000), é no sentido de que "o ICMS não é imposto incidente sobre tráfico jurídico, não sendo cobrado, por não haver incidência, pelo fato de celebração de contratos", razão pela qual, no que se refere à contratação de demanda de potência elétrica, "a só formalização desse tipo de contrato de compra ou fornecimento futuro de energia elétrica não caracteriza circulação de mercadoria". Afirma-se, assim, que "o ICMS deve incidir sobre o valor da energia elétrica efetivamente consumida, isto é, a que for entregue ao consumidor, a que tenha saído da linha de transmissão e entrado no estabelecimento da empresa". 2. Na linha dessa jurisprudência, é certo que "não há hipótese de incidência do ICMS sobre o valor do contrato refe-

[401] BRASIL. Superior Tribunal de Justiça. Proposta de afetação no Recurso Especial nº 1692023/MT. Relator: Ministro Herman Benjamin. Publicação: 15.12.2017. Disponível em: <https://ww2.stj.jus.br/processo/revista/documento/mediado/?componente=ITA&sequencial=1661790&num_registro=201701703648&data=20171215&formato=PDF>. Acesso em: 27 out. 2018.

rente à garantia de demanda reservada de potência". Todavia, nessa mesma linha jurisprudencial, também é certo afirmar, *a contrario sensu*, que há hipótese de incidência de ICMS sobre a demanda de potência elétrica efetivamente utilizada pelo consumidor. 3. Assim, para efeito de base de cálculo de ICMS (tributo cujo fato gerador supõe o efetivo consumo de energia), o valor da tarifa a ser levado em conta é o correspondente à demanda de potência efetivamente utilizada no período de faturamento, como tal considerada a demanda medida, segundo os métodos de medição a que se refere o art. 2º, XII, da Resolução ANEEL 456/2000, independentemente de ser ela menor, igual ou maior que a demanda contratada. 4. No caso, o pedido deve ser acolhido em parte, para reconhecer indevida a incidência do ICMS sobre o valor correspondente à demanda de potência elétrica contratada, mas não utilizada. 5. Recurso especial parcialmente provido. Acórdão sujeito ao regime do art. 543-C do CPC e da Resolução STJ 08/08. (REsp 960.476/SC. Relator: Ministro TEORI ALBINO ZAVASCKI. PRIMEIRA SEÇÃO. Publicado: 13/05/2009).[402]

Seguindo a descrição do voto do Ministro Relator, ainda foi delineado o posicionamento fixado no julgamento do REsp n. 222.810/MG, pela Primeira Turma, em 2000, mediante o qual se consolidou o entendimento de que o fato gerador do ICMS sobre energia elétrica pressupõe o seu efetivo consumo, constituindo as etapas anteriores de mera circulação física da mercadoria. E que TUSD não pode compor a base de cálculo do ICMS, conforme o voto-vista apresentado pela Ministra Regina Helena Costa. Ao final, o Ministro Relator ratificou seu voto pela admissão e afetação como repetitivo, ratificando também a indicação dos dois Recursos Especiais de acordo com as razões já exposta no voto. Também solicitou ao colegiado uma autorização para selecionar outros recursos

[402] BRASIL. Superior Tribunal de Justiça. Recurso Especial nº 960476/SC (2007/0136295-0). Relator: Ministro Teori Albino Zavascki. Publicação: 13.05.2009. Disponível em: <https://jurisprudencia.s3.amazonaws.com/STJ/IT/RESP_960476_SC_11.03.2009.pdf?Signature=HSk2ExmmTJLWFAPwiPH7iZJNi6Y%3D&Expires=1540555083&AWSAccessKeyId=AKIAIPM2XEMZACAXCMBA&response-content-type=application/pdf&x-amz-meta-md5-hash=d296c5b4042f93012ccef6 1dd933c411>. Acesso em: 26 out. 2018.

que satisfaçam os requisitos para representarem a controvérsia a ser submetida ao rito dos repetitivos.[403]

Destarte, a egrégia Primeira Turma na Primeira Seção decidiu, por maioria, afetar os Recursos Especiais 1.692.023/MT e 1.699.851/TO ao rito dos repetitivos, quanto a afetação divergiram os Srs. Ministros Napoleão Nunes Maia Filho e Regina Helena Costa (voto-vista). Os Srs. Ministros Og Fernandes, Benedito Gonçalves, Assusete Magalhães, Sérgio Kukina, Gurgel de Faria e Francisco Falcão votaram com o Ministro Relator, com publicação na data de 15/12/2017, estando desde então os processos afetados no rito dos repetitivos pelo Sr. Ministro Herman Benjamin no STJ.[404]

Noutras palavras, como exposto, o tema que trata da incidência do ICMS sobre as tarifas de TUSD e TUST de energia elétrica se encontra pendente de decisão junto à Primeira Turma da Primeira Seção do STJ, conforme os recursos paradigmas afetados pelo rito dos repetitivos. Entretanto, em que pese toda a verificação efetivada na legislação, doutrina, jurisprudência, e até mesmo nos Recursos Especiais e votos, não se pode certificar sobre qual será a direção concreta do mérito da decisão, se será favorável, ou não, e se haverá a tão esperada pacificação da matéria questionada, tendo em vista a divergência de argumentos apresentados.

Nesse diapasão, com vistas a melhor delimitar a fundamentação do tema que será objeto de fixação da tese jurídica uniformizadora sobre a cobrança do ICMS sobre a TUSD e TUST de energia elétrica, além das análises já explicitadas anteriormente, que esperam por definição do STJ, necessário se faz, enquanto se aguarda o futuro julgamento do colegiado, analisar também outras nuances que pairam sobre o tema, quais sejam,

403 BRASIL. Superior Tribunal de Justiça. Proposta de Afetação no Recurso Especial nº 1699851/TO. Relator: Ministro Herman Benjamin. Publicação: 15.12.2017. Disponível em: <https://ww2.stj.jus.br/processo/revista/documento/mediado/?componente=ITA&sequencial=1661791&num_registro=201702408997&data=20171215&formato=PDF>. Acesso em: 27 out. 2018.

404 BRASIL. Superior Tribunal de Justiça. Proposta de afetação no Recurso Especial nº 1692023/MT. Relator: Ministro Herman Benjamin. Publicação: 15.12.2017. Disponível em: <https://ww2.stj.jus.br/processo/revista/documento/mediado/?componente=ITA&sequencial=1661790&num_registro=201701703648&data=20171215&formato=PDF>. Acesso em: 27 out. 2018.

sua constitucionalidade, verificando se a amplitude numérica no ajuizamento de processos e a inexistência de pacificação sobre o mérito do tema tem gerado algum tipo de insegurança jurídica aos contribuintes.

4.4 Análise sobre a Constitucionalidade da Cobrança do ICMS sobre a TUSD e TUST de Energia Elétrica: Ajuizamento de Processos e Insegurança Jurídica

O Estado, que constitucionalmente tem sua administração pautada nos princípios da legalidade e moralidade, dentre suas diversas atribuições e finalidades[405], deve arrecadar recursos através de tributos, porém de maneira justa, igualitária e baseada em limites rígidos[406] estabelecidos pela Constituição Federal de 1988 (CF/88), que limitam a competência dos Estados para criar e cobrar tributos, no intuito de possibilitar a realização de suas outras atividades.

Com efeito, o Brasil é um dos Países com maior carga tributária incidente, principalmente sobre a energia elétrica, fato que tem feito com que o setor industrial perca cada vez mais competitividade devido à elevação das tarifas de energia elétrica, ocasionadas também pelo progressivo aumento da carga tributária. Assim, os principais tributos que incidem sobre as tarifas de energia elétrica são o PIS, Cofins, ICMS, dentre os quais limitar-se-á a presente análise apenas quanto ao último. Nesse sentido, ao longo dos anos a energia elétrica tornou-se um meio muito atraente, e dentre os tributos incidentes, o ICMS é o imposto com maior peso nos custos de energia.[407]

O ICMS é o imposto cobrado sobre operações relativas à circulação de mercadorias, no caso em comento, a energia elétrica, conforme prevê o artigo 155, II da CF, regulamentado pela Lei Complementar nº. 87/96. Sendo, que a energia para fins jurídicos se encaixa no conceito de mercadoria, sendo equiparada a bem móvel pelo artigo 83, I do Código Civil. Embora o fato gerador do ICMS seja descrito na lei que o institui, como

[405] MAZZA, Alexandre. Manual de direito tributário. São Paulo: Saraiva, 2015. p. 40-43.

[406] CARVALHO, Paulo de Barros. Curso de direito tributário. 26 ed. São Paulo: Saraiva, 2014. p. 527-531.

[407] PIZETA, Evandro Gonçalves. Análise da regulamentação do suprimento de energia elétrica aos polos industriais como fator de competitividade. 2009. 332f. Dissertação de Mestrado em Engenharia Elétrica. Universidade de São Paulo. São Paulo – SP. p. 53.56.

ocorre com todos os demais tributos, sujeita-se o legislador infraconstitucional aos limites da hipótese de incidência estabelecida na Carta Magna. A lei que veicular sua hipótese de incidência só será válida se descrever uma operação relativa à circulação de mercadorias ou à prestação dos serviços taxativamente previstos no dispositivo constitucional. Assim, analisar a extensão da hipótese de incidência prevista no art. 155, inciso II, da Constituição Federal é indispensável para a identificação do que constitui ou não fato gerador do ICMS.[408]

No que tange à cobrança de ICMS sobre as tarifas de TUSD e TUST, o STJ possuía posicionamento consolidado no sentido de que estas cobranças não poderiam ser efetivadas.[409]

Inclusive a Súmula 391 do STJ prevê que somente é autorizada a tributação de ICMS sobre a energia elétrica efetivamente consumida: "O ICMS incide sobre o valor da tarifa de energia elétrica correspondente à demanda de potência efetivamente utilizada".[410]

Entretanto, no Recurso Especial nº 1163020/RS obstado em sede de repetitivo, houve decisão recente da 1º Turma do STJ em sentido completamente contrário, o qual afirma que o ICMS incide sobre todo o processo de fornecimento de energia elétrica, inclusive sobre a TUSD, que é a tarifa de distribuição de energia elétrica, pois não há como se separar as fases de geração, transmissão e distribuição da energia elétrica até que esta seja entregue ao consumidor.[411]

Nesse contexto, tem-se que a distribuidora de energia elétrica tem a responsabilidade pelo pagamento do ICMS incidente na operação anterior, venda, geração e distribuição, recolhendo o tributo quando promove a saída ao consumidor final. Assim, é preciso reconhecer que existem

[408] Carraza, Roque Antônio. ICMS. 17. ed. São Paulo: Malheiros, 2015. p. 325-327.

[409] BRASIL. Tribunal de Justiça do Rio de Janeiro. Agravo de Instrumento nº 00047978720188190000. Relator: Maria Inês da Penha Gaspar. Vigésima Câmara Cível. Publicação: 20.04.2018. Disponível em: <file:///D:/ai%20tj%20df%20relatora%20maria%20ines%20da%20penha%20gaspar.pdf>. Acesso em 02 out. 2018.

[410] BRASIL. STJ. Súmula 391 STJ. Disponível em: <http://www.stj.jus.br/docs_internet/SumulasSTJ.pdf>. Acesso em: 10 ago. 2018.

[411] BRASIL. Superior Tribunal de Justiça. Recurso Especial nº 1163020/RS. Relator: Ministro Gurgel de Faria. Publicação: 27.03.2017. Disponível em: <https://ww2.stj.jus.br/processo/revista/documento/mediado/?componente=ITA&sequencial=1538503&num_registro=200902055254&data=20170327&formato=PDF>. Acesso em: 10 out. 2018.

múltiplas incidências do ICMS ao longo da cadeia de circulação, mesmo que em decorrência desta agilidade, esta se promova de maneira meteórica. Assim, não há que se falar em ocorrência do fato gerador somente pelo efetivo consumo, uma vez que tal afirmação não possui qualquer respaldo na CF e nem mesmo na legislação que rege o imposto estadual.[412]

Ocorre, que as incertezas acerca da cobrança de imposto pelo Estado sobre as tarifas de TUSD e TUST de energia elétrica como destacado, tem provocado nos últimos anos à propositura de inúmeras demandas judiciais sobre o tema, inclusive com pedidos de tutelas de urgência e repetição de indébito, ou seja, atualmente mesmo com a afetação em sede de repetitivo que suspendeu a tramitação dos processos em todo território nacional, devido às decisões judiciais afetadas no STJ nos dois diferentes sentidos sobre o tema, ainda se percebe inúmeras demandas.

Partindo desse pressuposto, cabe avaliar se tal fato tem gerado insegurança jurídica aos contribuintes, pois o Estado tem reiteradamente praticado esta arrecadação de receita, trazendo questionamentos ao sistema tributário, os quais geram as interposições de ações sobre o tema, revelando-se a necessidade de se ponderar sobre a constitucionalidade de tais cobranças, e se existe alguma falha na legislação infraconstitucional, de modo a coibir tal prática caso esta seja considerada abusiva. Nesse contexto, infelizmente, a incerteza acerca da cobrança de tributos, se é indevida, ou não, demonstra um padrão de comportamento recorrente[413], o que poderia ser um possível indício de mau funcionamento da legislação tributária.

Entretanto, como já demonstrado, o grande aumento do número de processos requerendo a inexigibilidade do tributo e a repetição do indébito ocorreu, principalmente, após a crise energética agravada no início do ano de 2016, devido ao aumento do valor do dólar, falta de chuvas, consumo em alta e tarifações por bandeira que, em conjunto, forçaram o aumento do valor das contas de energia elétrica em todo o País, com reflexo no aumento da discussão, se seria indevida, ou não, a cobrança

[412] SANTIAGO, Igor Mauler. A tributação das perdas técnicas e comerciais de energia elétrica. p. 4. Disponível em: <file:///D:/A-tributacao-das-perdas-tecnicas-e-comerciais-de--energia-eletrica.pdf>. Acesso em: 20 out. 2018. p. 2.

[413] TABAK, Benjamin Miranda (organizadores). Direito, economia e comportamento humano. Curitiba: CRV, 2016. Capítulo 4. p. 59-60.

do ICMS sobre as tarifas de TUST e TUSD de energia elétrica, conforme afirmação do Ministro Relator Paulo de Tarso Sanseverino, Presidente da Comissão Gestora de Precedentes do STJ, no despacho do Recurso Especial nº 1.669.629/SP, que enfatizou acerca da importância da definição da matéria sob o rito dos recursos repetitivos, devido ao grande aumento de processos sobre o tema, *in verbis*:

> Por outro lado, quanto ao aspecto numérico, o Presidente da Seção de Direito Público do TJSP, com base em dados fornecidos pelo Núcleo de Gerenciamento de Precedentes – NUGEP da respectiva Seção, consigna na decisão de admissibilidade que *nos últimos três anos foram proferidas aproximadamente 17.000 sentenças e quase 5.000 acórdãos relacionados ao assunto* selecionado como representativo da controvérsia, demonstrando, assim, impacto significativo quanto à multiplicidade de processos (e-STJ, 146).[414] (Grifo nosso).

Da mesma forma, sobre a discussão do tema em relação à TUSD no Tribunal de Justiça do Distrito Federal atualmente existem cerca de 298 (duzentos e noventa e oito) processos em trâmite, tendo inclusive Acórdão Incidente de Resolução de Demandas Repetitiva.[415] Já quanto a TUST, em semelhante modo, existem no momento em tramitação cerca de 282 (duzentos e oitenta e dois) processos.[416]

[414] BRASIL. Superior Tribunal de Justiça. Recurso Especial nº 1669629/SP. 1º Turma. Relator: Ministro Paulo de Tarso Sanseverino. Publicação: 01.08.2017. p. 4. Disponível em: <https://ww2.stj.jus.br/processo/revista/documento/mediado/?componente=MON&sequencial=73438082&num_registro=201701084450&data=20170801&tipo=0>. Acesso em 08 ago. 2017.

[415] BRASIL. Tribunal de Justiça do Distrito Federal. Pesquisa. Disponível em: <https://pesquisajuris.tjdft.jus.br/IndexadorAcordaos-web/sistj?argumentoDePesquisa=tusd&visaoId=tjdf.sistj.acordaoeletronico.buscaindexada.apresentacao.VisaoBuscaAcordao&nomeDaPagina=buscaLivre&comando=pesquisar&internet=1&camposSelecionados=ESPELHO&COMMAND=ok&quantidadeDeRegistros=20&tokenDePaginacao=1>. Acesso em: 27 out. 2018.

[416] BRASIL. Tribunal de Justiça do Distrito Federal. Pesquisa. Disponível em: <https://pesquisajuris.tjdft.jus.br/IndexadorAcordaos-web/sistj?argumentoDePesquisa=tust&visaoId=tjdf.sistj.acordaoeletronico.buscaindexada.apresentacao.VisaoBuscaAcordao&nomeDaPagina=buscaLivre&comando=pesquisar&internet=1&camposSelecionados=ESPELHO&COMMAND=ok&quantidadeDeRegistros=20&tokenDePaginacao=1>. Acesso em: 27 out. 2018.

Não se pode olvidar, que a discussão do tema sobre a energia elétrica, e o impacto que esta pode gerar aos cidadãos, possui relevância em amplitude mundial, pois a energia elétrica é a principal riqueza para o desenvolvimento da atividade econômica mundial, conforme descrito no Texto para Discussão (TD) nº 165 (2015) do Núcleo de Estudos e Pesquisas da Consultoria Legislativa (Nepleg) do Senado Federal, o qual tem por missão organizar, apoiar e coordenar projetos de estudos e pesquisas que visem à produção e à sistematização de conhecimentos relevantes para o aprimoramento da atuação do Senado Federal, *in verbis*:

> A energia elétrica é insumo fundamental para fomentar a atividade econômica mundial e para a sustentação do estilo de vida da população do planeta. Sua importância para as sociedades é tamanha que há forte correlação entre o desenvolvimento dos países e o consumo per capita de energia. Por outro lado, o crescente impacto antrópico sobre o meio ambiente tem despertado reações em todo o mundo quanto à necessidade de se mitigarem as externalidades negativas provocadas pelas atividades econômicas. [417]

Reforçando os argumentos já exibidos, esclarecedor dos impactos em relação ao tema, são também os argumentos e exemplos descritos no voto do Ministro Relator Gurgel de Faria no julgamento do Recurso Especial nº 1163020/RS, conforme disposto:

> Por outro lado, a exclusão dessa tarifa da base de cálculo do tributo, além de implicar flagrante violação ao princípio da igualdade, prejudica a concorrência, o que é expressamente vedado pelo art. 173, § 4º, da Carta Política. Explico. Embora materialmente não exista diferença na operação de fornecimento de energia elétrica, enquanto o "consumidor cativo", que não tem o direito de escolha de quem comprar a energia elétrica, permanecerá pagando o ICMS sobre o preço final da operação, que engloba o custo de todas as fases, o "consumidor livre", além de poder barganhar um melhor preço das empresas geradoras/comercializadoras, recolherá o tributo apenas

[417] Montalvão, E; Silva, R. M. Descontos na TUST e na TUSD para Fontes Incentivadas: uma avaliação. Brasília: Núcleo de Estudos e Pesquisas/CONLEG/Senado, Fevereiro/2015 (Texto para Discussão nº 165). p. 20. Disponível em: www.senado.leg.br/estudos. Acesso em: 12 ago. 2017.

sobre o preço dessa etapa da operação. Ilustrativamente, poderemos ter, em uma área geográfica atendida por uma mesma distribuidora, o "consumidor cativo" pagando o ICMS sobre a "tarifa de energia", no valor hipotético de R$ 5,00, e mais sobre a "tarifa de fio", também no valor hipotético de R$ 5,00, ou seja, recolhendo o tributo sobre o preço final de R$ 10,00. Já o consumidor livre sediado na mesma localidade poderá negociar a "tarifa de energia" por valor hipotético de R$ 3,00 e arcar com a mesma "tarifa de fio" de R$ 5,00, sendo que, excluída esta da base de cálculo, ao final pagará ICMS apenas sobre R$ 3,00. A propósito, ressalto a dimensão econômica da rubrica em discussão, a qual pode ser aferida, exemplificadamente, da conta de energia elétrica de e-STJ fl. 38, na qual consta que, de um total de R$ 170.074,71, a parcela referente ao Encargo do Uso do Sistema de Distribuição corresponde a R$ 45.743,69. Ora, não é possível admitir-se que a modificação da regulamentação do setor elétrico permita tratamento tributário diferenciado para contribuintes que se encontram em situação semelhante, no tocante à aquisição de uma mesma riqueza, qual seja, a energia elétrica. Por fim, cumpre lembrar que o mercado livre de energia elétrica está disponibilizado apenas para os grandes consumidores, o que evidencia que a exclusão do custo referente à transmissão/distribuição da base de cálculo do ICMS representa uma vantagem econômica desarrazoada em relação às empresas menores que arcam com o tributo sobre o "preço cheio" constante de sua conta de energia, subvertendo-se, assim, os postulados da livre concorrência e da capacidade contributiva.[418]

Nesse contexto, em que pese o grande arcabouço de controvérsias recentes acerca da incidência ou não de ICMS sobre TUSD e TUST de energia elétrica, decorrente da espera de posicionamento pacificado a ser decidido pelo STJ sobre o tema, os quais podem gerar graves problemas à sociedade, tanto com aumento no número de processos, quanto com insegurança social, ao se analisar as fundamentações durante a pesquisa, conclui-se que, mesmo com a interposição de inúmeros processos em

[418] BRASIL. Superior Tribunal de Justiça. Recurso Especial nº 1163020/RS. Relator: Ministro Gurgel de Faria. Publicação: 27.03.2017. Disponível em: <https://ww2.stj.jus.br/processo/revista/documento/mediado/?componente=ITA&sequencial=1538503&num_registro=200902055254&data=20170327&formato=PDF>. Acesso em: 10 out. 2018.

todo o País sobre o Tema, e até mesmo a indefinição do STJ em sede de repetitivo, não são fundamentos hábeis a afirmar se tais cobranças por parte do Estado são de fato indevidas, pois inexiste fundamentação jurídica que prove a ocorrência de enriquecimento ilícito por parte do Fisco, e muito menos que possa gerar instabilidade à segurança jurídica no microssistema constitucional tributário nacional e aos seus consumidores, afastando-se assim qualquer possível ideia de inconstitucionalidade, pois em relação ao ICMS energia elétrica deverá ser levada em conta todas as fases que tornaram possível o consumo de energia elétrica, uma vez que inexiste operação autônoma de circulação de energia elétrica para fins fiscais.[419]

Ademais, observou-se, de forma geral, sobre o questionamento acerca da eventual inconstitucionalidade da inclusão da Tarifa de Uso do Sistema de Transmissão (TUST) e da Tarifa de Uso do Sistema de Distribuição (TUSD) na base de cálculo do Imposto sobre Circulação de Mercadorias (ICMS) incidente sobre energia elétrica, que o tema resta solucionado, pois o STF no Recurso Extraordinário nº 1.041.816[420], por maioria já reconheceu a inexistência de repercussão geral do tema por não se tratar de matéria constitucional. Portanto, em relação à cobrança de ICMS sobre a TUSD e TUST de energia elétrica, como já fundamentado pelo STF, que decidiu que não há repercussão geral no tema, não há que se falar também em inconstitucionalidade de tal cobrança.

Porém, em relação à eventual cobrança abusiva de alíquota de ICMS sobre a energia elétrica através de norma estadual, esta sim poderá ser declarada inconstitucional, pela desatenção aos princípios constitucionais da seletividade e essencialidade, dispostos no Artigo 155, § 2º da CF. Inclusive, sobre o assunto, o STF[421] assentou repercussão geral sobre a controvérsia relativa à inconstitucionalidade que previu a alíquota de

[419] CARRAZA, Roque Antônio. ICMS. 17. ed. São Paulo: Malheiros, 2015. p. 328, 516-566.

[420] BRASIL. Supremo Tribunal Federal. Repercussão Geral em Recurso Extraordinário nº 1041816/RG. Relator: Ministro Edson Fachin. Publicação: 17.08.2017. Disponível em: <http://portal.stf.jus.br/processos/downloadPeca.asp?id=312449334&ext=.pdf>. Acesso em: 14 out. 2018.

[421] MELO, José Eduardo Soares de. ICMS: Teoria e prática. 14ª ed. rev. e atual. Porto Alegre: Livraria do Advogado Editora, 2018. p. 306-308.

25% ao ICMS de energia elétrica, onde o patamar era superior ao estabelecido para as operações em geral, reduzindo inclusive a alíquota ao patamar de 18%, conforme ementado:

> MANDADO DE SEGURANÇA. DIREITO TRIBUTÁRIO. ENERGIA ELÉTRICA. COBRANÇA DE ICMS PELA ALÍQUOTA DE 25%, EM RAZÃO DE MAIOR CONSUMO. LEGITIMIDADE PASSIVA DO SECRETÁRIO DE ESTADO DE FAZENDA. *INCONSTITUCIONALIDADE DA ALÍQUOTA* NAS OPERAÇÕES RELATIVAS À ENERGIA ELÉTRICA, PREVISTA NO ART. 14, VI, ITEM 2 E VIII, ITEM 7, DO DECRETO Nº 27.427/2000. COBRANÇA DA ALÍQUOTA DE 4% REFERENTE AO FUNDO DE COMBATE À POBREZA. LEGITIMIDADE. CONCESSÃO PARCIAL DA SEGURANÇA. PARA REDUZIR A ALÍQUOTA DE ICMS INCIDENTE SOBRE SERVIÇOS FORNECIMENTO DE ENERGIA PARA 18%, ACRESCIDA DO ADICIONAL DE 4% RELATIVOS AO FUNDO DE COMBATE À POBREZA, ENQUANTO ESTE PERDURAR. ORDEM PARCIALMENTE CONCEDIDA. (TJ-RJ - MS: 00132882020178190000. RIO DE JANEIRO. TRIBUNAL DE JUSTIÇA, Relator: Jaime Dias Pinheiro Filho. Décima Segunda Câmara Cível. Publicação: 27/07/2017).[422] (Grifo nosso).

Do mesmo modo, o tema abordado é uma importante questão, a qual possui relevante interesse social, que tanto pode ter o condão de ser benéfica ao contribuinte, como também, poderá ensejar em reflexos negativos à grande parte da população, à medida que, decidindo de acordo o entendimento anterior do STJ como já demonstrado acima, a questão da cobrança será julgada como indevida, garantindo a milhares de brasileiros o direito de cessação da cobrança e restituição do valor pago de forma indevida. De fato, solução diversa, entretanto, trará inegável e inquestionável quadro de suporte à ordem econômica, uma vez que as receitas públicas advindas da arrecadação de tributos visam permitir

[422] BRASIL. Tribunal de Justiça do Rio de Janeiro. Mandado de Segurança: 00132882020178190000. Relator: Jaime Dias Pinheiro Filho. Décima Segunda Câmara Cível. Publicação: 27/07/2017. Disponível em: <https://tj-rj.jusbrasil.com.br/jurisprudencia/482224428/mandado-de-seguranca-ms-132882020178190000-rio-de-janeiro-tribunal-de-justica/inteiro-teor-482224456?ref=juris-tabs>. Acesso em 27 out. 2018.

que sejam atingidos os objetivos fundamentais e prioritários do Estado, descritos no artigo 3º CF.

Nesse diapasão, ao se decidir sobre a incidência do ICMS sobre a TUSD e TUST de energia elétrica, deverá ser levado em conta principalmente o forte impacto que a definição do tema trará às finanças públicas, o que convenhamos, refletirá indiretamente também sobre a própria sociedade, considerando que, em havendo o dever de restituição do ICMS pago indevidamente nos últimos cinco anos pelos contribuintes, estaremos diante de um rombo bilionário aos cofres públicos, que causará impacto na economia de todo o País, fato que comprova a relevância da matéria para o orçamento dos Estados, considerando o grande impacto financeiro para os cofres públicos.

5
Conclusões

O desenvolvimento das normas tributárias e a sua aplicação à realidade dos contribuintes deve sempre ser pautado na legislação, principalmente na Constituição Federal, pois as normas de nível legal ou infralegal devem, em última análise, executar os preceitos constitucionais, em consonância aos princípios constitucionais pátrios, principalmente por envolver altos valores econômicos que afetam tanto a população, como o próprio Estado, uma vez que a CF é a matriz de todas as manifestações normativas estatais, inclusive às relacionadas ao sistema jurídico tributário, uma vez que qualquer deslize normativo pode gerar a inconstitucionalidade da norma ou de seu espírito.

Assim, a interpretação da legislação, e a forma de sua aplicação, principalmente em relação ao ICMS energia elétrica, deve estar em plena conformidade com a legislação infraconstitucional e também às normas superiores, pois sua forma complexa de apuração, com alíquotas e base de cálculo diferenciadas, podem trazer interpretações desconexas com a que é exigida pela norma jurídica.

Nesse sentido, o principal objetivo desse estudo é a verificação dos aspectos mais relevantes acerca da cobrança do ICMS sobre as tarifas de Transmissão (TUST) e Distribuição (TUSD), se realmente existe a incidência do imposto nas referidas tarifas a ensejar a cobrança como está sendo efetivada pelo Fisco, ensejando assim a busca da obediência à Constituição Federal e à legislação para que não ocorra impacto econômico ilegal, evitando-se prejuízos aos Estados e aos próprios contribuintes.

Ademais, dentre todos os impostos, o ICMS é economicamente o mais importante, pois envolve maiores volumes monetários, e por esse motivo enseja também maiores controvérsias.

Desse modo, entre os princípios que norteiam a tributação, principalmente a seletividade e a não cumulatividade de alíquotas do ICMS em razão da essencialidade do produto, mercadoria ou serviço, estes visam a segurança jurídica e a justiça, as quais são preocupações constitucionais com o contribuinte de fato ou consumidor final, com vistas à sua não oneração excessiva.

Em relação ao ICMS mercadoria, que é o objeto central desta pesquisa, a regra-matriz de incidência tem por objetivo estabelecer ou reduzir a estrutura formal da norma com critérios capazes de identificar a ocorrência do evento para que possa ser concretizado e vertido em fato jurídico tributário, ou seja, a base nuclear de seu fato gerador é a operação relativa a circulação de mercadoria que envolva a transmissão de um direito, conforme art. 155, II da CF e artigo 2º e o § 1º da Lei Complementar 87/996. Quanto à incidência do ICMS sobre o fornecimento de energia elétrica, este tem sua previsão no art. 155, § 3º, da CF/88, passando a ser considerada como mercadoria para fins de incidência tributária.

Em relação à energia elétrica, importa salientar que esta é vista por muitos Países como um serviço essencial, alicerce do crescimento econômico-social, e ao adquirir o status de mercadoria é colocada no ciclo econômico-produtivo, sendo que atualmente sua hipótese de incidência é consumir energia elétrica, ou seja, o fato gerador do imposto é a saída da mercadoria, ocorrendo o consumo somente quando a energia elétrica é efetivamente consumida pelo contribuinte, conforme descrição da Súmula 391 do STJ.

Ao longo do desenvolvimento histórico do ICMS vislumbrou-se que a CF/88 iniciou uma verdadeira reestruturação do setor elétrico brasileiro, abrindo a concorrência do setor, desmembrando a geração, distribuição e transmissão da energia elétrica, com obediência do regime de licitações, com vistas à descentralização e fortalecimento do setor energético. Assim, os grandes consumidores de energia elétrica, chamados de consumidores livres, os quais são regidos por contratos sem exclusividade de fornecimento de energia elétrica e que podem optar por contratar seu fornecimento, no todo ou em parte, com produtor independente de energia elétrica, passaram então a negociar livremente o preço com seus fornecedores através de contrato, passando a ser cobrados pela utilização das infraestruturas de transmissão (TUST – Tarifa de Uso do Sistema de Transmissão) e/ou distribuição (TUSD – Tarifa de Uso do Sistema de

Distribuição) da energia elétrica, através de tarifa que varia de acordo com o definido pela Aneel.

Ressalta-se que a jurisprudência do STJ, conforme se verifica no Agravo Regimental no Recurso Especial nº 1359399/MG (2012/0269472-0) do Relator: Ministro Humberto Martins, vinha decidindo no sentido de que não incide ICMS sobre as tarifas de uso do sistema de distribuição e transmissão de energia elétrica, já que o fato gerador do imposto é à saída da mercadoria, ou seja, ocorre no momento em que a energia elétrica é efetivamente consumida pelo contribuinte, circunstância não consolidada na fase de distribuição e transmissão, cujo objeto é simplesmente viabilizar o transporte e a distribuição desta energia elétrica, pois a ligação entre a usina geradora e as empresas distribuidoras e de transmissão de energia elétrica, não tipifica, para fins fiscais, operação autônoma de circulação de energia elétrica, mas apenas se limitam a fazer a interligação da fonte produtora ao consumidor final. Vale salientar que as empresas de distribuição e transmissão de energia elétrica, por óbvio, serão sim passíveis de tributação por ICMS, mas apenas quando consomem para uso próprio esta mercadoria denominada energia elétrica.

Ocorre, que a decisão do tema teve dois posicionamentos divergentes no âmbito do STJ, no REsp 1.692.023/MT e REsp 1.699.851/TO, os acórdãos entenderam que não incide ICMS sobre as tarifas TUST e TUSD de energia elétrica de energia elétrica.

Porém, em sentido totalmente contrário no Recurso Especial nº 1.163.020/RS, entendeu-se que o ICMS deve incidir sobre todo o processo de fornecimento de energia elétrica, tendo em vista a indissociabilidade das suas fases de geração, transmissão e distribuição, e que o custo deve ser inerente a cada uma dessas etapas, aduzindo que a TUSD compõe o preço final da operação e, consequentemente, deverá integrar a base de cálculo do imposto, mas neste caso o debate restringiu-se apenas à TUSD.

Em razão da controvérsia que envolve da questão sobre a cobrança de ICMS sobre as tarifas de TUSD e TUST, com a diferença de entendimento das Turmas da 1ª Seção do STJ, tal matéria se encontra submetida ao regime de recursos repetitivos no STJ (Tema n. 986), estando conclusos ambos os processos para julgamento, conforme rito estabelecido no art. 1.036, do CPC.

Assim, atualmente permanece uma grande controvérsia pendente acerca da cobrança de ICMS sobre a demanda contratada de energia elétrica, tema de grande relevância para o orçamento dos Estados, principalmente em relação às tarifas de distribuição e transmissão de energia elétrica, as quais têm gerado decisões conflitantes nos Tribunais Pátrios.

Mais, especificamente, tem-se que o serviço de transmissão e de distribuição de energia elétrica não são considerados serviços de transporte no sentido de serem tributados pelo ICMS, embora disponibilizem uma "mercadoria" denominada energia elétrica, motivo pelo qual não poderem ser tributados diretamente pelo ICMS, estando inclusive já fundamentado na Súmula 391, a qual prevê o fato gerador do ICMS somente ocorre com a efetiva saída do bem do estabelecimento produtor, a qual não é presumida por contrato de demanda firmado junto à fornecedora de energia elétrica, uma vez que o imposto deve incidir tão somente sobre a quantidade de energia efetivamente utilizada. Assim, se verifica que o imposto atinge operações de circulação de mercadoria, e não sobre a previsão contratual, no qual o valor da mercadoria que não foi efetivamente fornecida ou circulada como energia elétrica, não poderá compor a base de cálculo do ICMS, conforme preceitua o art. 13, II, "a", da LC 87, aliando-se a tese defendida nos REsp 1.692.023/MT e REsp 1.699.851/TO em sede de repetitivo. Nesse contexto, tem-se que a redução do custo final da energia ao consumidor industrial, que aplica capital e gera emprego e renda, seria salutar para se desenvolver a produção e toda a sociedade como um todo no âmbito econômico.

Entretanto, na hipótese desse transporte ser cobrado concomitantemente com o efetivo consumo da energia elétrica, poderão, por outro lado, ser sim incluídos na base de cálculo, conforme prevê o artigo 12, I da Lei Complementar nº 87/96, que prevê que para a ocorrência do fato gerador do tributo, exige-se o efetivo consumo, pois são valores cobrados do adquirente, e esses serviços, pelos quais se cobraria as tarifas de TUSD e TUST, e que não estão destacados na Lei Complementar nº 87/96, passariam, com o efetivo consumo, a ter o imposto calculado pelo preço praticado na operação final, uma vez que elas próprias estariam sendo as consumidoras da energia disponibilizada, conforme previsão do art. 34, § 9º do Ato das Disposições Constitucionais Transitórias (ADCT), passando a compor a base de cálculo do ICMS. Nesse caso, a repercussão financeira ao Fisco, o qual depende desta arrecadação para sua mantença com vistas ao desenvolvimento social, é primordial, uma vez que o ICMS é o mais importante tributo arrecadatório do Estado, o que poderia gerar um quadro de grave lesão à ordem econômica, além de grande impacto financeiro para os cofres públicos.

Mas ao se verificar as consequências de cada entendimento, chega-se a uma interessante definição, conforme se exemplifica, pois se uma empresa que só opera em transmissão e cobra, portanto, a TUST, não haveria ICMS sobre esta receita, uma vez que a empresa não vende nenhuma mercadoria, haja vista que esta apenas faz o mero transporte desta mercadoria. De outro lado, porém, se uma empresa de distribuição que vende energia e cobra a tarifa da TUSD do adquirente, o TUSD passaria, no entanto, a fazer parte da base de cálculo do ICMS, incluindo-se assim todos custos de geração, transmissão e distribuição, não podendo ser segregada essas atividades do consumo, porque tudo ocorreria ao mesmo tempo, conforme se depreende do entendimento do Ministro Relator Gurgel de Faria no REsp 1.163.020.

Com efeito, o fato gerador do ICMS deve ser verificado a partir da circulação jurídica da energia elétrica fornecida ao consumidor livre, a qual se dá com a ocorrência simultânea de sua geração, transmissão, distribuição e consumo, em que se concretiza em uma corrente elétrica acionada da fonte geradora até a unidade do usuário em razão de sua realidade física, sendo estas etapas de atividade meio para o fornecimento da energia elétrica, e que, portanto, a TUSD deverá integrar o preço total da operação mercantil, pois estaria sendo praticado o fato gerador.

Ademais, eventual exclusão da TUSD da base de cálculo do tributo, implicaria em flagrante violação ao princípio da igualdade e prejudicaria também o princípio da livre concorrência, violando o art. 170, IV da CF.

Sendo a energia elétrica uma mercadoria de fundamental para fomentar a atividade econômica, caso haja solução pela desoneração, esta traria inegável quadro de grave lesão à ordem econômica, além de grande impacto financeiro para os cofres públicos, uma vez que as receitas públicas advindas da arrecadação de tributos visam permitir que sejam atingidos os objetivos fundamentais e prioritários do Estado.

Assim, embora se tenha inúmeros desafios jurídicos propostos ao presente estudo, principalmente em decorrência das controvertidas decisões dos Tribunais, esta análise não pretende vencer o tema, mas apenas propor o debate e demonstrar informações para que se possa colaborar com a busca da melhor solução da interpretação sobre a incidência do ICMS sobre as tarifas de TUSD e TUST de energia elétrica, vislumbrando as possíveis saídas seguras para que se tenha o menor impacto social.

6
Referências

ABRADEE. Disponível em: <http://www.abradee.com.br/financeiro/mapa--das-aliquotas-icms-brasil>. Acesso em: 25 out. 2016.

Agência Nacional de Energia Elétrica. **Atlas de energia elétrica do Brasil.** 3ª ed. Brasília: Aneel, 2008. Disponível em: <http://www2.aneel.gov.br/arquivos/ PDF/atlas3ed.pdf>. Acesso em: 10 out. 2018.

Agência Nacional de Energia Elétrica (Brasil). **Por dentro da conta de luz:** informação de utilidade pública/Agência Nacional de Energia Elétrica. 4ª ed. Brasília: ANEEL, 2008. Disponível em: <file:///D:/cartilha%20aneel%20 2008.pdf>. Acesso em: 10 out. 2018.

ANDRADE, Fabíola Milane Nobre. **Uma análise preliminar do mercado de energia elétrica do sistema elétrico isolado de Manaus.** 2012. 42f. Dissertação de Mestrado em Economia. Universidade Católica de Brasília – UCB. Brasília – DF. 2012.

ANEEL. **Agência Nacional de Energia Elétrica.** Disponível em: <http://www.aneel.gov.br/tarifas-consumidores>. Acesso em: 09 out. 2016.

ANEEL. **Agência Nacional de Energia Elétrica.** Disponível em: <http://www2.aneel.gov.br/cedoc/bren2005166.pdf>. Acesso em: 09 set. 2016.

ANEEL. **Aspectos Institucionais.** Sistema Interligado Nacional. Disponível em: <http://www2.aneel.gov.br/aplicacoes/Atlas/aspectos_institucionais/2_1_1.htm>. Acesso em 12 set. 2018.

ANEEL. **Resolução nº 281 de 1999 da ANEEL.** Disponível em: <http://www2.aneel.gov.br/aplicacoes/audiencia/arquivo/2005/010/documento/resolucao_nº_281_1999_-versao_proposta_com_alteracoes.pdf>. Acesso em: 10 set. 2018.

ANEEL. **Resolução nº 376 de 2009 da ANEEL.** Disponível em: <http://www.normasbrasil.com.br/norma/?id=109288>. Acesso em: 27 out. 2018.

ANEEL. **Resolução Normativa nº 414 de 2010 da ANEEL**. Disponível em: <http://www2.aneel.gov.br/cedoc/ren2010414.pdf>. Acesso em: 02 out. 2018.

Aranha Júnior, Plinio Antônio. **A incidência do ICMS sobre a TUSD e a TUST:** Atual posicionamento do STJ. jul. 2017. Disponível em: <https://jus.com.br/artigos/59350/a-incidencia-do-icms-sobre-a-tusd-e-a-tust>. Acesso em 09 ago. 2017.

Arrecadação de origem tributária do DF. Janeiro de 2018. disponível em: <http://static.fazenda.df.gov.br//arquivos/pdf/Relatorio_de_Arrecadacao_Janeiro _2018.pdf>. Acesso em 13 mar. 2018.

Ataliba, Geraldo. **Hipótese de incidência tributária.** 6ª Ed. São Paulo: 2002.

Ávila, Humberto. **Sistema constitucional tributário**. São Paulo: Saraiva, 2008.

Baleeiro, Aliomar. **Direito tributário brasileiro.** 10ª ed. Rio de Janeiro: Forense, 1984.

Borges, José Souto Maior. **Questões Tributárias**. São Paulo – SP: Resenha Tributária, 1975.

Bottallo, Eduardo Domingos. **Curso de Processo Administrativo Tributário**. São Paulo: Malheiros, 2006.

Braga Filho, Mário de Oliveira. **Inteligência competitiva:** um estudo aplicado na área de P&D do setor de energia elétrica. 2008. 114f. Dissertação (Mestrado em Gestão do Conhecimento e da Tecnologia de Informação) – Universidade Católica de Brasília – UCB, Brasília – DF. 2008.

Brandão Júnior, Salvador Cândido. **Federalismo e ICMS:** Estados-Membros em "Guerra Fiscal". 2013. 193f. Dissertação de Mestrado em Direito. Universidade de São Paulo. São Paulo – SP. 2013.

Brandão, Lucas Guimarães Lins. **Uma análise da dinâmica do setor elétrico brasileiro utilizando VAR em painel**. 2017. 51f. Dissertação (Mestrado em Economia) – Universidade Católica de Brasília – UCB, Brasília – DF. 2017.

BRASIL. CNJ. Conselho Nacional de Justiça. **CNJ Serviço:** Saiba a diferença entre repercussão geral e recurso repetitivo. Disponível em: <http://www.cnj.jus.br/noticias/cnj/81998-cnj-servico-saiba-a-diferenca-entre-repercussao-geral-e-recursos-repetitivos>. Acesso em: 12 out. 2018.

BRASIL. **Código Civil Brasileiro.** Lei 10.406/2002. Disponível em: <http://www.planalto.gov.br/ccivil_03/LEIS/2002/L10406.htm>. Acesso em: 12 ago. 2018.

BRASIL. **Código de Processo Civil.** Lei nº 13.105/2015. Disponível em: <http://www.planalto.gov.br/ccivil_03/_Ato2015-2018/2015/Lei/L13105.htm>. Acesso em: 27 out. 2018.

BRASIL. **Código Penal Brasileiro.** Decreto-Lei 2.848/40. Disponível em: <http://www.planalto.gov.br/ccivil_03/decreto-lei/Del2848compilado.htm>. Acesso em: 12 ago. 2018.

BRASIL. **Código Tributário Nacional e Constituição Federal.** 44ª ed. São Paulo: Saraiva, 2015.

BRASIL. **CONFAZ.** Conselho Nacional de Política Fazendária. CONVÊNIO ICMS 117/04. Disponível em: <https://www.confaz.fazenda.gov.br/legislacao/convenios/2004/CV117_04>. Acesso em: 27 out. 2018.

BRASIL. **CONFAZ.** Conselho Nacional de Política Fazendária. Disponível em: <https://www.confaz.fazenda.gov.br/legislacao/boletim-do-icms/RJ/201801>. Acesso em: 12 jul. 2018.

BRASIL. **CONFAZ.** Conselho Nacional de Política Fazendária. Disponível em: <https://www.confaz.fazenda.gov.br/legislacao/convenios/1988/CV066_88>. Acesso em: 22 ago. 2018.

BRASIL. Constituição (1988). **Constituição da República Federativa do Brasil.** Diário Oficial da República Federativa do Brasil. Brasília – DF. 05.10.1988. Disponível em: <http://www.planalto.gov.br/ccivil_03/Constituicao/Constituicao Compilado.htm>. Acesso em: 20 ago. 2018.

BRASIL. **Lei Complementar nº 87 de 1996.** Disponível em: <https://www.planalto.gov.br/ccivil_03/Leis/LCP/Lcp87.htm>. Acesso em: 27 out. 2018.

BRASIL. **Lei nº 9.074 de 1995**. Disponível em: <http://www.planalto.gov.br/ccivil_ 03/Leis/L9074cons.htm>. Acesso em: 10 set. 2018.

BRASIL. **Lei nº 9.427 de 1996**. Disponível em: <http://www.planalto.gov.br/ccivil_03/ LEIS/L9427cons.htm>. Acesso em: 05 set. 2018.

BRASIL. **Lei nº 9.648 de 1998.** Disponível em: <http://www.planalto.gov.br/ccivil_03/LEIS/L9648cons.htm>. Acesso em: 27 out. 2018.

BRASIL. **Lei nº 10.848 de 2004.** Disponível em: <http://www.planalto.gov.br/ccivil_03/_Ato2004-2006/2004/Lei/L10.848.htm>. Acesso em: 27 out. 2018.

BRASIL. STJ. **Súmula 166 STJ**. Disponível em: <http://www.stj.jus.br/docs_internet/SumulasSTJ.pdf>. Acesso em: 12 ago. 2018.

BRASIL. STJ. **Súmula 391 STJ**. Disponível em: <http://www.stj.jus.br/docs_internet /SumulasSTJ.pdf>. Acesso em: 10 ago. 2018.

BRASIL, Superior Tribunal de Justiça. **Agravo Regimental no Agravo de Instrumento nº 707491/SC**. Relator: Ministro Castro Meira. Dj. 28.11.2005. Súmula 391. Disponível em: <https://ww2.stj.jus.br/docs_internet/revista/eletronica/stj-revista-sumulas-2013_36_capSumula391.pdf>. Acesso em: 12 set. 2018.

BRASIL. Superior Tribunal de Justiça. **Agravo Regimental no Agravo em Recurso Especial nº 845353/SC**. Relator: Ministro Humberto Martins. Publicação: 13.04.2016. Disponível em: <https://ww2.stj.jus.br/processo/revista/documento/mediado/?componente=ITA&sequencial=1500843&num_registro=201503198626&data=20160413&formato=PDF>. Acesso em: 27 out. 2018.

BRASIL. Superior Tribunal de Justiça. **Agravo Regimental no Recurso Especial nº 1191693/MS** (2010/0080591-7). Relator: Ministro Humberto Martins. T2 – SEGUNDA TURMA. Publicação: 19.04.2013. Disponível em: <https://stj.jusbrasil.com.br/jurisprudencia/23533182/agravo-regimental-no-recurso-especial-agrg-no-resp-1191693-ms-2010-0080591-7-stj/inteiro--teor-23533183?ref=juris-tabs>. Acesso em: 26 out. 2018.

BRASIL. Superior Tribunal de Justiça. **Agravo Regimental no Recurso Especial nº 1359399/MG** (2012/0269472-0). Relator: Ministro Humberto Martins. Publicação: Dje: 19.06.2013. Disponível em: <https://ww2.stj.jus.br/processo/revista/documento/mediado/?componente=ITA&sequencial=1241963&num_registro=201202694720&data=20130619&formato=PDF>. Acesso em: 10 out. 2018.

BRASIL. Superior Tribunal de Justiça. **Agravo Regimental no Recurso Especial nº 797826/MT**. Relator: Ministro Luiz Fux. Publicação: 21.06.2007. Disponível em: <https://ww2.stj.jus.br/processo/revista/documento/mediado/?componente=ITA&sequencial=688311&num_registro=200501862525&data=20070621&formato=PDF>. Acesso em: 27 out. 2018.

BRASIL. Superior Tribunal de Justiça. **Embargos de Declaração em Recurso Especial nº 1163020/RS** (2009/0205525-4). Relator: Ministra Maria Thereza de Assis Moura. Publicação: 14.08.2017. Disponível em: <https://ww2.stj.jus.br/processo/revista/documento/mediado/?componente=ITA&sequencial=1604366&num_registro=200902055254&data=20170614&formato=PDF>. Acesso em: 10 out. 2018.

BRASIL. Superior Tribunal de Justiça. **Embargos de Declaração no Agravo Interno no Recurso Especial nº 1687596/SP**. Relator: Ministro Francisco Falcão. Segunda Turma. Publicação: 20.08.2018. Disponível em: <http://www.stj.jus.br/SCON/jurisprudencia/doc.jsp?livre=tusd+tust&b=ACOR&p=tru e&l=10&i=2>. Acesso em: 14 out. 2018.

BRASIL. Superior Tribunal de Justiça. **Embargos de Divergência em Recurso Especial nº 1071338/RN.** 2009/0167963-4. Relator: Ministro Luiz Fux. Publicação: DJe: 26.04.2011. Disponível em: <https://stj.jusbrasil.com.br/jurisprudencia/19119624/embargos-de-divergencia-em-recurso-especial--eresp-1071 338-rn-2009-0167963-4>. Acesso em: 10 out. 2018.

BRASIL. Superior Tribunal de Justiça. **Embargos de Divergência em Recurso Especial nº 1163020/RS** (2009/0205525-4). Relator: Ministra Maria Thereza de Assis Moura. Publicação: 14.08.2017. Disponível em: <https://ww2.stj.jus.br/processo/revista/documento/mediado/?componente=ITA&sequencial=1604366&num_registro=200902055254&data=20170614&formato=PDF>. Acesso em: 10 out. 2018.

BRASIL. Superior Tribunal de Justiça. **Embargos de Divergência em Recurso Especial nº 811712/SP**. Relator: Ministro Hamilton Carvalhido. Publicação: 06.03.2013. Disponível em: <https://ww2.stj.jus.br/processo/revista/documento/mediado/?componente=ITA&sequencial=1028849&num_registro=201000566779&data=20130306&formato=PDF>. Acesso em: 27 out. 2018.

BRASIL. Superior Tribunal de Justiça. **Reclamação nº 27118/SP**. p. 12. Relator: Ministro Dias Toffoli. Publicação: 23.08.2017. Disponível em: <http://portal.stf.jus.br/processos/downloadPeca.asp?id=312493603&ext=.pdf>. Acesso: 12 out. 2018.

BRASIL. Superior Tribunal de Justiça. **Recurso Especial nº 1163020/RS**. Relator: Ministro Gurgel de Faria. Publicação: 27.03.2017. Disponível em: <https://ww2.stj.jus.br/processo/revista/documento/mediado/?componente=ITA&sequencial=1538503&num_registro=200902055254&data=20170327&formato=PDF>. Acesso em: 10 out. 2018.

BRASIL. Superior Tribunal de Justiça. **Recurso Especial nº 1299303/SC.**. Relator: Ministro Cesar Asfor Rocha. Primeira Seção. Publicação: 14.08.2012. Disponível em: <http://s.conjur.com.br/dl/acordao-stj-legitimidade-contribuinte.pdf>. Acesso em: 25 out. 2016.

BRASIL. Superior Tribunal de Justiça. **Recurso Especial nº 1649658/MT**. Relator: Ministro Herman Benjamin. Segunda Turma. Publicação: 05.05.2017. Disponível em: <https://ww2.stj.jus.br/processo/revista/documento/

mediado/? componente=ITA&sequencial=1538503&num_registro=20090 2055254&data=20170327&formato=PDF>. Acesso em: 08 ago. 2017.

BRASIL. Superior Tribunal de Justiça. **Recurso Especial nº 1669629/SP.** 1º Turma. Relator: Ministro Paulo de Tarso Sanseverino. Publicação: 01.08.2017. Disponível em: <https://ww2.stj.jus.br/processo/revista/documento/mediado/?com ponente=MON&sequencial=73438082&num_regis tro=201701084450&data=20170801&tipo=0>. Acesso em 08 ago. 2017.

BRASIL. Superior Tribunal de Justiça. **Recurso Especial nº 1692023/MT.** Relator: Ministro Herman Benjamin. Publicação: 15.12.2017. Disponível em: <https://ww2.stj.jus.br/processo/revista/documento/mediado/?component e=ITA&sequencial=1661790&num_registro=201701703648&data=201712 15&formato=PDF>. Acesso em: 21 out. 2018.

BRASIL. Superior Tribunal de Justiça. **Recurso Especial nº 1699851/TO.** Relator: Ministro Herman Benjamin. Publicação: 15.12.2017. Disponível em: <https://ww2.stj.jus.br/processo/revista/documento/mediado/?componen te=ITA&sequencial=1661791&num_registro=201702408997&data=201712 15&formato=PDF>. Acesso em: 15 out. 2018.

BRASIL. Superior Tribunal de Justiça. **Recurso Especial nº 960476/SC** (2007/0136295-0). Relator: Ministro Teori Albino Zavascki. Publicação: 13.05.2009. Disponível em: <https://jurisprudencia.s3.amazonaws.com/STJ/IT/RESP_960476_S C_11.03.2009.pdf?Signature=HSk2ExmmTJLWF APwiPH7iZJNi6Y%3D&Expires=1540555083&AWSAccessKeyId=AKIAIP M2XEMZACAXCMBA&response-content-type =application/pdf&x-amz-meta-md5-hash=d296c5b4042f93012ccef61dd933c411>. Acesso em: 26 out. 2018.

BRASIL. Superior Tribunal de Justiça. **Proposta de Afetação dos Embargos de Divergência em Recurso Especial nº 1163020/RS** (2009/0205525-4). Relator: Ministro Herman Benjamin. Publicação: 15.12.2017. Disponível em: <https://ww2.stj.jus.br/processo/revista/documento/mediado/?component e=ITA&sequencial=1661789&num_registro=200902055254&data=201712 15&formato=PDF>. Acesso em: 10 out. 2018.

BRASIL. Superior Tribunal de Justiça. **Proposta de afetação no Recurso Especial nº 1692023/MT.** Relator: Ministro Herman Benjamin. Publicação: 15.12.2017. Disponível em: <https://ww2.stj.jus.br/processo/revista/documento/mediado/?componente=ITA&sequencial=1661790&num_registro= 201701703648&data=20171215&formato=PDF>. Acesso em: 27 out. 2018.

BRASIL. Superior Tribunal de Justiça. **Proposta de Afetação no Recurso Especial nº 1699851/TO.** Relator: Ministro Herman Benjamin. Publicação: 15.12.2017. Disponível em: <https://ww2.stj.jus.br/processo/revista/documento/mediado/?componente=ITA&sequencial=1661791&num_registro= 201702408997&data=20171215&formato=PDF>. Acesso em: 27 out. 2018.

BRASIL. Supremo Tribunal Federal. **Recurso Extraordinário com Agravo nº 1137061/SP**. Relator: Ministro Edson Fachin. Publicação: 27.06.2018. Disponível em: <http://portal.stf.jus.br/processos/downloadPeca.asp?id=314693876&ext=.pdf>. Acesso em: 01 out. 2018.

BRASIL. Supremo Tribunal Federal. **Recurso Extraordinário nº 209393/SP**. Relator: Ministro Moreira Alves. Primeira Turma. Publicação: 09.06.2000. Inteiro teor. Disponível em: <http://redir.stf.jus.br/paginadorpub/paginador.jsp?docTP=AC& docID=242257>. Acesso em: 30 set. 2018.

BRASIL. Supremo Tribunal Federal. **Repercussão Geral em Recuso Extraordinário nº 1041816.** Relator: Ministro Edson Fachin. Publicação: 17.08.2017. Disponível em: <http://portal.stf.jus.br/processos/downloadPeca.asp?id= 312449334&ext=.pdf>. Acesso em: 14 out. 2018.

BRASIL. Supremo Tribunal Federal. **Repercussão Geral em Recuso Extraordinário nº 540829**. Relator: Ministro Gilmar Mendes. Tribunal Pleno. Publicação: 18.11.2014. Disponível em: <http://redir.stf.jus.br/paginadorpub/paginador.jsp?docTP=AC&docID=615539>. Acesso em: 26 out. 2018.

BRASIL. Supremo Tribunal Federal. **Repercussão Geral em Recurso Extraordinário nº 574706.** Relator: Ministra Cármen Lúcia. Publicação: DJE: 02.10.2017. Tema 69. Disponível em:<http://redir.stf.jus.br/paginadorpub/paginador.jsp?docTP=TP&docID=13709550>. Acesso em: 02 out. 2018.

BRASIL. Supremo Tribunal Federal. **Repercussão Geral em Recurso Extraordinário nº 593824**. Relator: Ministro Ricardo Lewandowski. Publicação: 28.08.2009. Disponível em: <http://redir.stf.jus.br/paginadorpub/paginador.jsp?docTP=AC&docID=601804>. Acesso em: 03 out. 2018.

BRASIL. Supremo Tribunal Federal. **Repercussão Geral em Recurso Extraordinário nº 601967.** Relator: Ministro Marco Aurélio. Publicação: 02.03.2011. Disponível em: <http://stf.jus.br/portal/jurisprudenciaRepercussao/ver Pronunciamento.asp?pronunciamento=3484048>. Acesso em: 02 out. 2018.

BRASIL. Supremo Tribunal Federal. **Repercussão Geral no Recuso Extraordinário nº 714139.** Relator: Ministro Marco Aurélio. Publicação: 26.09.2014. Disponível em: <http://redir.stf.jus.br/paginadorpub/paginador.jsp?docTP=TP&docID=6811853>. Acesso em: 26 out. 2018.

BRASIL. Supremo Tribunal Federal. **Repercussão Geral no Recurso Extraordinário nº 781926/GO**. Relator: Ministro Luiz Fux. Publicação: 06.03.2014. Disponível em: <http://stf.jus.br/portal/jurisprudencia/listarJurisprudencia. asp?s1=%28PRINCIPIO+NAO+CUMULATIVIDADE+ICMS%29&base=baseRepercussao&url=http://tinyurl.com/y9x5asrc>. Acesso em: 30 set. 2018.

BRASIL. Tribunal de Justiça do Distrito Federal e Territórios. **Agravo de Instrumento nº 0703487-38.2018.8.07.0000**. Relator: Teófilo Caetano. 1ª Turma Cível. Publicação: 10.08.2018. Disponível em: < https://tj-df.jusbrasil.com.br/jurisprudencia/611615193/7034873820188070000-df-0703487-3820188070000>. Acesso em: 26 out. 2018.

BRASIL. Tribunal de Justiça do Distrito Federal e Territórios. **Apelação Cível nº 20110111050413**. p. 486. Disponível em: <http://tj-df.jusbrasil.com.br/jurisprudencia/174926511/apelacao-civel-apc-20110111050413-df-0029295-3020118070001>. Acesso em: 15 out. 2016.

BRASIL. Tribunal de Justiça do Distrito Federal. **Pesquisa.** Disponível em: <https://pesquisajuris.tjdft.jus.br/IndexadorAcordaos-web/sistj?argumentoDePesquisa=tusd&visaoId=tjdf.sistj.acordaoeletronico.buscaindexada.apresentacao.VisaoBuscaAcordao&nomeDaPagina=buscaLivre&comando=pesquisar&internet=1&camposSelecionados=ESPELHO&COMMAND=ok&quantidadeDeRegistros=20&tokenDePaginacao=1>. Acesso em: 27 out. 2018.

BRASIL. Tribunal de Justiça do Rio de Janeiro. **Agravo de instrumento nº 00047978720188190000.** Relatora: Maria Inês da Penha Gaspar. Vigésima Câmara Cível. Publicação: 20.04.2018. Disponível em: <file:///D:/ai%20tj%20df%20relatora%20maria%20ines%20da%20penha%20gaspar.pdf>. Acesso em 02 out. 2018.

BRASIL. Tribunal de Justiça do Rio de Janeiro. **Mandado de Segurança: 00132882020178190000**. Relator: Jaime Dias Pinheiro Filho. Décima Segunda Câmara Cível. Publicação: 27/07/2017. Disponível em: <https://tj-rj.jusbrasil.com.br/jurisprudencia/482224428/mandado-de-seguranca-ms-132882020178190000-rio-de-janeiro-tribunal-de-justica/inteiro-teor-482224456?ref=juris-tabs>. Acesso em 27 out. 2018.

CAIS, Cleide Previtalli. **O Processo Tributário**. 6ª ed. rev. atual e ampl. São Paulo: Editora Revista dos Tribunais, 2009.

CAMPOS, Clever Mazzoni. **Curso Básico de Direito de Energia Elétrica**. Rio de Janeiro: Synergia Editora, 2010.

CARDOSO, Bruno Oliveira. **Contratos de demanda no fornecimento de energia elétrica**: impossibilidade de incidência do imposto sobre circulação de mercadorias e serviços de telecomunicações e transporte interestadual e intermunicipal – ICMS. p. 2-4. Disponível em: <file:///D:/artigo_icms_contrato_demanda_energia_eletrica.pdf>. Acesso em: 16 out. 2018.

CARNEIRO, Cláudio. **Impostos federais, estaduais & municipais**. Rio de Janeiro: Lumen Juris, 2010.

CARRAZA, Roque Antônio. **ICMS**. 17ª ed. São Paulo: Malheiros. 2015.

CARVALHO, Paulo de Barros. **Curso de direito tributário**. 28ª ed. São Paulo: Saraiva, 2017.

CASTILHO, Fábio Roberto Corrêa. **Federalismo fiscal e repartição do ICMS**: o critério do valor adicionado. 2013. 220 f. Tese de Doutorado em Direito, Universidade de São Paulo. São Paulo – SP. 2013.

COÊLHO, Sacha Calmon Navarro. **Curso de direito tributário brasileiro**. 15ª ed. rev. e atual. Rio de Janeiro: Forense. 2016.

Consultor Jurídico. **Recurso repetitivo vai definir legalidade do ICMS sobre a Tusd e a Tust**. 12 jan. 2018. Disponível em: <https://www.conjur.com.br/2018-jan-12/recurso-repetitivo-definir-legalidade-icms-tust-tusd>. Acesso em: 12 out. 2018.

CORREIA NETO, Celso de Barros. **O avesso do tributo:** incentivos e renúncias fiscais do direito brasileiro. 2ª ed. São Paulo: Almedina, 2016.

COSTA, Regina Helena. **Imunidades tributárias:** teoria e análise da jurisprudência do STF. São Paulo: Malheiros, 2006.

ELLERY JUNIOR, Roberto. NASCIMENTO JÚNIOR, Antônio. **ICMS:** entraves jurídicos e econômicos e propostas de melhoria. Tributação no Brasil: estudos, ideias e propostas. Organizador: Adolfo Sachsida. Capítulo 1. Análise do ICMS e a questão federativa – Brasília: Ipea, 2017.

GILIOLI, Juliana. **A presunção na regra-matriz de incidência tributária**. 2013. 51f. Porto Alegre: PPGDir/UFRGS, v. 8, n. 1, Universidade Católica de Rio Grande do Sul – RS. Disponível em: <http://seer.ufrgs.br/index.php/ppgdir/article/ /40442/27004>. Acesso em: 12 mar. 2018.

HERNANDEZ, Fernanda Guimarães. **Compensação financeira pela exploração de recursos minerais regra matriz de incidência**. 2010. 346f. Tese de Doutorado em Direito. Universidade de São Paulo. São Paulo – SP. 2010.

JORGE, Plínio Augusto Lemos. **Não-Cumulatividades no ICMS**. 2009. 135f. Dissertação de Mestrado em Direito. Universidade Católica de São Paulo. São Paulo – SP. 2009.

LUKIC, Melina de Souza Rocha Lukic. **ICMS:** entraves jurídicos e econômicos e propostas de melhoria. Tributação no Brasil: estudos, ideias e propostas. Organizador: Adolfo Sachsida. Capítulo 2. Brasília: Ipea, 2017.

MACHADO, Danilo Vergani. **A política externa do etanol: estratégias do estado logístico para inserção internacional dos biocombustíveis brasileiros.** 2014. 270f. Tese (Doutorado em Relações Internacionais) – Universidade de Brasília – IREL/UNB, Brasília – DF. 2014.

MACHADO, Hugo de Brito. **Curso de direito constitucional tributário.** 2ª ed. São Paulo: Malheiros, 2015.

MAGNABOSCO, André. Fonte: **O Estado de São Paulo**. Custo da Energia. Em dez anos, preço da energia sobe acima da inflação. Disponível em: <http://abrace.org.br/noticias-do-setor-interna/noticia-do-setor-351/#noticia-0acb2736d98f936d59fa2df08fafb422>. Acesso em: 30 out. 2016.

Manual de Tarifação da Energia Elétrica. **Plano de Eficiência Energética nos Prédios Públicos Federais do Programa Nacional de Conservação de Energia Elétrica – PROCEL**. 2011. Disponível em: <http://www.mme.gov.br/ documents/10584/1985241/Manual%20de%20Tarif%20En%20El%20-%20Procel_E PP%20-%20 Agosto-2011.pdf> acesso em: 10 out. 2018.

MARINONI, Luiz Guilherme. **O Novo Processo Civil.** São Paulo: Editora Revista dos Tribunais, 2015.

MARTINS, Lilian de Almeida Veloso Nunes. **As regras atuais do comércio eletrônico e a tributação na origem**: uma ameaça ao Pacto Federativo? 2015. 127f. Dissertação de Mestrado em Direito. Universidade Católica de Brasília. Brasília – DF. 2015.

MAZZA, Willame Parente. **A imunidade tributária do ICMS nas entidades de educação e de assistência social do terceiro setor**. 2011. 136f. Dissertação de Mestrado em Direito. Universidade Católica de Brasília. Brasília – DF. 2011.

MEIRA, Liziane Angelotti. Tributos sobre o comércio exterior. São Paulo: Saraiva, 2012.

MELO, José Eduardo Soares de. **ICMS:** Teoria e prática. 14ª ed. rev. e atual. Porto Alegre: Livraria do Advogado Editora, 2018.

MESQUITA FILHO, Júlio de. **Planejamento da Expansão do Sistema de Transmissão de Energia Elétrica Utilizando Controladores FACTS**. 2006. 123 p. Doutorado (Doutor em Engenharia Elétrica) – Faculdade de Engenharia de Ilha Solteira – UNESP. Ilha Solteira – SP, 2006.

MIGUEL, Carolina Romanini. **Regimes especiais de ICMS**: natureza jurídica e limites. 2012. 289 f. Tese de Doutorado em Direito, Universidade de São Paulo. São Paulo – SP. 2012.

MIRANDA, José Benedito. **Demanda contratada de energia elétrica:** natureza jurídica. 2007. Disponível em: <https://jus.com.br/artigos/10287/demanda-contratada-de-energia-eletrica>. Acesso em: 10 set. 2018.

MONTALVÃO, E; SILVA, R. M. **Descontos na TUST e na TUSD para Fontes Incentivadas:** uma avaliação. Brasília: Núcleo de Estudos e Pesquisas/ CONLEG/Senado, Fevereiro/2015 (Texto para Discussão nº 165). Disponível em: <https://www12.senado.leg.br/publicacoes/estudos-legislativos/tipos-de-estudos/ textos-para-discussao/td165>. Acesso em: 12 ago. 2017

MOREIRA, André Mendes. **Não cumulatividade tributária na Constituição e nas Leis (IPI, ICMS, PIS/COFINS, Impostos e Contribuições Residuais)**. 2009. 496f. Tese de Doutorado em Direito, Universidade de São Paulo. São Paulo – SP. 2009.

NASRALLAH, Amal. **A primeira turma do STJ julgou legal a exigência da TUSD**. Publicação: 22.03.2017. Disponível em: <http://tributarionosbastidores.com.br/2017/ 03/tusd/>. Acesso em: 28 mai. 2017.

O direito como sistema de contingências sociais. Disponível em: <http://www.ucb.br/sites/000/90/DOCePDF/2013/Odireitocomosistemadecontingenciassociai.pdf>. Acesso em: 25 out. 2016.

OLIVEIRA, André Felix Ricotta de. **Regra-matriz do direito ao crédito do ICMS**. 2010. 236f. Dissertação de Mestrado em Direito. Universidade Católica de São Paulo – SP. 2010.

OLIVEIRA, Leonardo Gondinho de. **M-Commerce B2C:** como tributar a circulação de mercadorias? 2015. 144f. Dissertação de Mestrado em Direito. Universidade Católica de Brasília. Brasília – DF. 2015.

OLIVEIRA, Thaís Soares; BASTOS, Ricardo Victor Ferreira. O imposto sobre operações relativas à circulação de mercadorias e sobre prestações de serviços de transporte interestadual, intermunicipal e de comunicação (ICMS) de acordo com a Constituição Federal. In: VALADÃO, Marcos Aurélio Pereira; BASTOS, Ricardo Victor Ferreira (Coord). **Repercussão Geral: Análise de Casos de ICMS**. São Paulo: Intelecto Editora, 2018.

OLIVEIRA, Thaís Soares; VIEIRA, Mariane. O recurso extraordinário como forma de exercício do controle de constitucionalidade difuso no Brasil. In: VALADÃO, Marcos Aurélio Pereira; BASTOS, Ricardo Victor Ferreira (Coord).

Repercussão Geral: Análise de Casos de ICMS. São Paulo: Intelecto Editora, 2018.

ONS – **Organização Nacional do Sistema Elétrico.** Disponível em: <http://www.ons.org.br/paginas/sobre-o-sin/o-que-e-o-sin>. Acesso em: 05 set. 2018.

Papa, Marcos Antônio. **Análise do método *Organizational Knoledge Assessment* - *OKA* para diagnóstico da situação da gestão do conhecimento em uma organização de geração e transmissão de energia elétrica** – caso Eletronorte. 2008. 210f. Dissertação de Mestrado em Gestão do Conhecimento e da Tecnologia da Informação. Universidade Católica de Brasília – UCB. Brasília – DF. 2008.

Pires, Lorena Fornari de Ary. **Gestão Ambiental da Implantação de Sistemas de Transmissão de Energia Elétrica.** Estudo de Caso: Interligação Norte/Sul I. 2005. 143f. Dissertação (Mestrado em Ciência Ambiental) – Universidade Federal Fluminense – UFF, Niterói – RJ. 2005.

Pizeta, Evandro Gonçalves. **Análise da regulamentação do suprimento de energia elétrica aos polos industriais como fator de competitividade**. 2009. 332f. Dissertação de Mestrado em Engenharia Elétrica. Universidade de São Paulo. São Paulo – SP. 2009.

Prefeito, Luiz Fernando Biazetti. **Aspectos legais da privatização do setor elétrico brasileiro.** 2005. 146f. Dissertação de Mestrado em Engenharia. Universidade de São Paulo. São Paulo – SP. 2005.

Queiroz, Fernanda Hellena de Lima. **O Intercâmbio de Energia como Mecanismo de Inserção Regional do Brasil no Cone do Sul**. 2015. 98 p. Dissertação (Mestrado em Direito) – Universidade Católica de Brasília – UCB, Brasília – DF. 2015.

Rocha, João Marcelo. **Direito tributário.** 11ª ed. Rio de Janeiro: Forense, 2018.

Sales, Rosemary Carvalho. **ICMS & Benefício Fiscal:** Efeitos do Controle de Constitucionalidade em Matéria de Guerra Fiscal. Curitiba: Editorial Juruá, 2018.

Santiago, Igor Mauler. **A exigência de ICMS sobre as tarifas de uso dos sistemas de transmissão e de distribuição de energia elétrica (TUST e TUSD)**. Aspectos regulatórios, tributários e processuais. Disponível em: <file:///G:/2.%20A-exigencia-de-ICMS-sobre-as-tarifas-de-uso-dos-sis temas-de-transmissao-e-de-distri buicao-de-energia-eletrica-TUST-eTUSD %20Igor%20Mauler%20Santiago%20ciaçã o%20no%20word.pdf>. Acesso em: 10 set. 2018.

SANTIAGO, Igor Mauler. **A tributação das perdas técnicas e comerciais de energia elétrica.** p. 4. Disponível em: <file:///D:/A-tributacao-das-perdas--tecnicas-e-comerciais-de-energia-eletrica.pdf>. Acesso em: 20 out. 2018.

SANTOS, Michelle Manaia. **Regulação descentralizada:** um estudo à luz dos setores de energia e gás natural. 2014. 128f. Dissertação de Mestrado em Direito. Universidade de São Paulo. São Paulo – SP. 2014.

SCHOUERI, Luís Eduardo. **Direito tributário.** 5ª ed. São Paulo: Saraiva, 2015.

SIMIONI, Carlos Alberto. **O uso de energia renovável sustentável na matriz energética brasileira**: obstáculos para o planejamento e ampliação de políticas sustentáveis. 2006. 300 p. Doutorado (Doutor em Meio Ambiente) – Universidade Federal do Paraná – UFPR. Curitiba – PR, 2006.

STJ. **Composição.** Disponível em: <http://www.stj.jus.br/sites/STJ/TV/pt_BR/Institucional/Composição>. Acesso em: 27 out. 2018.

STJ. **Notícias: Repetitivo vai definir legalidade do ICMS sobre Tust e Tusd.** 12.01.2018. Disponível em: <http://www.stj.jus.br/sites/STJ/default/pt_BR/Comunicação/noticias/Notícias/Repetitivo-vai-definir-legalidade-do--ICMS-sobre-Tust-e-Tusd>. Acesso em: 10 out. 2018.

TABAK, Benjamin Miranda (Org). **Direito, economia e comportamento humano**. Curitiba: CRV, 2016.

TEDESCO, Paulo Camargo. **A guerra fiscal travada entre os Estados da Federação na exigência do Imposto sobre Operações relativas à Circulação de Mercadorias e Serviços (ICMS):** a exigência, pelo Estado de Destino, do ICMS não recolhido no Estado de Origem. 2014. 174f. Dissertação (Mestrado em Direito) – Universidade de São Paulo, São Paulo – SP. 2014.

TSUKAMOTO, Gabrielli Oliveira. **A ilegalidade das alterações introduzidas pelos Decretos Estaduais nº 55.421/10 e 55.867/10 na Regra Matriz do ICMS – Energia Elétrica**. São Paulo: IBET. 42 f. 2013. p. 12. Disponível em: <http://www.ibet. com.br/wp-content/uploads/2017/07/Gabrielli-Oliveira--Tsukamoto.pdf>. Acesso em: 12 fev. 2018.

Valor Tributário. **Imposto sobre circulação de mercadorias e serviço.** Disponível em: <https://www.valortributario.com.br/tributos/icms/>. Acesso em: 12 jul. 2018.

VASCONSELLOS, Mônica Pereira Coelho de. **ICMS:** distorções e medidas de reforma. 2013. 164f. Dissertação de Mestrado em Direito. Universidade de São Paulo. São Paulo – SP. 2013.

VIEIRA, Rodrigo Rodrigues Leite. **A competência para a instituição do ICMS na extração de petróleo.** 2014. 158f. Dissertação de Mestrado em Direito. Universidade de São Paulo. São Paulo - SP. p. 144.

WASHINGTON, Martins da. **Análise econômica do setor de energia elétrica brasileiro:** preço spot e leilões de transmissão. 2016. 70f. Tese (Doutorado em Economia) - Universidade Católica de Brasília - UCB, Brasília - DF. 2016.

7
Anexo Único

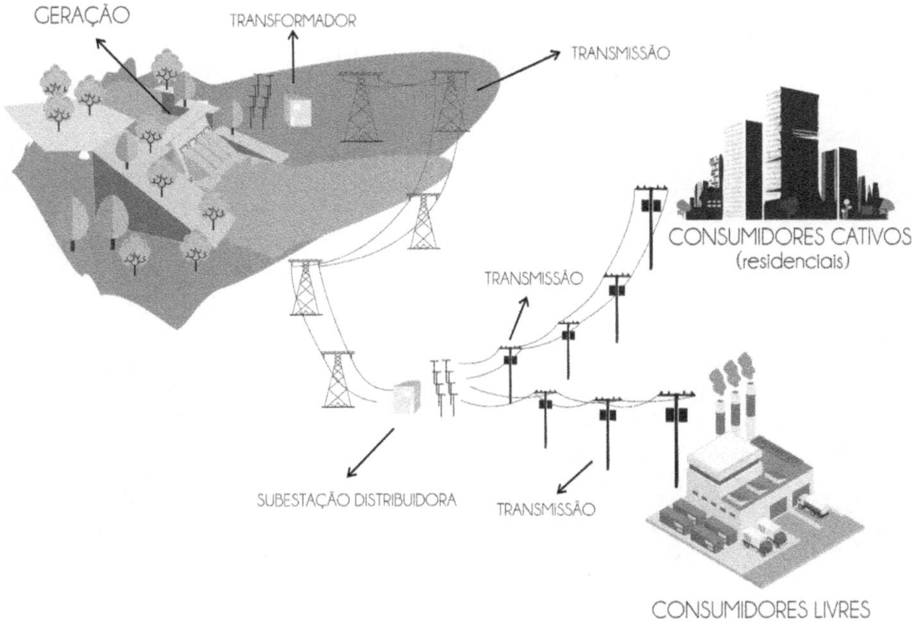

Fonte: Fabiana Cunha Valim. 2018.

Para uma melhor compreensão do tema sobre as questões técnico-contratuais da relação entre usuários e concessionárias é necessário entender que o consumo de energia elétrica representa a real quantidade de energia elétrica absorvida por uma instalação, que pode ser medida, em kWh (quilowatt-hora) ou em MWh (megawatt hora), representando o efetivo consumo de energia pelo usuário. Já a demanda contratada de potência elétrica consubstancia-se na relação entre energia e tempo, levando-se em consideração, porém, a medida do fluxo da energia que instalação necessita para o seu bom funcionamento. A unidade de medida usual é o kW, que significa mil Watts. De modo geral é obrigação da concessionária levar a energia elétrica aos seus consumidores. Para cumprir esse compromisso, seus custos devem ser cobertos pela tarifa de energia, sendo que na conta de luz, no custo da energia serão embutidos a geração de energia, o transporte de energia até as casas (fio) transmissão + distribuição, encargos e o tributo.[423]

TARIFA MÉDIA BRASIL

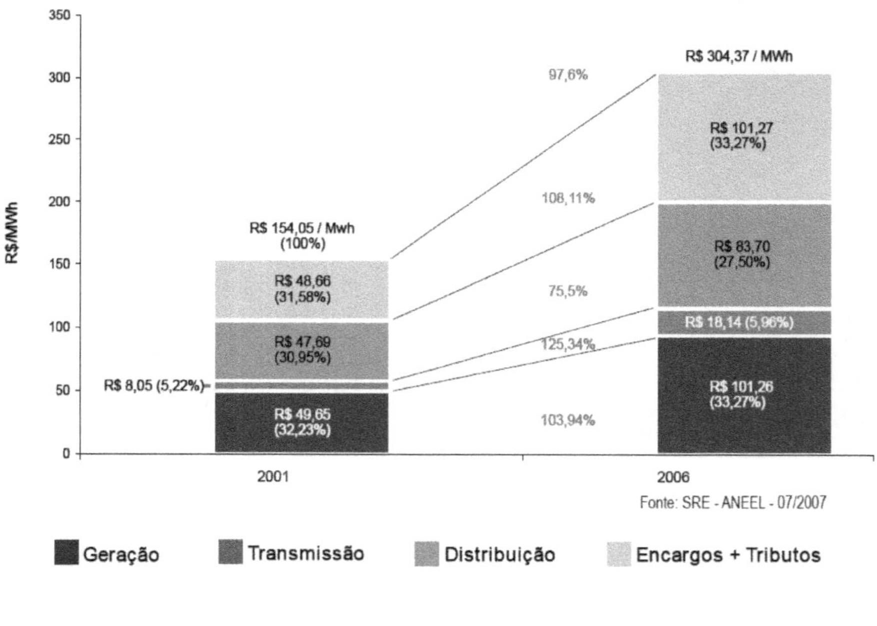

[423] Agência Nacional de Energia Elétrica (Brasil). Por dentro da conta de luz: informação de utilidade pública/Agência Nacional de Energia Elétrica. 4ª ed. Brasília: ANEEL, 2008. p. 10-16. Disponível em: <file:///D:/cartilha%20aneel%202008.pdf>. Acesso em: 10 out. 2018.

Para a medição do consumo de energia na aplicação da tarifa monômia, utiliza-se somente a quantidade de energia elétrica efetivamente consumida. Já no cálculo da tarifa binômia, obrigatória para todos os consumidores de grande porte (ligados em alta tensão), é considerada, além do efetivo consumo de energia elétrica, uma reserva de demanda.

Nesse sentido, como a energia elétrica é considerada mercadoria para fins tributários temos que o fato gerador do tributo ICMS é o efetivo consumo da energia elétrica, consubstanciado na transmissão de eletricidade ao estabelecimento consumidor, sendo a base de cálculo, o valor da energia efetivamente consumida, ou seja, o fato imponível do ICMS só se completa com a transferência da titularidade da mercadoria, não havendo, ao menos em tese, que se falar em pagamento do ICMS antes desta transferência.

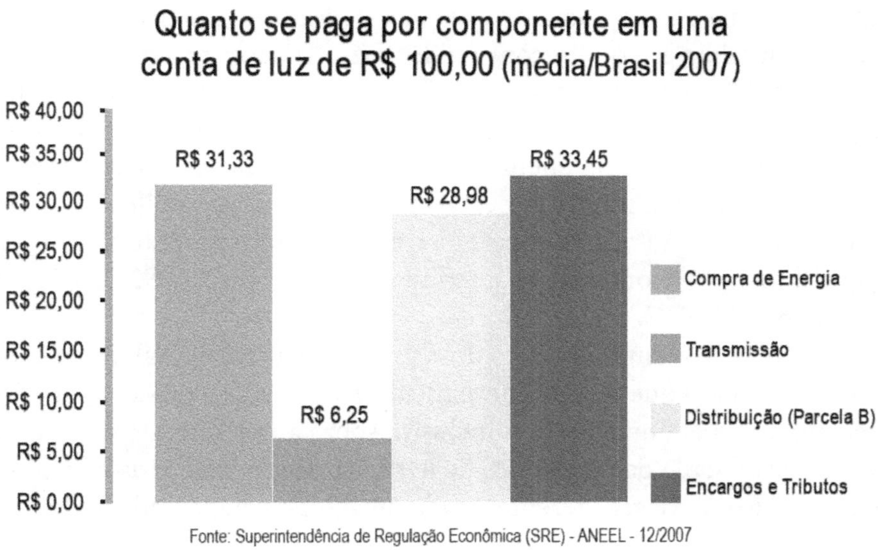

Vale ressaltar, que o Contrato de Demanda Reservada dos grandes consumidores tem por referência a demanda de potência elétrica, ou seja, não representa a efetiva transmissão de energia elétrica, mas sim a garantia de uma quantidade determinada de energia elétrica reservada ao usuário/consumidor.

Entretanto, o contrato de demanda é tão somente a disponibilidade de determinada quantidade de energia apta a garantir o funcionamento dos consumidores de grande porte e deve ser pago independentemente da utilização da energia disponibilizada, ou seja, independentemente da ocorrência do fato gerador em foco, constituído pelo efetivo consumo de energia elétrica. Entrementes, o quem tem sido cobrado por vários Estados da Federação é a incidência da exação sobre o valor cobrado pelas concessionárias a título de contrato de demanda reservada de potência, sobre as tarifas de transmissão e distribuição da energia elétrica, incidência tributária que não encontra amparo na legislação aplicável ao ICMS, o que tem gerado o conflito de entendimento jurisprudencial sobre o tema.

Ademais, vale lembrar que a jurisprudência cristalina no âmbito do STJ é no sentido de "não constitui fato gerador de ICMS o simples deslocamento de mercadoria de um para outro estabelecimento do mesmo contribuinte" (Súmula 166).[424]

Nesse diapasão, a demanda contratada pelo grande consumidor de energia com a distribuidora de energia elétrica só é fato gerador do tributo na medida em que o consumidor faz uso dessa energia, pois é só nessa medida que tem lugar a transferência da mercadoria energia elétrica. Entretanto, quando um consumidor industrial reserva uma certa quantidade de potência energética com a distribuidora e não chega a consumir toda essa monta, observa-se que, em relação à diferença, não ocorreu a condição necessária e suficiente para o nascimento da obrigação tributária,[425] conforme o entendimento dos REsp 1.692.023/MT e REsp 1.699.851/TO.

Ocorre, que o entendimento do REsp 1163020/RS é totalmente contrário, aduzindo que o ICMS deve incidir sobre todo o processo de fornecimento de energia elétrica, inclusive sobre a tarifa, tendo em vista a indissociabilidade das suas fases de geração, transmissão e distribuição, e que o custo deve ser inerente a cada uma dessas etapas, aduzindo que

[424] BRASIL. STJ. Súmula 166 STJ. Disponível em: <http://www.stj.jus.br/docs_ internet/SumulasSTJ.pdf>. Acesso em: 12 ago. 2018.

[425] BRASIL. Superior Tribunal de Justiça. Recurso Especial nº 960476/SC (2007/0136295-0). Relator: Ministro Teori Albino Zavascki. Publicação: DJe 13.05.2009. p. 18. Disponível em: <https://jurisprudencia.s3.amazonaws.com/STJ/IT/RESP_960476_SC_11.03.2009.pdf?Signature=HSk2ExmmTJLWFAPwiPH7iZJNi6Y%3D&Expires=1540555083&AWSAccessKeyId=AKIAIPM2XEMZACAXCMBA&response-content-type=application/pdf&x-amz-meta-md5-hash=d296c5b4042f93012ccef6 1dd933c411>. Acesso em: 26 out. 2018.

a TUSD compõe o preço final da operação e, consequentemente, deverá integrar a base de cálculo do imposto, nos termos do art. 13, I, da Lei Complementar n. 87/1996.